Hans F. Fuhs · Sprichwörter

Hans F. Fuhs

Sprichwörter

Echter Verlag

Die Deutsche Bibliothek – CIP-Einheitsaufnahme

Fuhs, Hans Ferdinand:
Sprichwörter / Hans F. Fuhs. – Würzburg : Echter Verlag, 2001
(Die neue Echter-Bibel : Kommentar zum Alten Testament mit der Einheitsübersetzung Lfg. 35)
ISBN 3-429-02133-2

Druck und Bindung: Friedrich Pustet GmbH & Co. KG, Regensburg
ISBN 3-429-02133-2

EINLEITUNG

»Wenn das Profane eine solide Grundlage sucht, muß es erkennen, daß ohne Frömmigkeit nicht wirklich Weisheit ist« (R. Abraham Izchak Kuk, ab 1919 erster aschkenasischer Oberrabbiner in Jerusalem, anläßlich der Eröffnung der Hebräischen Universität im Jahre 1925).

Das Buch Spr gehört mit Koh – Hld – Weish – Sir zu den sog. fünf Salomo-Büchern (»Weisheitsbüchern«). Sie verstehen sich ähnlich wie die fünf Bücher der Psalmen als Fortschreibungen der fünf Bücher der Tora, als ihre Applikation in die je eigene Zeit mit ihren eigenen politischen und gesellschaftlichen, kulturellen und religiösen Verhältnissen. Dieser Anspruch gibt jedem Salomo-Buch sein eigenes theologisches Profil. Das gilt in hohem Maße auch für das Buch Spr.

1. Name des Buches und seine Stellung im Kanon

Die jüdische Synagoge nennt das Buch *mišlê*. Wie bei den Büchern der Tora (»Im Anfang« – »Namen« – »Und er rief« – »In der Wüste« – »Dies [sind] die Worte«) zitiert sie das Anfangswort, vgl. *Baba batra* 14b.15a, u.a. *mišlê* ist eine Pluralbildung von *māšāl*. Das Wort hat ein breites Bedeutungsspektrum. Es bezeichnet jede Form von Erkenntniseinbindung in Sprachgestalt. Der Plural weist darauf hin, daß in Spr alle Formen sprachlicher Wirklichkeitsabbildung realisiert sind. Aber nicht im Sinne eines bunten Allerleis, sondern im Sinne einer Synthese dessen, was Sprache über die Wirklichkeit des Menschen in seiner (Um-)Welt und in seiner Beziehung zu Gott auszudrücken vermag; s. zu 1^{1}. *Plöger* ahnt das Besondere, wenn er *mišlê* als »Ehrenbezeichnung« versteht. G versucht es mit *paroimiai* < »Spruch, Gleichnis, dunkle Andeutung« wiederzugeben, vgl. V: *proverbia*. Im Deutschen hat sich »Sprüche« eingebürgert. Das Wort »Spruch« ist offen für die verschiedensten Gebrauchssituationen: Anspruch, Zuspruch, Widerspruch, oder: Zauberspruch, Segensspruch, Trinkspruch, Bibelspruch, u.a.m. Insoweit ist »Sprüche« akzeptabel. Problematisch ist dagegen die von EÜ eingeführte Bezeichnung »Sprichwörter«. Sie reduziert das Buch auf eine bestimmte Gattung, die das Buch nicht einmal dominiert.
In der hebräischen Bibel folgt Spr auf Psalmen und Ijob, mit denen es über ein eigentümliches Akzentsystem verbunden ist. Auf Spr folgen die sog. fünf Megillot, die »Festrollen«: Rut – Hld – Koh – Klgl – Est. In griechischen Bibelhandschriften stehen die fünf Salomobücher in der Regel zusammen und folgen auf Psalmen und Ijob. Diese Anordnung entspricht der altkirchlichen Tradition, die V übernommen hat und der sich EÜ anschließt.

2. *Charakter, Absicht und Ziel des Buches*

Über seine *Ziele* informiert das Buch in seinem Vorspruch. Er ist der hermeneutische Schlüssel zu seinem Verständnis, s. zu 1^{2-6}. Das Buch lädt ein zu einem umfassenden Diskurs über Möglichkeiten und Voraussetzungen für die Verwirklichung einer solidaren Gesellschaft auf der Grundlage einer Synthese von Lebensweisheit und JHWH-Glauben, vgl. $1^{7}9^{10}15^{33}$ u.ö. Die Einladung ergeht an die »Weisen/Verständigen« (1^{5}) in der jeweiligen Erwachsenengeneration, die für die Gestaltung des politischen, sozialen und religiösen Lebens verantwortlich ist. Angesprochen ist jeder Mensch, der sich dieser Verantwortung im Alltag konkret stellt; der begriffen hat: Der Aufbau einer Solidargemeinschaft beginnt in der Familie und bei der eigenen Lebensgestaltung; der weiß: Der Weg zu einem werteorientierten und sinnhaften Leben ist mühsam und beschwerlich, ist ein Weg beharrlicher Bildung von Glauben und Gewissen ($2^{1-11}3^{3-18}4^{1-9}8^{32-35}$ u.ö.), ein Weg, der im täglichen Tun von Gerechtigkeit und Liebe in Zuverlässigkeit und Treue zum Ziel führt ($2^{9f}3^{3f}$ u.ö.). Auf diesem Weg möchte das Buch jedem ein treuer Begleiter sein.

Ziel und Absicht des Buches prägen seinen *Charakter*. Spr ist ohne Frage ein Weisheitsbuch. Alle relevanten Aspekte weisheitlichen Denkens kommen zur Sprache. Zugleich ist Spr ein eminent theologisches Buch. Nicht im Sinne einer natürlichen Theologie, die von einer allumfassenden göttlichen Welt- und Lebensordnung ausgeht, die sich bis in die alltäglichen Vollzüge hinein erstreckt und sich dem erkennenden Verstand erschließt. Spr reflektiert die Welt- und Lebensentwürfe der Nachbarkulturen im Horizont des JHWH-Glaubens.

Spr ist ein *weisheitskritisches* Buch. Es vertritt nicht, wie meist unterstellt wird, ein weisheitliches Ordnungsdenken, das vom Tun – Ergehen – Zusammenhang oder von einer »schicksalswirkenden Tatsphäre« (*K. Koch*) bestimmt wird. Gewisse Zusammenhänge zwischen Tun – Ergehen, Haltung – Schicksal sind nicht zu leugnen. Aber sie sind weder zwangsläufig noch in der Realität als solche wahrnehmbar. Vieles bleibt offen und fragwürdig. Daher stellt das Buch immer wieder Fragen: »Weißt Du?« (24^{22}); »Kennst Du?« (30^{4}); u.ö. Natürlich geht auch Spr davon aus, daß Toren, Verleumder, Hochmütige, Macht- und Gewaltmenschen, Sozialschmarotzer, Profithaie, usw. an den Folgen ihrer verkehrten Lebensart scheitern werden. Zugleich macht Spr aber auf die Brüche aufmerksam: Menschen verkehrter Lebensart haben Erfolg, ihnen geht es prächtig, sie genießen Ansehen in der Gesellschaft, bekleiden wichtige Ämter. Aufrechte, rechtschaffene, gute und zuverlässige Menschen dagegen sind arm, werden ausgebeutet und unterdrückt, sind an den Rand der Gesellschaft gedrängt, werden diskriminiert und verachtet. Indem Spr letztere mit den Gerechten und die anderen mit den Frevlern gleichsetzt, stellt das Buch Urteil und Strafe ganz dem Ratschluß JHWHs anheim, der dem Menschen unzugänglich ist und ihm unerforschlich bleibt ($16^{1.9.33}17^{3}19^{21}20^{24}$ u.a.). Daher warnt Spr vor Schadenfreude beim Sturz des Feindes und ruft stattdessen auf zum Vertrauen auf JHWH ($23^{17}24^{17.19}$ u.a.). Überhaupt exponiert Spr die Begrenztheit des Menschen in seinem Erkennen und Wollen. Ein sicheres Urteil über ihn selbst, über andere Menschen oder Sachzusammenhänge ist ihm nicht möglich. Selbst der Weise und Verständige geht oft fehl in seinen Einschätzungen ($14^{12}16^{2.25}21^{2}$). Das liegt nach Auffassung von Spr auch in der komplexen Psyche des Menschen, die ihm im Letzten unzugänglich bleibt. Einfühlsam beschreibt das Buch die psycho-somatischen und psycho-noetischen Zusammenhänge ($12^{25}13^{12.19}14^{10.12f.29f}15^{13-15}17^{22}18^{14}$ $25^{25}29^{25}$). So in vielfacher Weise begrenzt, verbleibt dem Menschen, sich immerzu auf die Suche nach Weisheit zu machen, nach der Weisheit allerdings, die von JHWH kommt ($2^{6}3^{13.19}4^{5-9}8^{22-31}9^{1-6}$) und Voraussetzung sowie Frucht der JHWH-Furcht ist ($1^{7}9^{10}15^{33}$). Spr entwickelt in diesem Zusammenhang eine Vorstellung von Weisheit, die im AT einzigartig ist. Eine Gestalt, die, aus dem Persongeheimnis JHWHs hervorgegangen, eine kongeniale Mittlerin ist zwischen JHWH und den Menschen und deren Freude es ist, den Menschen auf dem Weg seiner Weisheitssuche zu begleiten und zu inspirieren.

Spr ist ein *gesellschaftskritisches* Buch. Es durchleuchtet alle Formen und Spielarten von gemeinschaftsförderndem und gemeinschaftsschädigendem Verhalten. Es regt an, bei sich selbst Neigungen und Antriebe zu sozialem Fehlverhalten zu entdecken und durch positives Engagement für den Nächsten zu ersetzen (3^{27-30} u.ö.). Grundlage einer solidarischen Gesellschaft ist ein intaktes Generationengefüge ($16^{31}17^{6}23^{22-25}$), in dem die jeweilige Erwachsenengeneration der Elterngeneration einen sozial gesicherten und würdigen Lebensabend garantiert und zugleich die Zukunftsvoraussetzungen für die nachwachsenden Generationen schafft. Der Blick in die gesellschaftliche Realität ist ernüchternd. Durch die Gesellschaft geht ein tiefer Riß; sie ist sozial zerklüftet und driftet auseinander. Das Buch reduziert die vielfältigen Widersprüche in der Gesellschaft auf den Gegensatz »Gerechte – Frevler« ($11^{10f}21^{15}28^{1.28f}29^{2}$ u.ö.) und unterstellt sie damit einer Beurteilung aus dem JHWH-Glauben (28–29). Beide Gruppen stehen sich unversöhnlich und unversöhnbar gegenüber (29^{27}). Zwischen beiden herrscht ein ständiger Kampf, der mit ungleichen Mitteln ausgetragen wird. Die einen setzen auf Macht, Gewalt und Terror, die anderen vertrauen auf ihre moralische Kraft und Stärke sowie auf den Beistand JHWHs. Der Frontverlauf ist oft unübersichtlich, da die Frevler in der Regel angesehene Leute sind und in führenden Positionen stehen. In diesem Kampf obsiegt mal die eine, mal die andere Gruppe ($28^{1f.12.15.28}29^{2.16.18}$). Das Buch möchte jeden ermutigen, den Kampf der Gerechten, gut gerüstet durch eine intensive Bildung von Glauben und Gewissen (2), aufzunehmen, im Vertrauen darauf, daß JHWH den Rechtsstreit führen und letztlich den Sieg verleihen wird ($3^{1-12}21^{31}22^{23}23^{11}$).

Spr ist ein *religionskritisches* Buch. Es reflektiert eine Zeit, in der das Bekenntnis zu JHWH seine Selbstverständlichkeit verloren hat und eines unter vielen konkurrierenden geworden ist. Das Buch weiß um die Attraktivität so mancher Fremdkulte. Es empfiehlt, sich von ihren werbenden Heilsangeboten nicht blenden zu lassen und unbeirrt den Weg der Weisheit JHWHs zu gehen ($7^{1-27}9^{13-18}$). Zugleich ist es offen für alle Anregungen, die den JHWH-Glauben lebendiger und zeitgemäßer erscheinen lassen können. So greift es Bilder der kanaanäischen Mythologie auf, rezipiert die internationale Weisheit, soweit sie mit dem JHWH-Glauben vereinbar ist (z.B. bleiben spezifische Aspekte der persönlichen Frömmigkeit Ägyptens außen vor), entwirft ein Portrait der personhaften Weisheit nach dem Vorbild der *Astarte/Aphrodite* (7^{6}), u.a.m. Dabei übersieht das Buch nicht, daß bei den JHWH-Gläubigen die Schere zwischen Glauben und Leben auseinandergeht. Daher kritisiert es einen äußerlichen und oberflächlichen Kult ($15^{8}17^{1}21^{27}28^{9}$) und fordert das Tun von Recht und Gerechtigkeit ein, das JHWH lieber ist als Opfer (21^{3}), gemäß dem Hauptgebot, das im Gebot der Feindesliebe (25^{21f}) eine Zuspitzung erfährt. Gottesdienst und Menschendienst bleiben eine untrennbare Einheit ($15^{33}18^{12}$ u.ö.). Das Buch ruft die Grundlagen des JHWH-Glaubens in Erinnerung, die den Juden durch die elterliche Vermittlung der Tora von klein auf geläufig sind. Zugleich öffnet es für Nicht-Juden einen unmittelbaren Zugang zur Wegweisung JHWHs. Die personhafte Weisheit, die von JHWH ausgeht, spricht auf den Straßen und Plätzen zu allen Menschen. Und jeder Mensch, der auf der Suche nach Sinn und Orientierung ist, kann in ihr der Wegweisung JHWHs begegnen ($1^{20ff}8^{1ff}$), darf teilnehmen am Gastmahl der Weisheit JHWHs (9^{1-6}).

3. *Die literarische Gestalt des Buches – Verfasser*

Eine derart in sich geschlossene Konzeption, die voranschreitend von der These in 1^{7} zur Synthese von Weltweisheit und JHWH-Glauben führt, ist nicht das Werk von Sammlern und Redaktoren, sie setzt vielmehr den bewußten Gestaltungswillen *eines* Verfassers voraus, der, da das Buch in poetischer Sprache gefaßt ist, als Dichter zu bezeichnen ist. Der mit Namen nicht bekannte Dichter hat seinem Buch eine seinem Vorhaben angemessene literarische Gestalt gegeben. Von einer Reihe kleinerer Glossen und einigen größeren sekundären Erweiterungen abgesehen, ist sie noch klar erkennbar. Drei miteinander korrespondierende Überschriften ($1^{1}10^{1}25^{1}$) teilen das Werk in drei Teile. Die Dreiteilung ahmt die Form der internationalen, zumal der ägyptischen Instruktion nach; *propositio*: 1–9 – *lectio*, thematische Entfaltung: 10–24 – *peroratio*: 25–29. Die zehn Instruktionen in 1–9 dienen als Form für die Aufnahme von inhaltlichen Reminiszenzen des Dekalogs. Sie korrespondieren mit den zehn Sätzen in 22^{7-16}, die als Ganzheitsaussage mit den dreißig »Häusern« in 22^{22}–24^{22} formal korrespondieren und gemeinsam die Zusammenfassung der *lectio* bilden. 10–12 und 28–29 sind über die Antithese »Gerechte(r) – Frevler« verbunden und bilden einen Rahmen. In weiterer Rahmenfunktion stehen der Selbstpreis der Weisheit in 8 mit ihrer Einladung in 9^{1-6} und das Preislied auf die Weisheit in 31^{10-31}. Die drei Teile des Buches sind untereinander durch vielfältige strukturelle Bezüge verbunden. Die Teile selbst sind sorgfältig strukturiert. Über das ganze Buch spannt der Dichter ein feinmaschiges Netz von Anspielungen, Vorweisen, Rückweisen, Querverbindungen und chiastischen Aufnahmen. Diese Bezüge herauszufinden, hat der Dichter nach 1^{6} dem Leser zur Aufgabe gemacht. Zu weiteren Einzelheiten vgl. die Übersicht zur Textgliederung sowie die Einführungen zu den einzelnen Teilen und Abschnitten. Neben den strukturbildenden Elementen setzt der Dichter das ganze Repertoir weisheitlicher Rhetorik ein, einschließlich Witz, Humor und Ironie. Damit will er den Leser packen, ihn in das Gespräch einbeziehen und zum Weiterdenken anregen. Die einzelnen Gattungen und Redeformen werden an ihrem jeweils ersten Vorkommen erläutert, vgl. auch u. 7. An dieser Stelle sei auf zwei Besonderheiten hingewiesen, die für die Arbeitsweise des Dichters charakteristisch sind: 1. Die sog. *Rede-in-Rede-Technik* (»reported discourse«, vgl. *M. Bakhtin* und *M. Sternberg*, dazu: *S. L. Harris*, JBR 41, 1996, 58–76). Der Dichter führt andere Personen als Sprecher ein, die ihrerseits Worte oder Reden von anderen zitieren. Damit werden (bekannte) Texte in die neue Sprechsituation einbezogen, ohne sie ausdrücklich zu nennen. Dadurch erhält die aktuelle Rede ihre Tiefendimension und das Zitat eine neue Relevanz; vgl. z.B. 1^{8-19} u.ö. 2. Damit verwandt ist die sog. *Rekontextualisierung*. Durch Verwendung signifikanter Wendungen und Phrasen bezieht der Dichter einzelne Perikopen oder ganze Textzusammenhänge aus Tora oder den früheren und späteren Propheten, aber auch von Weisheitstexten aus der Umwelt in die aktuelle Gesprächssituation mit ein; vgl. z.B. die Rekontextualisierung der narrativen Texte von Salomo in 10–15; s. die Auslegung zu 15^{32}. Es ist daher nicht zutreffend, wenn immer wieder behauptet wird, Spr nehme nur auf die Schöpfungstraditionen Bezug und lasse die für den Glauben Israels so wichtigen Geschichtstraditionen unbeachtet. Die oft verdeckten Andeutungen und Anspielungen herauszuhören, ist freilich Sache des verständigen Lesers ($1^{5.6}$).

4. Was setzt der Dichter voraus? – Quellen, Entstehungszeit

Der Dichter schöpft aus einem reichen Fundus literarischer Quellen. Er zeigt sich vertraut mit den Weisheitstraditionen Ägyptens, Mesopotamiens und Kanaans. Die ägyptischen und mesopotamischen Texte lagen ihm vermutlich in kanaanäischen Abschriften vor. Er zitiert oder spielt an auf die Lehre des *Ptahhotep* – ein zeitloses Musterexemplar für ein Standesethos; entstanden im Alten Reich (2655 – 2155), erstreckt sich sein Einfluß weit über das Ende der ägyptischen Kultur hinaus; die Lehre für *Merikare* – vermutlich der erste »Fürstenspiegel« vom Beginn des

Mittleren Reiches (2134 – 1715); die Lehre des *Amenemhet* – im Grunde ein Fürstenspiegel, der sich Formen des Testaments und der Autobiographie bedient, vermutlich aus der gleichen Zeit; die Lehre des *Ani* – ein Zeugnis für die »persönliche Frömmigkeit« des Neuen Reiches (1554 – 1080); die Sammlung des *Anch Scheschonki* – eine Art »Volksbuch« aus dem 4. Jh v.Chr., das auf dem Hintergrund der Antithese »Weiser – Tor« praktische Fragen von Familie und Nachbarschaft behandelt; die Lehre des Papyrus *Insinger* – eine Lebenslehre aus der Zeit um 300 v. Chr.; sie dürfte den Dichter besonders inspiriert haben in Hinsicht auf die Einheit von Gottesverhältnis und Verhältnis zum Mitmenschen, die Fragwürdigkeit des Tun-Ergehen-Zusammenhangs und die realitätsnahe Einschätzung der gesellschaftlichen Verhältnisse. Wie souverän der Dichter mit seinen Quellen verfährt, zeigt die Bearbeitung der Lehre des *Amenemope*, ein Hauptwerk der »persönlichen Frömmigkeit« des ausgehenden Neuen Reiches in Spr 22^{17}–23^{11}, sowie der Sprüche des *Achikar*, eine in vielen Versionen weit verbreitete Schrift, in Spr $23^{12-14}27^{3.7}$ u.ö. Daneben hat der Dichter noch eine jetzt unbekannte Quelle vermutlich ägyptischen Ursprungs benutzt, die den ägyptischen Schulmiszellen nahesteht. Auf welche literarischen Werke der Weisheit Israels er zurückgreifen konnte, ist nicht mehr auszumachen, trotz gegenteiliger, sehr selbstsicher vorgetragenen Behauptungen. Es wird Aphorismen- und Sprichwörtersammlungen sowie Standesinstruktionen und Lebenslehren gegeben haben, möglicherweise sogar einen regelrechten Schulbetrieb mit dem nötigen Unterrichtsmaterial. Nur: davon ist nichts überliefert. Spärliche Hinweise geben vielleicht die sekundären Erweiterungen in Spr, z.B. $24^{23-34}30^{15-33}31^{1-9}$ und die Überschüsse in G gegenüber M. Was der Dichter aus hypothetischen Werken ausgewählt und verarbeitet hat, ist zu einem neuen literarischen Ganzen verschmolzen und mit literarkritischen Operationen (*Whybray, Michel,* u.a.) nicht mehr herauszulösen. Eine Geschichte der Weisheit Israels jedenfalls läßt sich aufgrund von Spr nicht schreiben, Spr setzt sie bereits voraus. Auch die von *Stuart* 1852 vertretene These, Spr sei eine Sammlung von Sammlungen und Teilsammlungen erscheint auf den ersten Blick recht überzeugend, wurde daher bald allgemein akzeptiert und nie ernsthaft hinterfragt (mit Ausnahme von *Skehan*, den man aber als Mindermeinung abtat), ist aber am Werk des Dichters von Spr nicht zu erweisen. Dagegen ist ziemlich deutlich, welche biblischen Bücher ihm vorgelegen haben. Er setzt bereits den *Tenak* (Tora, frühere und spätere Propheten, Schriften) voraus ($29^{18}30^{5f}$). Aus der in ihrer Bezeichnung und in ihrem Umfang noch nicht festgelegten Gruppe der »Schriften« zitiert er bzw. spielt er an auf Pss, Ijob, Koh und Hld. Der Dichter steht insbesondere Koh sehr nahe. Er benutzt eines seiner Leitwörter: »Windhauch« ($13^{11}21^{6}31^{30}$). Er teilt seine Skepsis, wenngleich sie etwas anders motiviert zu sein scheint. Manche nehmen an, er habe das Nachwort zu Koh geschrieben. Das bleibt allerdings Vermutung.

Vom Dichter wissen wir außerhalb seines Buches nichts. Informationen sind daher indirekt seinem Buch zu entnehmen, insbesondere dem Postskript in 30^{1-14}. Was ihm an literarischen Quellen vorliegt, wie er sie bearbeitet, die Art seiner Sprache, das Wortspiel mit *sophia* (30^{27}), die Hinweise auf den *Tenak* (s.o.), das alles sind Mosaiksteine, die in die Nähe von Sir und damit in die Zeit um 200 v.Chr. verweisen. Es ist die Zeit erneuter Kämpfe zwischen Ptolemäern und Seleukiden um die Vorherrschaft in Palästina. Im Tempelstaat Jerusalem-Juda wachsen die sozialen Spannungen infolge hoher Steuern, die besonders die sozial Schwächeren hart treffen. Die Auseinandersetzungen zwischen pro-hellenistischen Gruppen und Anhängern einer strengen Trennung von allem Fremdländischen führen neben wirtschaftlichen, politischen und persönlichen Zwistigkeiten schließlich zu einer Spaltung in der Oberschicht. Die strenge Toraobservanz wird als menschen- und fremdenfeindlich erfahren und als Widerspruch zu den positiven Aspekten des Monotheismus, der Bildlosigkeit des Kultes und den ethischen Werten des JHWH-Glaubens. In diese unruhigen und spannungsgeladenen Verhältnisse hinein schreibt der Dichter sein Buch. Er versucht die Kultursynthese zwischen hellenistischer Weltweisheit und JHWH-Glauben. Er zeigt auf: Ein an JHWHs Tora ausgerichteter Glaube ist wie die Weisheit eine dynamische Größe, ein ständiges Suchen und Ringen, im Wandel der Zeiten das je »Angemessene« adäquat zu konkretisieren (26^{7}). Ein solcher Glaube ist wie die Weisheit offen auf alle Menschen hin, die nach Gotteserkenntnis suchen.

5. Spr in der jüdischen und christlichen Tradition

Spr genießt im Judentum eine hohe Wertschätzung und ist grundlegend für die jüdische Ethik. Das NT teilt diese Auffassung. Nach *H.-J. Klauck*, »Christus, Gottes Kraft und Gottes Weisheit« (1 Kor 1,24), 1992, ist das NT konstitutiv durch Spr geprägt. Die älteste Jesusüberlieferung zeigt ihn als Weisheitslehrer (Mk $2^{17.19.21f}$ $4^{22.25}$). Lk präsentiert ihn als Boten der Weisheit, ja, als Personifikation der göttlichen Weisheit (7^{31-35}). Selbst Paulus greift ihn 1 Kor 1–3 auf die Weisheitstheologie von Spr zurück, um die Antithese Weisheit dieser Welt – Jesus als Weisheit Gottes zu exponieren. Schon *R. Bultmann*, Geschichte der Synoptischen Tradition, 1921 (^{4}1970), hatte darauf hingewiesen, daß ein erheblicher Teil der Jesus-Logien in den synoptischen Evangelien aus der jüdischen Weisheit stammt. *M. Küchler*, Frühjüdische Weisheitstraditionen, 1978, hat 108 Logien aufgelistet. Über das eine oder andere mag man streiten, am Ergebnis ändert das nichts. Die Sprüche, die Jesus verwendet, waren lebendig im Kreis der einfachen wie der gebildeten Leute. In seinen Streitgesprächen greift er viele Argumente auf, die von der Alltagserfahrung her unmittelbar einleuchten. Er formuliert Verhaltens- und Lebensregeln, die aus der Erfahrung vieler Generationen schöpfen. Jesu Gottes- und Menschenverständnis ist geprägt von dem, was in Spr zu

Wort kommt. Das gilt in gleicher Weise für die Gruppe der Jesusjünger und -jüngerinnen. Sie versteht sich als Lehr- und Lerngemeinschaft. Sie greift damit auf das dtn Ideal zurück, nach dem Israel von seinem Ursprung her als Lerngemeinde konzipiert ist (»Höre, Israel! ...« Dtn 6^{4} u.ö.); aus dem Hören auf JHWHs Wort kommt Israel als eine von JHWH geformte Gesellschaft zum Glauben (Dtn 6^{1ff}) und zur Liebe (Dtn 6^{4f}). Spr hat das dtn Ideal aktualisiert und auf das Leben im Alltag hin konkretisiert. In dieser Form und auf diesem Weg ist es in die Verkündigung Jesu und der Urgemeinde eingegangen. Insoweit hat Spr eine wichtige Brückenfunktion zum NT.

Um so erstaunlicher, daß Spr und die übrigen Weisheitsschriften Israels in der abendländischen Kirche und Theologie so gut wie keine Rolle spielen. Das hat Gründe, auf die näher einzugehen hier nicht der Ort ist. Die Vorbehalte und Vorurteile lassen sich kurz zusammenfassen: 1. Spr und die übrigen Weisheitsschriften seien eine Randerscheinung des JHWH-Glaubens. Es fehle jeder Bezug zur Heilsgeschichte. 2. Spr artikuliere eine bürgerliche, diesseits orientierte Religiosität. 3. Die im Tun-Ergehen-Zusammenhang gründenden Mahnungen zum sittlichen Handeln seien Ausdruck einer Lohn- und Leistungsmentalität, einer Gesetzesfrömmigkeit, die das NT und insbesondere Paulus überwunden habe. 4. Die optimistische Weisheitsethik mit ihrer Hochschätzung irdischer Güter sowie ihrer positiven Einstellung zu Lebensgenuß und Lebensglück stehe im Gegensatz zur Kreuzestheologie und zur Rechtfertigung »*sola gratia*«. Daß eine solche Einstellung zu Texten die Arbeit an ihnen nachhaltig prägt, versteht sich von selbst.

Mit der Liturgiereform im Anschluß an *Vaticanum II.* hat sich die Situation etwas gebessert. Eine kleine Textauswahl aus Spr kommt in der Liturgie zu Gehör: In der 25. Woche – Jahr II – von Montag – Mittwoch: $3^{27-35}21^{1-6.10-13}30^{5-9}$; an einigen Heiligengedenktagen: 2^{1-9} (Benedikt von Nursia), 3^{13-20} (Leopold), 16^{1-12} (Mathilde), $31^{10-13.19-20.30-31}$ (Franziska von Rom, Johanna Franziska von Chantal, Joachim und Anna); am Dreifaltigkeitssonntag und als Commune-Lesung in Marienmessen: 8^{22-31}.

6. Zur Textgliederung

Dem Kommentar liegt auf Grund von formkritischen und traditionsgeschichtlichen Analysen eine eigene, detaillierte Gliederung zugrunde, die im Text ausgewiesen ist und von EÜ abweicht. Die Begründung wird, soweit für das Verständnis erforderlich, in den Textanmerkungen und in der Auslegung gegeben. Zur besseren Übersicht sei sie hier vorausgeschickt.

Titel des Buches 1^{1}
Vorspruch 1^{2-6}
These 1^{7}

A: Philosophisch-geschichtstheologische Grundlegung 1^{8}–9^{19}

1. Instruktion: Der Weg der Gewalt 1$^{8-19}$
Das erste Lied der Weisheit 1$^{20-33}$
2. Instruktion: Weg zur Bildung von Glauben und Gewissen 2$^{1-22}$
3. Instruktion: Leben aus der Gemeinschaft mit JHWH 3$^{1-12}$
Hymnus 3$^{13-20}$
4. Instruktion: Solidarisches Leben aus dem Glauben 3$^{21-25}$
5. Instruktion: »Das Beste ist die Weisheit«^{7a}: 4$^{1-9}$
6. Instruktion: Die zwei Wege 4$^{10-19}$
7. Instruktion: Das Wichtigste ist das Herz 4$^{20-27}$
8. Instruktion: Gefährlich ist die Fremde 5$^{1-7.21-23}$
Sekundärer Einschub 5$^{8-20}$
Intermezzo: Vier Wege zum Abgrund 6$^{1-19}$
9. Instruktion: Verlangen nach der Frau des Nächsten 6$^{20-35}$
10. Instruktion: Abfall von JHWH 7$^{1-27}$
Das zweite Lied der Weisheitsgestalt 8$^{1-36}$
Ein Triptychon 9$^{1-18}$

B: Lebensnahrung vom Tisch der Weisheit JHWHs 10^{1}–29^{27}

Überschrift 10^{1a}

Teil I

Die grundlegende Ausrichtung des menschlichen Strebens 10^{1b}–15^{32}

Abschnitt 1: Menschliches Streben im Spannungsfeld moralischer Alternativen 10^{1b}–11^{7}
5 Unterabschnitte: I 10$^{1-5}$ II $^{6-12}$ III $^{13-21}$ IV $^{22-27}$ V ^{28}–11^{7}
Abschnitt 2: Sozialverhalten des Menschen im Alltag einer landstädtischen Gesellschaft 11^{8}–12^{13}
Rahmenstück 11$^{8-17}$ Mittelteil 11^{18}–12^{3} Rahmenstück 12$^{4-13}$
Abschnitt 3: »Frucht des Mundes« und »Tun der Hände« 12^{14}–13^{2}
Kleine Psychologie menschlicher Sehnsüchte und Erwartungen 13$^{2-13}$
Abschnitt 4: »Sag mir, mit wem du umgehst...« – Vom rechten und falschen Umgang, seine Auswirkungen und Folgen 13^{14}–14^{27}
4 Unterabschnitte: I 13$^{14-19}$ II ^{20}–14^{7} III $^{8-15}$ IV 14$^{16-27}$
Abschnitt 5: Dispositionen zu Affekten, ihre Steuerung und ihre sozialen Auswirkungen 14^{28}–15^{32}
2 Unterabschnitte: I 14^{28}–15^{18} II $^{19-32}$

Teil II

»Furcht JHWHs ist mūsār der Weisheit; vor Ehre Demut« (15^{33}) Entwurf einer an der Armentheologie orientierten Lebens- und Gesellschaftsordnung 15^{33}–24^{22}

Überschrift 15^{33}
Abschnitt 1: Die Wege des Menschen im Urteil JHWHs, des Königs 16^{1}–17^{3}
2 Unterabschnitte: I 16^{1-15} II ^{16}–17^{3}
Abschnitt 2: Sozialschädigendes Verhalten im Umkreis der Familie und des sozialen Mitfeldes 17^{4}–18^{3}
3 Unterabschnitte: I 17^{4-8} II $^{9-17}$ III ^{18}–18^{3}
Abschnitt 3: Die Tiefen des Menschen – Chaos und Quelle der Weisheit 18^{4}–20^{7}
4 Unterabschnitte: I 18^{5-22} II ^{23}–19^{10} III ^{11}–20^{3} IV $^{4-7}$
Abschnitt 4: Tun von Gerechtigkeit, Recht und Liebe ist JHWH lieber als Opfer 20^{8}–22^{4}
3 Unterabschnitte: I $20^{8-23.26}$ II $20^{24-25.27}$–21^{2} III ^{3}–22^{4}
Abschnitt 5: Zusammenfassung von Teil II
2 Unterabschnitte: I: 10 Sprüche zu rechtem und falschem Sozialverhalten 22^{7-16} II: »Lebenslehre« in 30 Sentenzen 22^{17}–24^{22}
Sekundärer Einschub 24^{23-34}

Teil III

Die gesellschaftliche Realität im Spiegel der Weisheit JHWHs 25^{1}–29^{27}

Überschrift 25^{1}
Abschnitt 1: Soziale Strukturen und Lebensformen in einer substaatlichen Gesellschaft 25^{2}–27^{27}
6 Unterabschnitte: I 25^{2-27}: Soziale Unterschiede und soziale Konflikte – II 26^{1-12}: Der Tor in der Gemeinschaft – »nicht passend« – III $^{13-16}$: Der Faule in seiner falschen Selbstwahrnehmung – IV $^{17-28}$: Strategien zur Vermeidung von Nachbarschaftskonflikten – V 27^{1-22}: Der gute Freund als rechter Lebensbegleiter – VI $^{23-27}$: Die Verantwortung der Regierenden für das Wohl des Gemeinwesens.
Abschnitt 2: »Gerechte(r)« – »Frevler« – Eine Aporie 28^{1}–29^{27}
4 Unterabschnitte: I 28^{1-14} II $^{15-28}$ III 29^{2-18} IV $^{19-27}$

C: Schluß

Postskript des Dichters 30^{1-14*}
Sekundärer Einschub: Sammlung von Zahlensprüchen 30^{15-33}
Sekundärer Einschub: Die Worte an Lemuël 31^{1-9}
Akrostisches Gedicht über den unschätzbaren Wert der Weisheit 31^{10-31}

7. Zu einigen wichtigen Redeformen und Stilfiguren

Akrostichon In der Dichtung der Antike und des MA beliebte poetische Form, bei der die Anfangsbuchstaben, -silben oder -wörter derart gestaltet sind, daß sie für den Kundigen, im Zusammenhang gelesen, ein (Geheim-)Wort, einen Namen oder Spruch ergeben. In Spr 31$^{10-31}$ sind die Anfänge der 22 Verse durch die 22 Buchstaben in der Reihenfolge des hebr. Alphabets markiert = *alphabetisches Akrostichon* oder *Abecedarium*, vgl. Ps 9/10 25 34 37 111 112 119 145 Klgl 1–4; im Ansatz Spr 24$^{1-6}$ Nah 1$^{2-8}$. Ähnlich wie Spr wird auch Sir (hebr.) mit einem, wenn auch lückenhaften, alphabetischen Akrostichon abgeschlossen, vgl. 51$^{13-30}$. Der Sinn dieses Stilmittels ist nicht restlos geklärt, es dürfte aber, entsprechend unserer Redensart »von A bis Z«, auf Vollständigkeit und Vollkommenheit einer Aussage verweisen.

Alliteration Einsatz gleicher Laute bei aufeinanderfolgenden Wörtern zur Erzielung bestimmter Klangeffekte; dient vor allem zur Verbindung von Versen, z.B. 8$^{27-29}$: *b*^{e}*ḥakîmo*^{27a} …*b*^{e}*ḥûqô*^{27b} …*b*^{e}*'ammṣô*^{28a} …*ba*^{ca}*zôz*^{28b} …*b*^{e}*śûmô*^{29a} …*b*^{e}*ḥûqô*^{29b}. Die b-Alliteration wird jeweils im Versinnern durch weitere Labial-Alliteration fortgesetzt. Die Versgruppe kann als Beispiel dienen für den Mehrfacheinsatz von Stilmitteln. Die Verse beginnen mit dem selben Wort *b*^{e} und bilden eine *Anapher* (s.u.); zugleich haben sie *ō-Assonanz* (s.u.) in der Endsilbe. Oder 1^{27}: *šǒ'ā …sūpā …ṣārā … ṣūqā*, zugleich mit *ā(h)-Assonanz* (s.u.) in der Endsilbe.

Anapher Zwei oder mehr Verse/Halbverse beginnen mit dem selben Wort, z.B. 8$^{27-30}$ (s.o.), vgl. 15$^{16.17}$ 30$^{11-14}$ u.ö. Die A. dient der Ausdruckssteigerung sowie der Bildung einprägsamer Reihungen. In Spr häufig textgliedernd zur Markierung von Abschnittsgrenzen eingesetzt.

Aposiopese Abbrechen der Rede (mitten im Satz) zur Steigerung der Aufmerksamkeit, z.B. 1^{10}: »Mein Sohn, wenn die Sünder dich locken, willige nicht ein …« Oder 3^{21}: »Nicht sollen aus deinen Augen entkommen.«

Assonanz Einsatz klanggleicher Vokale zur Erzielung besonderer Klangeffekte (z.B. 1^{27} s.o.) und/oder zur Bildung von Sinneinheiten/Strophen, z.B. 8$^{1-36}$.

Chiasmus Überkreuzstellung (x erinnert an den griech. Buchstaben *chi*) von einander entsprechenden Satzgliedern in der Form a – b– (c) x (c') – b' – a'. Innerhalb parallel gebauter Verse dient er der Konzentration und Steigerung der Aussage, z.B. 8^{17}: »Ich liebe, die mich lieben, x wer mich sucht, wird mich finden«, oder 10^{3}: »Nicht hungern läßt JHWH das Verlangen der Gerechten, x aber die Gier der Frevler stößt er zurück.« Oft erstreckt er sich über zwei oder mehr Verse, z.B. $1^{26.27}$: Unglück – Schrecken x Schrecken – Unglück, oder $1^{29.30}$: hassen – nicht erwählen x nicht lieben – verschmähen, oder 14^{1} und ^{3} mit Einschluß von ^{2}. In Fällen dieser Art markiert er kleinere oder größere Sinnabschnitte, die wiederum sehr häufig durch Chiasmen miteinander verbunden sind, z.B. verbindet die chiastische Aufnahme von »Weisheit – Zucht« (1^{7}) in »Zucht – Tora« (1^{8}) die These des Buches mit dem ersten Lied der Weisheit, oder: Die Chiasmen zwischen 1^{32f} und 8^{35f} verklammern (neben vielen anderen Verweisen) das erste und zweite Lied der Weisheit. Chiastische Aufnahmen über große Entfernungen sind für Spr typisch. Sie dienen der Abgrenzung und Strukturierung großer Textabschnitte, z.B.: der Chiasmus 14^{29} x 15^{8} begrenzt einen Unterabschnitt in Teil I; die chiastischen Aufnahmen und Rückweise 10^{1b-5} x 12^{4}–13^{2} x 15^{28-32} strukturieren den ganzen Teil I; der Chiasmus 28^{1} x 29^{27} markiert die Textgrenzen der Zusammenfassung des Buches in 28–29, während eine Kette von Chiasmen das Textinnere strukturiert.

Epiphora Wiederholung eines oder mehrerer Wörter jeweils am Ende mehrerer aufeinander folgender Sätze oder Satzteile zur Ausdruckssteigerung. In Spr häufig zur Bildung von Spruchpaaren, z.B. $15^{16.17}$ »dabei«, zugleich mit Anapher »Besser ... als«.

Gematrie Mystische Buchstaben- und Textdeutung mit Hilfe des Zahlenwertes der Buchstaben. Mit vielen antiken Autoren teilt der Dichter von Spr die Vorliebe für die Verwendung von Wörtern, deren Zahlenwert für die Struktur wie für die Deutung des Buches bedeutsam sind, z.B. Salomo in 10^{1} mit dem Zahlwert 375 als Hinweis auf die 375 Verse in 10^{1}–22^{16}, u.a. Daneben verwendet der Dichter Symbolzahlen (3; 4; 5; 7; 10), einzeln oder in verschiedenen Kombinationen. Die Gematrie dürfte in Spr eine wichtige Rolle spielen. Allerdings ist das System bis heute nicht geklärt; zum Ganzen *Fuhs*, 23f.

Inklusion Gleiche Wörter oder Wendungen am Anfang und Ende eines Abschnitts oder Teilabschnitts »schließen ihn ein« und markieren ihn so als Einheit, z.B. $3^{13.18}$: »Glückselig, der ...« »... ist glücklich zu preisen; $28^{4.7}$: »Tora verlassen« »Tora bewahren«.

Instruktion In der Antike weit verbreitete, besonders in Ägypten beliebte und vielfach belegte literarische Form weisheitlicher Belehrung. In ihrer klassischen Dreiteilung besteht sie aus *exordium* (Anrede, Aufmerksamkeitsruf) – *propositio* (Lektion, thematische Entfaltung) – *peroratio* (Konklusion). Der Dichter von Spr verwendet die Form der Instruktion in sehr frei abgewandelter Weise in $1^{8-19}2^{1-22}3^{1-12}3^{21-25}4^{1-9}4^{10-19}4^{20-27}5^{1-7.21-23}6^{20-35}7^{1-27}$; darüber hinaus bildet sie die Grundstruktur seines Buches (s.o. 3.).

Merismus Rhetorische Figur, bei der nur das erste und letzte Glied einer Reihe genannt wird, um damit alle Glieder dieser Reihe ohne Ausnahme mitzubezeichnen, z. B. 3^{19}: Erde – Himmel; 3^{20}: tiefe Quellen – Tau (aus den Wolken).

Parallelismus (membrorum) Hauptmerkmal hebräischer und altorientalischer Poesie. Dabei bilden in der Regel zwei, gelegentlich drei (z.B. $1^{22}8^{29}$ u.ö.) oder mehr (z.B. 30^{4}) Zeilen (Stichoi, richtiger: Kola), die je eine selbständige Aussage treffen, einen sog. »Gedankenreim« oder eine Bildentsprechung in der Weise, daß sie einen Gegenstand oder Sachverhalt jeweils mit anderen Wörtern ausdrücken und zusammen als *eine* Aussage verstanden werden wollen. Das eröffnet schier unerschöpfliche Möglichkeiten der Variation und Nunancierung. Der Parallelismus ist Ausdruck der Eigenheit orientalischen Denkens. Während griechisch-abendländisches Denken auf dem Wege der Abstraktion in der Definition die Essenz oder den Kern der Wirklichkeit zu erfassen sucht, voranschreitend von den Abbildern zum Urbild, von der Vielfalt zur Einheit, erschließt sich dem orientalischen Menschen in der Gegenüberstellung gleicher oder ähnlicher Phänomene die Fülle einer Wirklichkeit, von der er weiß, daß er sie in ihrer Komplexität nie ganz und nie endgültig zu erfassen und zu begreifen vermag. Man unterscheidet drei Grundformen des Parallelismus. Im *synonymen Parallelismus* variiert und nuanciert die zweite (und gegebenenfalls die dritte) Zeile die erste inhaltlich mit anderen Worten und öffnet so den Raum für eine Fülle analoger Aspekte, z.B. 1^{8}: »Höre, mein Sohn, auf die Mahnung des Vaters, und die Lehre deiner Mutter verwirf nicht!«; oder 1^{22}: »Wie lange noch, ihr Törichten, liebt ihr Betörung, gefällt den Zuchtlosen ihr dreistes Gerede, hassen die Toren Erkenntnis?« als Beispiel für einen Dreizeiler (Trikolon). Es können auch zwei Verse zu je zwei Kola (teil-)synonym sein, z.B. $1^{20.21}$: »Die Weisheit ruft laut auf der Straße, auf den Plätzen erhebt sie ihre Stimme. Am Anfang der Mauern predigt sie, an den Stadttoren hält sie

ihre Reden.« Beim *antithetischen Parallelismus* formuliert die zweite Zeile zur ersten eine Gegensatzentsprechung und führt so zu einer spannungsreichen Gesamtaussage, z.B. 10^{2}: »Unrecht Gut gedeiht nicht, Gerechtigkeit aber rettet vor dem Tod«; oder 11^{1}: »Falsche Waage ist JHWH ein Greuel, volles Gewicht findet sein Gefallen.« Beim *synthetischen Parallelismus* löst sich die Form der strengen gegenseitigen und gleichwertigen Bezogenheit der Glieder auf. Die zweite (und dritte) Zeile führt den Gedanken der ersten weiter oder ergänzt ihn und erreicht so seine Gesamtaussage. Im Unterschied zum synonymen und antithetischen Parallelismus kann die zweite (und dritte) Zeile nicht ohne die erste stehen, z.B. 18^{10}: »Ein fester Turm ist der Name JHWHs, dorthin eilt der Gerechte und ist geborgen«; oder 18^{4}: »Tiefe Wasser sind die Worte aus dem Mund eines Menschen, ein sprudelnder Bach, eine Quelle der Weisheit«; oder 18^{22}: »Wer eine Frau gefunden, hat Glück gefunden und das Gefallen des Herrn erlangt.«
Als Variante des synthetischen Parallelismus sind die *Vergleichssprüche* zu betrachten; sie stellen Analogien her zwischen verschiedenen Wirklichkeitsbereichen, z.B. 10^{26}: »Wie Essig für die Zähne und Rauch für die Augen ist der Faule für den, der ihn schickt«; oder 11^{22}: »Ein goldener Ring im Rüssel eines Schweins ist ein Weib, schön, aber sittenlos.« In 25–26 treten sie gehäuft auf. Eine weitere Variante sind die *komparativischen* oder »Besser-als«-Sprüche, wenn sie eine Langzeile bzw. einen Vers umfassen, z.B. 12^{9}: »Besser unbeachtet bleiben und seine Arbeit verrichten, als großtun und kein Brot haben«; oder 17^{1}: »Besser ein trockenes Stück Brot und Ruhe dabei als ein Haus voll Braten und dabei Streit.« Stehen jedoch zwei komparativische Sprüche in einer Langzeile, handelt es sich um eine Variante des synonymen Parallelismus, z.B. 16^{32}: »Besser ein Langmütiger als ein Kriegsheld, besser, wer sich selbst beherrscht, als wer Städte erobert.«

Parömiologie Sprichwortforschung. Zu Ansatz, Methode und Probleme vgl. *W. Mieder*, Moderne Sprichwörterforschung zwischen Mündlichkeit und Schriftlichkeit, in: *L. Röhrich, E. Lindig (Hg.)*, Volksdichtung zwischen Mündlichkeit und Schriftlichkeit (Scripta Oralia 9), Tübingen 1989; für Spr vgl. *Westermann*, 1990; *Golka*, 1994.

Paronomasie Zusammenstellung lautlich gleicher oder ähnlicher Wörter zur Erzeugung spezifischer Klangbilder zum Zweck der Verstärkung des Sinngehalts einer Aussage, z.B. 1^{22}: »Wie lange noch, ihr Törichten, liebt ihr Betörung, gefällt den Spöttern ihr spöttiges Geschwätz, ...«; oder $8^{30a.b}$: »da war ich (*w-'hjh*) als geliebtes Kind bei ihm, und ich war (*w-'hjh*) Freude Tag für Tag« mit Anspielung auf Ex 3^{14}. Paronomasien sind in Spr sehr häufig. Sie dienen der Bildung von Spruchpaaren und der übergreifenden Textgliederung über die Lautgestalt. Ein Spezialfall der Paronomasie ist die *figura etymologica*, d.h. die Verbindung von Verben und Substantiven gleichen Stammes, z.B. 9^{2}: *ṭāb*^{e} *ḥā tib ḥā;* oder 9^{5}: *laḥ*^{a}*mû b*^{e}*laḥ*^{a}*mî* (im Deutschen nicht nachzuahmen, aber vgl. »einen Kampf kämpfen«, »sein Leben leben«).

LITERATURHINWEISE

1. Ausgewählte Kommentare

R. L. Alden, Proverbs. A Commentary on an Ancient Book of Timeless Advice, Grand Rapids, MI, 1983; L. Alonso Schökel und J. Vílchez Líndes, Sapienciales I. Proverbios (Nueva Biblia Espanola), Madrid 1984; A. Barucq, Le Livre des Proverbes (SBi), Paris 1964; F. Delitzsch, Das Salomonische Spruchbuch (BC IV.3), Leipzig 1873; K. A. Farmer, Who Knows What is Good? Proverbs and Ecclesiastes (ITC), Grand Rapids und Edinburgh 1991; C. Fontaine, Proverbs, in: C. Newsom; Sh. H. Ringe (Hg.), The Women's Bible Commentary, London und Louisville 1992, 145–152; H. F. Fuhs, Das Buch Sprichwörter (fzb 95), Würzburg 2001; B. Gemser, Sprüche Salomos (HAT 1/16), Tübingen (2. überarb. Aufl.) 1963, 1. Aufl. 1937; A. Lelière, A. Maillot, Commentaire des Proverbes. Les Proverbes de Salomon, chapitres 10–18 (LeDiv Commentaires 1), Paris 1993; Th. P. McCreesh, Proverbs, in: The New Jerome Biblical Commentary, Hg. R. E. Brown, J. A. Fitzmyer, R. E. Murphy, London 1990, 453–461; W. McKane, Proverbs. A New Approach (OTL), London 1970; A. Meinhold, Die Sprüche, Teil 1: Sprüche Kapitel 1–15; Teil 2: Sprüche Kapitel 16–31, (ZBK.AT 16.1/2), Zürich 1991; O. Plöger, Sprüche Salomos (Proverbia) (BKAT 17), Neukirchen-Vluyn 1981–1984; A. J. Rosenberg (Hg.), Proverbs: a new English translation, = *sēfer mišlê*, transl. of text, Rashi and commentary by A. J. Rosenberg, (Judaica books of the Hagiographa – the Holy Writings / Mikraoth gedolot), New York 1988;

2. Weitere Literatur

Eine ausführliche Übersicht bei *Fuhs*, 26–36; hier nur einige wichtige Werke zur weiteren Vertiefung.
R. Albertz, Religionsgeschichte Israels in alttestamentlicher Zeit. Teil 1: Von den Anfängen bis zum Ende der Königszeit, Teil 2: Vom Exil bis zu den Makkabäern (GAT 8/1 und 2), Göttingen 1992; A. Assmann (Hg.), Weisheit. Archäologie der literarischen Kommunikation III, München 1991; J. Assmann, Ma'at, Gerechtigkeit und Unsterblichkeit im Alten Ägypten, München 1990; G. Baumann, Die Weisheitsgestalt in Proverbien 1–9 (FAT 16), Tübingen 1996; L. Boström, The God of the Sages. The Portrayal of God in the Book of Proverbs (CB.OT 29), Stockholm 1990; H. Brunner, Zentralbegriffe ägyptischer und israelitischer Weisheitslehren, Saec. 35 (1984) 185–199; ders., Altägyptische Weisheit. Lehren für das Leben (BAW.AO), Zürich 1988; R. E. Clements (Hg.), The World of Ancient Israel: Sociological, anthropological, and political perspectives, Cambridge 1989; ders., Wisdom for a changing world: Wisdom in Old Testament theology (Berkeley lectures 2), Berkeley 1990; H. Delkurt, Ethische Einsichten in der alttestamentlichen Spruchweisheit (BThSt 21), Neukirchen-Vluyn 1993; A. B. Ernst, Weisheitliche Kultkritik (BThSt 23), Neukirchen-Vluyn 1994; F. W. Golka, Die Königs- und Hofsprüche und der Ursprung der israelitischen Weisheit, VT 36 (1986) 13–36; ders., Die Flecken des Leoparden. Biblische und afrikanische Weisheit im Sprichwort, (AzTh 78), Stuttgart 1994; G. Gorgulho, Zefanja und die historische Bedeutung der Armen, EvTh 51 (1991) 81–92; J. Halbe, ›Altorientalisches Weltordnungsdenken‹ und alttestamentliche Theologie. Zur Kritik eines Ideologems am Beispiel des israelitischen Rechts, ZThK 76 (1979) 381–418; S. L. Harris, »Figure« and »Riddle«: Prov 1:8–19 and Inner-biblical Interpretation, BR 41 (1996) 58–76; Th. Hieke, »Geh zur Ameise, du Fauler...« (Spr 6,6). Zur Beurteilung der menschlichen Arbeit in den Psalmen und der biblischen Weisheitsliteratur, LebZeug 53 (1998) 19–31; E. Hornung, O. Keel (Hg.), Studien zu altägyptischen Lebenslehren (OBO 28), Freiburg/Schweiz und Göttingen 1979; D. W. Jamieson-Drake, Scribes and Schools in Monarchic Judah. A Socio-Archaeological Approach (SWBAS 9; JSOT.S 109), Sheffield 1991; B. Janowski, Die Tat kehrt zum Täter zurück. Offene Fragen im Umkreis des »Tun-Ergehen-Zusammenhangs«, ZThK 91 (1994) 247–271; J. Krispenz, Spruchkompositionen im Buch Proverbia (EHS.T 349), Frankfurt M. 1989; M. Lichtheim, Late Egyptian Wisdom Literature in the International Context: Study of Demotic Instructions (OBO 52), Göttingen 1983; H. v. Lips, Weisheitliche Traditionen im Neuen Testament (WMANT 64), Neukirchen-Vluyn 1990; H.-P. Müller, Mensch – Umwelt – Eigenwelt. Gesammelte Aufsätze zur Weisheit Israels, Stuttgart Berlin Köln 1992; R. E. Murphy, The Kerygma of the Book of Proverbs, Interp. 20 (1966) 3–14; ders., Wisdom and Creation, JBL 104 (1985) 3–11; ders., The tree of life: an exploration of Biblical wisdom li-

terature (The Anchor Bible reference library), New York 1990; G. v. Rad, Weisheit in Israel, Neukirchen-Vluyn 1970; A. Scherer, Vielfalt und Ordnung. Komposition in den biblischen Proverbien und in den aramäischen Ahiqarsprüchen, BN 90 (1997) 28–45; R. L. Schultz, Unity or diversity in Wisdom Theology? A canonical and convenantal perspective, TynB 48 (1997) 271–306; P. W. Skehan, Studies in Israelite Poetry and Wisdom (CBQ. MS 1), Washington 1971; B. L. Visotzky, The Midrash on Proverbs, transl. from the Hebrew with an introduction and annotations (YJS 27), New Haven 1992; J. S. Webster, Sophia: Engendering Wisdom in Proverbs, Ben Sira and the Wisdom of Solomon, JSOT 78 (1998) 63–79; C. Westermann, Wurzeln der Weisheit. Die ältesten Sprüche Israels und anderer Völker, Göttingen 1990; ders., Forschungsgeschichte zur Weisheitsliteratur 1950–1990 (AzTh 71), Stuttgart 1991; R. N. Whybray, The Composition of the Book of Proverbs (JSOT.S 168), Sheffield 1994; ders., Wealth and Poverty in the Book of Proverbs (JSOT.S 99), Sheffield 1990; R. R. Wyse – W. S.Prinsloo, Faith development and proverbial wisdom, OTEs 9 (1996) 129–143.

Auf die ausführliche Kommentierung des Buchs der Sprichwörter in Band 95 der Reihe Forschung zur Bibel, in dem die Probleme der Auslegung erörtert und die in dem vorliegenden Band vorgetragenen Interpretationen begründet werden, sei ausdrücklich hingewiesen.

Titel des Buches: 1^{1}

1^{1} Sprichwörter Salomos, des Sohnes Davids, Num 23^{7-18}
des Königs von Israel: Ez $17^{2}24^{3}$
Ps 78^{2} Jes 14^{4}
Mi 2^{4} Hab 2^{6}

Vorspruch: 1^{2-6}

2 um Weisheit zu lernen und Zucht,
um kundige Rede zu verstehen,
3 um Zucht und Verständnis zu erlangen, 23^{23} Jes 42^{1}
Gerechtigkeit, Rechtssinn und Redlichkeit,
4 um Unerfahrenen Klugheit zu verleihen,
der Jugend Kenntnis und Umsicht.

1^{1} Eher selbständig, nicht wie in EÜ mit $^{2-6}$ verbunden.
1^{2-6} Vom Hauptsatz ^{5} hängen die Infinitive ab; $^{2-4}$ sind betont vorangestellt, vgl. 22^{19} Gen 42^{9} u.a. (*Fuhs*, 37).

1^{1} ist Titel des Buches. Das erste Wort, eine Pluralbildung von *māšāl*, bezeichnet jede Form von ins Wort gehobener Wirklichkeitswahrnehmung mündlicher oder schriftlicher Art: Prophetenwort als Orakel und Ansage, Deutung der Geschichte Israels, Formen weisheitlicher Rhetorik, bis hin zum Volkssprichwort. Das Buch führt alle Aspekte in einer Synthese zusammen und legt eine *Summe* von Glaubens- und Lebenserfahrung vor. Diese unterstellt es den höchsten *menschlichen* Autoritäten Israels: Salomo, dem Weisen, und David, dem Frommen und Autor der Psalmen. Der politische Titel »König von Israel« verweist auf die umfassende geschichtstheologische Perspektive als Referenzrahmen des Buches.

$^{2-6}$ Gesprächspartner des Dichters ist nicht der Unerfahrene, sondern der Weise/Verständige von ^{5}, die Erwachsenengeneration, die Verantwortung trägt für das politische, soziale und religiöse Leben, und darin diejenigen, die bereit sind, immer dazuzulernen, neue Erkenntnisse ebenso wie den Rat der Erfahrenen in sich aufzunehmen mit einem »hörenden Herzen« (1 Kön 3^{9}). Vermehren von Wissen dient der Bildung von Glauben und Gewissen ($2^{1ff}9^{8b.9}$) und ermöglicht eine kluge und gewissenhafte Lebensführung (aus: seemannssprachlich »Steuermannskunst«), zu der man andere durch Wort und Beispiel ermutigt. Dabei geht es um die Voraussetzungen und um die Verwirklichung einer solidaren Gesellschaft auf der Grundlage einer Synthese von Lebensweisheit und JHWH-Glauben ($1^{7}9^{10f}$). Dazu werden vier Zielvorgaben formuliert.

^{2} *Ziel 1* ist Aneignung und persönlicher Vollzug von Weisheit und Zucht (*mūsār*). Beide gehören untrennbar zusammen. Gemeint ist zuerst Selbstzucht und Selbstleitung, der lebenslange Prozeß der Selbstreinigung, erst dann Leitung und Lenkung, Ziehen und Erziehen, vgl. Mt 7^{3-5} par.

Ziel 2 Neben der charakterlichen Kompetenz bedarf es einer sprachlichen, um das Leben in seiner Vielfalt zu erfassen und einsichtig zu machen. Es gilt, die Eigenart des weisheitlichen Diskurses so zu beherrschen, daß man die Anspielungen

2[2]27[17] Dtn 6[4] 10[14]20[18]24[6]12[5]
5 Der Weise höre und vermehre sein Wissen,
der Verständige lerne kluge Führung,
6 um Sinnspruch und Gleichnis zu verstehen,
die Worte und Rätsel der Weisen.

These: 1[7]

9[10f]15[33]28[5] Ps 111[10] Ijob 28[28] Sir 1[14]
7 Gottesfurcht ist Anfang der Erkenntnis,
nur Toren verachten Weisheit und Zucht.

1[5] Hört, vermehrt, lernt: Indikativ statt Jussiv (EÜ).
1[7] Gottesfurcht, wörtlich: JHWH-Furcht. – [7b] wörtlich: »Weisheit und Zucht, Törichte verachten (sie).«

und Andeutungen heraushört und auch zwischen den Zeilen lesen kann. An der Textoberfläche steht – wie im Leben – manches unverbunden nebeneinander (z.B. 26[4f]). Das Verbindende und Trennende zu erkennen heißt: den Text verstehen. Daraus Kriterien zu entwickeln, das Wahre vom Falschen, das Gute vom Bösen zu unterscheiden heißt: das Leben verstehen.

[3] *Ziel 3*: »Einsichts-Zucht« (EÜ: Zucht und Verständnis) nimmt Weisheit und Zucht von [2a] chiastisch auf. Gemeint ist eine Gesittung, die von der Einsicht in das Warum und Wozu getragen ist, verbunden mit der Fähigkeit, aktuelle Entscheidungen an den aus der Geschichte gewonnenen Erfahrungen auszurichten, um die Konsequenzen für die Zukunft richtig einzuschätzen (z.B. 1[8–19]). Die Trias [3b] konkretisiert [3a]. Gerechtigkeit, die Mildtätigkeit und Tun aus Liebe einschließt, Verwirklichung des gesetzten Rechts, zumal für die sozial Schwachen, und redliche Sinnes- und Handlungsweise sind Grundpfeiler jeder Solidargemeinschaft und entsprechen der Grundbotschaft von Tora und Propheten.

[4] *Ziel 4*: Wer im täglichen Bemühen die genannten Ziele anstrebt, darf darin Unerfahrene, insbesondere junge Menschen, heranführen. Dies geschieht durch das tägliche Miteinander im vertrauten Umgang innerhalb der Familie und Gemeinde; hier werden Kenntnisse erworben, Erfahrungen gesammelt und erprobt, reifen Charaktere heran, wachsen Zuversicht und Vertrauen in das Leben, das in JHWH seinen Grund hat und im Lichte seiner Wegweisung Sinn macht. Das Buch orientiert sich am dtn Konzept einer von JHWH geformten Gesellschaft, die sich von ihrem Ursprung her als *Lerngemeinde* begreift. Aus dem Hören auf JHWHs Wort kommt sie zum Glauben und Lieben (Dtn 6[1ff]). Dem entspricht, daß die erste Kunst des Weisen/Verständigen das Hören ist [5] und 1[8ff] Vater und Mutter als erste Mittlerautoritäten auftreten.

[6] greift auf [2b] zurück. Eine umfassende Bildung ist nötig, um zu verstehen, in welcher Weise die Sprachformen weisheitlicher Rede die komplexe Wirklichkeit abbilden und was sie über die Geheimnisse des Lebens aussagen.

Die vier Zielvorgaben sind der hermeneutische Schlüssel zu Spr. Wer sie akzeptiert, liest das Buch mit Gewinn. Wer nicht, wird das Anliegen des Dichters nicht begreifen.

1[7] In Form einer Sentenz präsentiert der Dichter seine These [7a]. Für Israel mag sie selbstverständlich sein. Im Horizont der Weisheitstraditionen Ägyptens, Mesopotamiens und Kanaans ist sie kühn: Allein eine in JHWH fundierte und an seiner Wegweisung orientierte Werte- und Gesellschaftsordnung hat gegenüber den anderen auf Dauer Bestand. JHWHs Wegweisung hat Israel in der Tora. Vermittelt duch die personhafte Weisheit ist sie *jedem* Menschen zugänglich ($1^{20ff}8^{1ff}9^{7-12}$, vgl. 1 Kor 2^{14f}). »Anfang« meint Priorität in Zeit und Entstehung sowie besten/wichtigsten Teil, Hauptsache. Beide Aspekte sind gemeint. JHWH ist Geber der Weisheit (2^{5f}). Daher ist jedes Mühen um Erkenntnis zuerst Suche nach ihm (28^{7}) in Vertrauen, Liebe und Gehorsam (3^{3-6}). Einzig der von JHWH-Furcht geleitete Lebensweg macht Sinn. Zugleich ist JHWH-Furcht die Essenz der Weisheit, ihr *mūsār* (15^{33}), ihr bester und erlesener Teil. Wer das Haus der Weisheit (9^{1}) betritt, hat die Inschrift über seinem Portal zu beachten: Hier ist kein Schulhaus, hier ist ein Tempel; vgl. die Anspielungen darauf in 8.

Wer Weisheit und Zucht geringschätzt, verachtet letztlich JHWH-Furcht, vgl. die chiastische Stellung der »Törichten« in ^{7b}. Ein ironischer Seitenhieb bringt ihnen gegenüber den Aspekt »Priorität« ins Spiel. Ohne JHWH-Furcht haben sie das ABC der Weisheit nicht begriffen, befinden sie sich unterhalb ihres Anfangsniveaus.

A: PHILOSOPHISCH-GESCHICHTSTHEOLOGISCHE GRUNDLEGUNG: 1[8]–9[19]

1. Instruktion: Der Weg der Gewalt: 1[8–19]

Dtn 5[1]6[4] 1[8] Höre, mein Sohn, auf die Mahnung des Vaters,
Hos 11[1] und die Lehre deiner Mutter verwirf nicht!
9 Sie sind ein schöner Kranz auf deinem Haupt
und eine Kette für deinen Hals.
10 Mein Sohn, wenn dich Sünder locken,
dann folg ihnen nicht,
12[6] Mi 7[2f] 11 wenn sie sagen: Geh mit uns,
9[7f]29[27] wir wollen darauf lauern, Blut zu vergießen,
ohne Grund dem Arglosen nachzustellen;

1[10b] Wörtlich: »Willige nicht ein.« Die Rede bricht bewußt ab, vgl. *Fuhs*, 44.
1[11b] Wörtlich: »Wir wollen Blut auflauern.«

[8–19] Aufbau: [8–9] Rede des Dichters, [10–16] Rede der Eltern, darin [11–14] Zitat der Rede der Sünder, [16–19] Rede der Eltern oder des Dichters. Die 1. Instruktion eröffnet die Reihe der 10 Beispiele, die Grundverhaltensweisen jeweils im Kontrast exponieren und auf 1[7]9[10f] hin reflektieren. Die 10-Zahl spielt auf den Dekalog an. Die im Lehrbetrieb übliche Form der Instruktion wird variiert und verfremdet durch die Rede-in-Rede-Technik. Sie ermöglicht Anspielung auf bekannte Texte und ihre Einbeziehung in die neue Sprechsituation, ohne sie zu nennen. Sie herauszuhören ist Sache des Weisen (1[5]). Die 1. Instruktion thematisiert Machtmißbrauch der Mächtigen und unrechtmäßige Bereicherung auf Kosten der sozial Schwachen.

[8–9] Betont vorangestelltes »Höre!« spielt an auf die prophetischen und dtn/dtr Appelle, auf JHWH, sein Wort oder seine Stimme zu hören. Nachgestellt ist die Anrede »mein Sohn«. Sie begegnet häufig in mesopotamischen, nicht aber in ägyptischen Weisheitsbüchern, obwohl auch hier das Lehrer-Schüler-Verhältnis als Vater-Sohn-Beziehung verstanden wird (z.B. *Ptahhotep* 198). In der Regel bildet der Vater seinen Sohn zu seinem Nachfolger in Beruf und Amt heran (z.B. *Achikar*). Höraufruf und Anrede weisen hier auf die vitale Wertevermittlung und Lebensorientierung hin. Vater und Mutter tragen dafür dieselbe Verantwortung. *mūsār* des Vaters/Tora der Mutter nimmt Weisheit/*mūsār* [7b] chiastisch auf, so daß Weisheit und Tora zusammenrücken und mit JHWH-Furcht/Erkenntnis [7a] auf einer Ebene stehen. [9] Aneignung und Umsetzung von Wort und Beispiel der Eltern geben dem Leben der Kinder Eigenprofil, Bedeutung und Gewicht, wie die typisch weisheitlichen Bilder herausheben.

[10–16] Die Elternrede bringt die Mahnung, sich nicht von der Welt der Großen und Reichen blenden und vereinnahmen zu lassen. Der Dichter prangert im Rollenspiel der Eltern-Kind-Unterweisung das asoziale Verhalten der Mächtigen an, die er mit Blick auf 1[7]9[10f] als »Sünder« bezeichnet. Nach der knappen Warnung kommen sie erst einmal ausführlich zu Wort. Das Zitat [11–14] deckt ihre wahre Gesinnung auf.

[12] wie die Unterwelt wollen wir sie lebendig verschlingen, 27[20]30[16] Num 16[32f]
Männer in ihrer Kraft, als wären sie dem Grab verfallen. Jona 2[3] Hab 2[5]
[13] Manch kostbares Stück werden wir finden, Ps 5[10]
mit Beute unsere Häuser füllen.
[14] Wirf dein Los in unserm Kreis, gemeinsam sei uns der Beutel.
[15] Mein Sohn, geh nicht mit ihnen,
halte deinen Fuß fern von ihrem Pfad!
[16] Denn ihre Füße laufen dem Bösen nach, Röm 3[15]
sie eilen, Blut zu vergießen.
[17] Umsonst wird das Netz ausgespannt vor den Augen aller Vögel; 7[23] Jer 5[26]
[18] sie aber lauern auf ihr eigenes Blut, Lk 6[24–26]
sie trachten sich selbst nach dem Leben.
[19] So enden alle, die sich durch Raub bereichern: Ijob 8[13]
Wer ihn an sich nimmt, dem raubt er das Leben. 15[27]28[16]

1[15a] Wörtlich: »Geh nicht den Weg mit ihnen.«
1[19a] Wörtlich: »So sind die Pfade eines jeden, ...«

[11] Kennzeichen sind Clan-Wirtschaft und Bildung von konspirativen Clubs und Zirkeln. »Blut auflauern«, vgl. [18], meint Rechtsbeugung und Verletzung der Menschenrechte. Opfer ist der sozial Schwache, der gegenüber ihrem menschenverachtenden Treiben ohne Chance ist, und der Weise, der sich ihnen in den Weg stellt und wie einst die Propheten ihre Machenschaften aufdeckt und anprangert.
[12] Das Bild, das der kanaanäischen Mythologie entstammt, verdeutlicht ihre Gefährlichkeit. Nach Jes 28[15] rühmen sich die führenden Kreise Jerusalems, sie hätten mit dem Gott der Unterwelt einen Pakt geschlossen, vgl. Jes 5[14] und das Gegenbild Jes 25[8]. Die Gewalttäter maßen sich gottgleiche Verfügungsgewalt über Menschen an.
[13–14] nennen den Grund ihres Vorgehens: Gier nach Reichtum und Macht über Menschen. Wer dieser Gier erlegen ist, hat sein Los geworfen und damit sein Schicksal besiegelt.
[15–16] Nach dem ernüchternden Blick hinter die Kulissen greift die Elternrede die Warnung [10b] auf und begründet sie in einem Mahnspruch, der in seiner Begründung fast wörtlich Jes 59[7] zitiert. »Weg« und »Pfad«, vgl. »Gleis/Bahn«[19], bezeichnen Lebenshaltung und Lebensführung. Die Wegmetaphorik prägt das ganze Buch.
[17–19] beurteilen abschließend das Geschick der Gewalttäter und derer, die sich ihnen anschließen.
[17] tut dies mit einem Bild aus der Vogeljagd. Der Text ist schwierig und läßt verschiedene Deutungen zu, vgl. *Fuhs*, 47f. Es handelt sich wohl um das Zitat einer Redensart. Von [18] her dürften zwei Aspekte gemeint sein: 1. Gier macht blind. Vögel/Gewalttäter tappen blindlings in die Falle. 2. Solange die Vögel/die Weisen wachsam sind, entdecken sie das Lockende als Falle und vereiteln durch Warnung den Erfolg der Jäger/Gewalttäter.
[18] verschärft den Gedanken in Umkehrung von [11]. Mit ihrem Verhalten zerstören die Gewalttäter/Sünder die Solidargemeinschaft und damit ihre eigene Lebensgrundlage. Und JHWH läßt unschuldig vergossenes Blut, das nach alter Vorstellung zu ihm schreit (Gen 4), über die Täter kommen.
[19] bringt die generalisierende Schlußfolgerung. Im Horizont der Wegmetaphorik werden Gehen und Ergehen,

Das erste Lied der Weisheit: 1^{20-33}

$8^{2f}9^{3}$ 8^{12-21} 20 Die Weisheit ruft laut auf der Straße,
1 Kor 1^{24} Kol 1^{15-20} auf den Plätzen erhebt sie ihre Stimme.
Offb 3^{14} Joh $3^{21}1^{1ff}$ 21 Am Anfang der Mauern predigt sie,
an den Stadttoren hält sie ihre Reden:
$21^{24}22^{10}24^{9}$ 22 Wie lang noch, ihr Törichten, liebt ihr Betörung,
$3^{35}13^{16}14^{16}15^{20}$ gefällt den Zuchtlosen ihr dreistes Gerede,
$26^{11}29^{11}$ hassen die Toren Erkenntnis?
23 Wendet euch meiner Mahnung zu!
Dann will ich auf euch meinen Geist ausgießen
und meine Worte euch kundtun.

1^{20} Weisheit steht im Intensitäts- bzw. Hoheitsplural, vgl. 9^{1}.

1^{21} Am Anfang der Mauern, eher mit M: »Am Gipfel (=an der Ecke) der lärmenden (sc. Gassen)«.

1^{22-23a} Eher: »Wie lange noch liebt ihr ..., kehrt ihr euch ab von meiner Zurechtweisung?«

Gang und Ausgang zusammengeschaut. Unrechtmäßige Bereicherung häuft ein Unrechtspotential auf, das dem unrechtmäßigen Besitzer das Leben kostet.

Die 1. Instruktion ruft die prophetische Sozialkritik in Erinnerung und aktualisiert sie im Sprachgewand weisheitlicher Rhetorik. Der Kundige (1^{5}) hört eine weitere Anspielung heraus, und zwar auf die Josefsgeschichte im Ausschnitt Gen 37^{12-36}, vgl. *Fuhs*, 49. Die Warnung der Eltern vor menschenverachtender Profitgier ist damit dreifach abgestützt und begründet: durch Lebenserfahrung, durch die prophetische Tradition und durch die Tora. Das gilt beispielhaft für das ganze Buch.

$^{20-33}$ ist eine geschlossene Einheit, konzentrisch um ^{27} strukturiert: $^{20-21}$ Ruf der Weisheit, $^{22-23}$ Klage, $^{24-25}$ Anklage/Scheltrede, $^{26-28}$ Gerichtsankündigung – Vierfaches Unheil – Gerichtsankündigung, $^{29-30}$ Anklage/Scheltrede, $^{31-32}$ Folgen des in $^{22-23}$ Beklagten mit Begründung, ^{33} Hören auf den Ruf der Weisheit und Heilsfolgen.

$^{20-21}$ Die Weisheit, im Hoheitsplural als höchste Weisheit bezeichnet, erhebt, als Person vorgestellt, ihre Stimme. Der Dichter erinnert an prophetische Frauen wie Debora (Ri 4f) und Hulda (2 Kön 22^{14-20}) bzw. an die weise Frau in einer belagerten Stadt (2 Sam 20^{15ff}). Die Weisheit ist Mittlerin zwischen JHWH und den Menschen. Sie geht zu ihnen hin. Überall, wo das Leben pulsiert, ist sie mittendrin. Ihr gellender Sprechgesang durchdringt den Lärm der Straßen und kann von jedem gehört werden. Vier Verben des Sprechens unterstreichen: Ihre Botschaft ist von höchster Dringlichkeit und Wichtigkeit.

$^{22-23}$ In vorwurfsvollem Unterton spricht die Weisheit die Unerfahrenen/Törichten direkt an (vgl. $8^{5}9^{4}$). Statt die Weisheit zu lieben, d.h. nach dtn/dtr Sprachgebrauch, ihr in Treue und Zuverlässigkeit anzugehören (8^{17}), sind sie in ihre Unerfahrenheit/Torheit verliebt. Die Paronomasie unterstreicht die Selbstverliebtheit. ^{22bc} dehnt die drohvolle Frage auf die Hochmütigen und die

24 Als ich rief, habt ihr euch geweigert,
meine drohende Hand hat keiner beachtet;
25 jeden Rat, den ich gab, habt ihr ausgeschlagen,
meine Mahnung gefiel euch nicht.
26 Darum werde auch ich lachen,
wenn euch Unglück trifft,
werde spotten, wenn Schrecken über euch kommt,
27 wenn der Schrecken euch wie ein Unwetter naht
und wie ein Sturm euer Unglück hereinbricht,
wenn Not und Drangsal euch überfallen.
28 Dann werden sie nach mir rufen, doch ich höre nicht;
sie werden mich suchen, aber nicht finden.
29 Weil sie die Einsicht haßten
und nicht die Gottesfurcht wählten,

3[35] Ps 35[8]
Jes 47[11] Ez 38[9]
Zef 1[15]

Jes 65[2]62[12]66[4]
Ez 8[18] Mi 3[4]
Ijob 35[12] Sach 7[13]
Hld 5[6]

1[24.25] Wörtlich: »Weil ich rief ..., darum ...«

aufgeblasenen Wichtigtuer aus, ohne daß sie noch direkt angesprochen werden (Wechsel von der 2. zur 3. Pers.Pl.). Darin äußert sich die grundsätzliche Distanz der Weisheit zu ihnen. [23bc] ist in der geschlossenen Struktur des Textes nicht als Verheißung (EÜ), sondern als Fortsetzung von [22] zu verstehen: Unerfahrenheit und Torheit lieben heißt sich abwenden von der Mahnung der Weisheit, vgl. [25b.30b]. Die Weisheit führt – JHWH gleich – das Gericht herauf mit der Kraft ihres Geistes und ihrer Worte. Mit »Geist ausgießen« greift der Dichter Joel 3[1ff] auf, kehrt die eschatologische Verheißung um in ein Drohwort für die Gegenwart im Horizont von 1[8–19] und Sach 7[9–16].

[24–25] Die Weisheit klagt an (»weil«). Sie spricht wie JHWH. Ihre Schelte ist umfassend. Die Menschen haben nicht auf den Ruf der Weisheit gehört, Rat und Mahnung zurückgewiesen, die drohend ausgestreckte Hand nicht beachtet, vgl. Jes 65[12] Jer 7[13]21[5].

[26–28] »Darum ich« (vgl. Jer 35[17] u.a.) leitet die Gerichtsankündigung ein. Das Lachen der Weisheit ist Ausdruck ihrer Erhabenheit, wie JHWHs spottendes Lachen (Ps 2[4]) über seine Widersacher. Die Verächter der Weisheit sind ein Unglück für die Gesellschaft wie für sich selbst. Die verhängnisvollen Folgen ihres Tuns werden ihnen selbst zum Verhängnis. Das Unheil ist unausweichlich. Vier Verben für »kommen«[26b.27] machen es gewiß. Und es ist total. Vier Ausdrücke für »Unheil« entwerfen ein apokalyptisches Szenario: *šōʾā* ist seit dem Holocaust jedem ein Begriff. Der zweite, ein verderbenbringender Sturmwind, bezeichnet oder symbolisiert JHWHs Gerichtshandeln (Jes 66[15] Jer 4[13] Hos 8[5] u.a.). Not und Drangsal deuten auf Verwüstung hin (Jes 8[22]30[6]). [28] weist auf [24] zurück. Einmal ist es zu spät, nach der Weisheit zu rufen und sie zu suchen. »Dann« ist sie nicht mehr zu finden und gibt keine Antwort mehr. Auch darin verhält sich die Weisheit wie JHWH (Jes 50[2] Jer 11[11.14] u.a.).

[29–30] sind über den Chiasmus der Verben eng verzahnt: hassen – nicht erwählen x nicht lieben – ver-

^{30} meinen Rat nicht wollten,
meine ganze Mahnung mißachteten,
14^{14}18^{21}27^{18} ^{31} sollen sie nun essen von der Frucht ihres Tuns
und von ihren Plänen sich sättigen.
^{32} Denn die Abtrünnigkeit der Haltlosen ist ihr Tod,
die Sorglosigkeit der Toren ist ihr Verderben.
^{33} Wer aber auf mich hört, wohnt in Sicherheit,
ihn stört kein böser Schrecken.

2. *Instruktion: Weg zur Bildung von Glauben und Gewissen: 2$^{1-22}$*

2^{1} Mein Sohn, wenn du meine Worte annimmst
und meine Gebote beherzigst,
^{2} der Weisheit Gehör schenkst,
dein Herz der Einsicht zuneigst,

1^{31} Ihres Tuns, wörtlich: »ihres Weges«.

schmähen. Erneute Anklage und Schelte trifft die Verächter der Weisheit und ihres *mûsār*, ihres Wortes und Rates, ihrer Zurechtweisung und Hilfe. Damit verachten sie im Grunde JHWH und die ihm gegenüber gemäße Haltung: JHWH-Furcht.

$^{31-32}$ Daher müssen sie die Folgen ihres Tuns tragen, die durch drei Bilder veranschaulicht werden. »Frucht des Weges« erinnert an »Frucht der Taten« in prophetischer Rede (Jes 3^{10} Jer 17^{10} u.a.). »Weg« bezeichnet eine Lebenshaltung, deren Lebenswert an ihrem Ertrag sichtbar wird, vgl. Mt 7$^{16-20}$ Lk 6^{43f}; zu Essen einer Frucht vgl. Hos 10^{13}. Das zweite Bild setzt »essen« und »sattwerden« in Beziehung, vgl. 12^{14} u.ö. Die durch eigenes Fehlverhalten ausgelösten Ereignisse und deren Folgewirkungen überrollen am Ende den Verursacher. Er hat dann Unheil »satt«. Dies unterstreicht das dritte Bild: »sattwerden an ihren Plänen« meint Fehlverhalten als Ausdruck einer Charakterhaltung. ^{32} benennt die Folgen ohne Bild in dramatischer Zuspitzung: Tod und Vernichtung. »Abtrünnigkeit« sonst nur Hos 14^{5} und Jer (passim) auf Israel bezogen, z.B. Jer 3^{6ff}. Dessen Schicksal vor Augen bezeichnet der Dichter die Abkehr von der Weisheit als ein geradezu selbstmörderisches Unterfangen. Die selbstzufriedenen Toren, die jede soziale Verantwortung für die Schwachen ablehnen und das Leben sorglos genießen, rennen in ihr Verderben.

^{33} ist Ziel und Gipfel des Liedes. Die Weisheit öffnet einen Weg in eine heilvolle Zukunft und gibt dazu die notwendige Handlungsperspektive. Letztes Ziel der Gerichtsrede ist wie bei den Propheten Abwendung des Gerichts durch Einsicht und Umkehr, vgl. Ez 18. Wer auf die Weisheit hört, dem gibt sie alle Segnungen, die mit einem Wohnen in Sicherheit gegeben sind (vgl. auch 8$^{32-36}$). »Wohnen in Sicherheit« nur noch Dtn 33$^{12.28}$ Jer 23^{6} 33^{16} Ps 16^{9} (alle dtr). Dort als Heilsgabe JHWHs, hier der personhaften Weisheit.

2$^{1-22}$ ist eine sorgfältig gestaltete rhetorische Einheit, vgl. *Fuhs*, 58f. Es ist ein Gedicht mit sechs Strophen.

3 wenn du nach Erkenntnis rufst,
mit lauter Stimme um Einsicht bittest,
4 wenn du sie suchst wie Silber, 3[14f]8[11] Jos 7[21]
nach ihr forschst wie nach Schätzen, Jes 45[3] Ijob 28[1–10]
5 dann wirst du die Gottesfurcht begreifen Hos 4[2]6[6] Jes 11[2]
und Gotteserkenntnis finden.
6 Denn der Herr gibt Weisheit,
aus seinem Mund kommen Erkenntnis und Einsicht.
7 Für die Redlichen hält er Hilfe bereit, 3[21]8[14]18[1]
den Rechtschaffenen ist er ein Schild.

2[7a] Wörtlich: »... hat er ein besonderes Gut beiseite getan«.

Nach der dritten ist eine Zäsur. Anzahl der Verse je Strophe: 4–4–3 / 4–4–3. Daran knüpfen sich manche gematrischen Spekulationen. 22 Verse entsprechen den 22 Buchstaben des hebräischen Alphabets. Das deutet auf eine Ganzheitsaussage hin. Das Gedicht nimmt die Verheißung der Weisheit von 1[33] auf und entwickelt in einem einzigen Gedankensatz den Weg der Weisheits-Suche als Weg zur Bildung von Glauben und Gewissen. Es entsteht ein subtiles und ideenreiches Bild von Bildung und Erziehung: JHWH-Furcht als der neue *mūsār* der Weisheit (1[7]9[10f]15[33]).
[1–4] Anrede, Sprachbilder und Ziele sind konventionell. Dem Stil weisheitlicher Unterweisung (»Tu dies! Tu jenes!«) entgegen steht dreimaliges »wenn«, das eine Steigerung und Spannung aufbaut. Wer weisheitliche Bildung anstrebt, muß sich willig und entschieden auf den Weg machen. Der erste Schritt ist: in sich aufnehmen und aneignen von Wissen und Erfahrungen der Eltern. Aufgeschlossenheit für alles Neue und ein geradezu emotionaler Drang (»rufen/herbitten«) nach Erkenntnis bringen voran und fördern die eigene Kreativität. Einsicht und Verstehen fallen nicht in den Schoß. Man muß danach suchen und graben wie nach verborgenen Schätzen, vgl. »die kostbare Perle« und »der Schatz im Acker« (Mt 13[44–46]).
[5–8] Ziel *dieser* weisheitlichen Bildung ist eine umfassende religiöse Erhellung im Sinne eines verstehenden Glaubens und einer gereiften Frömmigkeit. Die Suche nach Weisheit führt zu einem »Wissen um Gott« (Hos 4[2]6[6], vgl. Jes 11[2]). Zusammen mit 1[7] besagt [5]: JHWH-Furcht ist Anfang und Ziel der Weisheit. [6] begründet [5] und [1–4]: Hinter der Eigeninitiative und dem Bemühen der Eltern steht letztlich JHWH. Er ist Quellgrund aller Weisheit (Ijob 28). Er befähigt zur Weisheit. Wer *seinen* Teil entschieden tut [1–4], darf gewiß sein, das aus vielerlei angeeignetem Wissen ein Ge-wissen sich bildet, das Recht und Unrecht sicher unterscheidet und danach verlangt, das Rechte zu tun. Ein unreflektierter Glaube mag von hoher Moralität sein. Spr empfiehlt einen Glauben, der weiß, was zu tun ist und warum es zu tun ist (vgl. *R. Gamaliel*, 'Abot 2,5). [7] setzt den Weisheitssuchenden mit dem Rechtschaffenen und Frommen gleich. Das »besondere Gut« sind die Früchte ihres Tuns. Die Sprache erinnert an den hymnischen Stil der Psalmen. Wenn JHWH sie »beiseite tut«, ist der Tun-Ergehen-Zusammenhang unterbrochen. Rechtes Tun und Gelingen treten im Alltag oft schmerzlich auseinander.

8 Er hütet die Pfade des Rechts
und bewacht den Weg seiner Frommen.
1^{3} 9 Dann begreifst du, was Recht und Gerechtigkeit ist,
Redlichkeit und jedes gute Verhalten;
10 denn Weisheit zieht ein in dein Herz,
Erkenntnis beglückt deine Seele.
11 Besonnenheit wacht über dir,
und Einsicht behütet dich.
Ps $34^{5}56^{14}$ 12 Sie bewahrt dich vor dem Weg des Bösen,
vor Leuten, die Verkehrtes reden,

2^{9} Jedes gute Verhalten, wörtlich: »jede Wagenspur des Guten«.
$2^{12.16}$ Sie bewahrt dich, wörtlich: »um dich zu bewahren«. – ^{12b} wörtlich: »vor dem Mann, der Verkehrtes redet«.

Die Frage nach dem Leid des Gerechten (3^{11f}) deutet sich hier an. Dem Weisen bleibt die Zussage, daß JHWH dem Rechtschaffenen und Frommen ein schützender Schild ist (30^{5} Ps $3^{4}18^{3..31}$ u.ö.). ^{8} entfaltet und bekräftigt im hymnischen Stil JHWHs schützendes Walten. Wer den rechten Pfad betritt und denWeg der Frommen geht, hat keine Garantie für ein Leben in Wohlergehen und Sicherheit, wohl aber die Gewißheit aus dem Glauben, daß JHWH ihm hilft, auf dem eingeschlagenen Weg zu bleiben und ihn zu einem guten Ende zu gehen.

$^{9-11}$ Die dritte Strophe zieht ein erstes Fazit und weist auf den zweiten Teil des Gedichts voraus. ^{9} Wer das kognitive Gewissen erlangt hat, weiß, was recht ist und tut es. »Recht, Gerechtigkeit, Redlichkeit« nehmen die Trias von 1^{3} auf. Ein vierter Begriff tritt hinzu: »Jede Wagenspur des Guten«. Er verbindet die drei mit der Wegmetapher: Sie zeichnen den Weg vor, der zum Guten führt. ^{10} Wie dieser Weg im Alltag konkret aussieht, muß im Licht der Weisheit JHWHs stets neu herausgefunden und bestimmt werden. Hierbei entfaltet ein bewußter Glaube seine heilvollen Kräfte und Wirkungen. ^{11} Neben rechter Einsicht gibt er »Besonnenheit«. Das Wort, oft negativ besetzt (»Ränke, Intrigen«), bezeichnet hier die Fähigkeit und Findigkeit, sich ein eigenes Urteil zu bilden, hinter die Kulissen zu schauen sowie die Kraft, den Verlockungen der Sünder (1^{10ff}) zu widerstehen, vgl. die »Klugheit der Schlangen« (Mt 10^{16} Lk 10^{3}). $^{12-19}$ Die vierte und fünfte Strophe sind formal und inhaltlich eng aufeinander bezogen. Beide beginnen mit der Zweckangabe »um dich zu retten«. Die Weisheit bewahrt – wie JHWH (Ex 18^{4ff} Ps 18^{18} u.a.) – den Weisheitssuchenden vor Tod und Gefahr. Was gemeint ist, wird am Beispiel des »verkehrten Mannes« und der »fremden Frau« konkret.

$^{12-15}$ Die Lebensart des schlechten Mannes (»böser Weg«) charakterisieren: verdrehtes Denken und Reden, verkehrtes Handeln, krumme Wege. ^{13} Der einzelne taucht gerne in der Gruppe unter (Wechsel von Singular in den Plural). Persönliche Verantwortung wird abgeschoben, Unrecht und Gewalt werden ein Stück weit anonym, was deren Ausleben erleichtert. ^{14} Das Verwerfliche an dieser Lebensart: die Lust an Unrecht und Gewalt (vgl. $10^{23}15^{21}$), die sogar nachts nicht schlafen läßt

13 die den rechten Weg verlassen,
um auf dunklen Pfaden zu gehen,
14 die sich freuen am bösen Tun 10[23]15[21]
und jubeln über die Verkehrtheit des Schlechten,
15 deren Pfade krumm verlaufen
und deren Straßen in die Irre führen.
16 Sie bewahrt dich vor der Frau des andern,
vor der Fremden, die verführerisch redet,
17 die den Gefährten ihrer Jugend verläßt
und den Bund ihres Gottes vergißt;
18 ihr Haus sinkt hinunter zur Totenwelt,
ihre Straße führt zu den Totengeistern hinab.

2[15b] Wörtlich: »abwegig in ihren Wagenspuren«.

(4[19]). [15] Die abschließende Beurteilung »abwegig in ihren Wagenspuren« ist das Gegenbild zu [9]. Gemeint sind Leute, die mit Ränken und Intrigen Macht ausüben und absichern wollen, die sich auf Kosten der Solidargemeinschaft skrupellos bereichern (1[10ff]). Sie stellen die Wegweisung JHWHs auf den Kopf und errichten eine Gegenordnung zur Anordnung JHWHs. Der Weise tritt ihnen offensiv und gut gerüstet entgegen. Er durchschaut ihre Machenschaften und deckt sie auf. Die Zusage der Bewahrung ermutigt ihn dazu.
[16–19] kreisen um das Thema »Frau«. Die bewußt mehrdeutige Ausdrucksweise läßt verschiedene Problembereiche anklingen. [16] Ein erster ist gegeben mit der »fremden Frau« als »Ausländerin«. Bis heute sind ausländische Frauen bevorzugte Opfer sexueller Ausbeutung und Gewalt. Ihr Fremdsein fasziniert und macht sie attraktiv. Zugleich senkt es im Sinne von Anderssein (= geringeren Wertes sein) bei Männern die Hemmschwelle, sich an ihnen zu vergreifen. Ägyptische Instruktionen warnen angehende Beamte eindringlich vor Frauenaffären, insbesondere mit Ausländerinnen (z.B. *Ptahhotep* 277ff; Lehre des *Ani* 3,13ff; u.a.) Das Wort für »Ausländer/-in« bezeichnet aber nicht ausschließlich »ausländisch« im ethnischen Sinne, sondern auch den Israeliten als »Outsider«, einen Mann oder eine Frau, die sich außerhalb der traditionellen Glaubens- und Lebensordnungen Israels bewegen und nach eigenen, von Fremdartigem durchsetzten Vorstellungen leben. Diese Lebensart ist verführerisch.
[17] weist in diese Richtung. Aber auch hier gewollte Mehrdeutigkeit. »Gefährte ihrer Jugend« steht nach Mal 2[10–16] parallel zur »Frau deiner Jugend« und bezeichnet den Ehemann. Das Fehlverhalten wäre Ehebruch, der als Untreue gegen den »Bund ihres Gottes« bewertet wird, so EÜ: »Frau des andern«. »Gefährte ihrer Jugend« spielt aber auf Jer 3[4] an, wo Israel JHWH anredet: »Mein Vater, Gefährte meiner Jugend bist du.« Im Kontext Jer 3[1–10] ist Ehebruch Metapher für den Bundesbruch Israels, vgl. Jer 2[2f] Ez 16 Hos 2f. Mit »fremder Frau« und Outsider ist dann Israel gemeint, und die »glatten Worte« sind seine Scheinbekenntnisse zu JHWH, vgl. Jes 1[10–17] Jer 3[10].
[18.19] Bilder aus der altkanaanäischen

19 Wer zu ihr geht, kehrt nie zurück,
findet nie wieder die Pfade des Lebens.
20 Darum geh auf dem Weg der Guten,
halte dich an die Pfade der Gerechten;
Ps 37 21 denn die Redlichen werden das Land bewohnen,
Jes $65^{8ff}102^{29}$ wer rechtschaffen ist, wird darin bleiben.
22 Die Frevler aber werden aus dem Land verstoßen,
die Verräter aus ihm weggerissen.

3. Instruktion: Leben aus der Gemeinschaft mit JHWH: 3^{1-12}

3 1 Mein Sohn, vergiß meine Lehre nicht,
bewahre meine Gebote in deinem Herzen!
$3^{16}4^{10}9^{11}10^{2.27}$ 2 Denn sie vermehren die Tage und Jahre deines Lebens
$12^{28}19^{23}$ und bringen dir Wohlergehen.

3^{1b} Wörtlich: »meine Gebote bewahre dein Herz.«
3^{2} Wörtlich: »Denn die Länge der Tage und Jahre des Lebens und Schalom fügen sie dir hinzu.«

Mythologie veranschaulichen, wohin dieser Weg führt. »Haus« meint hier kein Bauwerk, sondern genealogisch die Geschlechterfolge. Deren Lebenslinie führt hinab zum Tod (*mōt*) = *Mōt*, dem Gott der Unterwelt, deren aufgerissenes Maul den Zugang zur Scheol markiert (1^{12}). Die parallel genannten »Heilende« (*r^{e}pā'îm*) sind Erd- bzw. Unterweltgötter (ugar. *rpūm*) und nicht die Schattenwesen (*rph*) der Verstorbenen, so EÜ: »Totengeister«. Aus dem »Land ohne Wiederkehr« führt kein Weg zurück ins Leben, z.B. Jes 14^{9-11}.

$^{20-22}$ Der Weisheitssuchende wird abschließend ermutigt, den von der Weisheit gewiesenen Weg mit klarer Entschiedenheit zu gehen. Dies wird bekräftigt durch eine Verheißung ^{21} und eine Drohung ^{22}. Die Zusage »das Land bewohnen« nimmt »Wohnen in Sicherheit« (1^{33}) auf und spielt an auf die dtn/dtr Landtheologie. Das Wohnen im Land, Inbegriff der Zuwendung JHWHs (z.B. Dtn 28^{1-14}) und Einlösung seiner Verheißung (Gen $12^{7}17^{8}$ Ex 6^{4}), ist dort gebunden an die Beachtung der Tora. Bei Zuwiderhandlung droht das Herausgerissenwerden aus dem Land (Dtn 28^{63}). Genau das droht ^{22} den Verächtern der Weisheit und Gegnern JHWHs an, die zum ersten Mal »Frevler« und »Treulose« genannt werden. Trotz Anklänge an Ps 37, vgl. Jes 65^{8ff} Ps 102^{29}, geht es hier nicht um das Endgericht, in dem die Bösen vertilgt und die Gerechten »das Land erben/besitzen« werden. Der Dichter bebildert vielmehr das Ziel eines langen und mühsamen Weges: Die Weisheitssuchenden, Rechtschaffenen, Frommen stellen durch das konsequente Zeugnis ihres Glaubens eine gesellschaftsverändernde Kraft dar, der am Ende die Hochmütigen, Gewalttäter, Frevler nichts entgegenzusetzen vermögen und in Bedeutungslosigkeit versinken. Auf diese Weise kann der Riß, der quer durch die Gesellschaft geht, geheilt, die Kluft zwischen den sozialen Gruppen überwunden und ein Zusammenleben in Gerechtigkeit und Frieden verwirklicht werden.

3^{1-12} Die Einheit verbindet auf eige-

3 Nie sollen Liebe und Treue dich verlassen; $14^{22}16^{6}20^{28}$ Gen 32^{11}
binde sie dir um den Hals, Ps $40^{12}61^{8}$ Ex 34^{6}
schreib sie auf die Tafel deines Herzens! Hos $4^{10}10^{12}$
4 Dann erlangst du Gunst und Beifall
bei Gott und den Menschen.
5 Mit ganzem Herzen vertrau auf den Herrn, $14^{26}16^{20}28^{25}29^{25}$
bau nicht auf eigene Klugheit;

3^{3a} Wörtlich: »Liebe und Treue, nie ...«

ne Weise die Form der Instruktion mit Formen des Mahnspruches. Sie läßt eine strenge Logik der Gedankenführung erkennen. Einleitung und Schlußfolgerung sind miteinander verzahnt durch chiastische Aufnahme von »meine Tora«^{1a} in »seine Zurechtweisung«^{11b} und »meine Gebote«^{1b} in »Zucht JHWHs«^{11a}, vgl. *Fuhs*, 68f. Auch dem Weisen und Frommen bleiben Mißerfolg, Leid und Elend nicht erspart. Da aber JHWH für ihn »Kraft/Gelingen aufgespart« hat (2^{7}), gilt es, in eine enge und innige Gemeinschaft mit JHWH hineinzuwachsen.

$^{1-2}$ Die Einleitung wirkt konventionell. Ein Lehrer trägt seine Lehre und Weisungen vor und fordert von seinem Schüler ihre Beherzigung, vgl. *Amenemope* 3,17–4,2. Mit ^{3ff} ist sofort klar: Es geht nicht um Schulunterricht, es geht um Aneigung und Einübung wesentlicher Gehalte des JHWH-Glaubens. Sprecher sind daher die Eltern oder – eher – die Weisheit, die nach 9^{11} die Lebensverheißung zuspricht; zur Lebensverheißung vgl. $3^{16}4^{10}$ u.ö., beim Elterngebot (Dtn 5^{16} par), bei Beachtung der Tora (Dtn 6^{2}), als eschatologische Verheißung (Jes 65^{20}). Gemeint ist nicht nur ein langes Leben, sondern ein Leben in bestmöglicher Qualität (*šālôm*).

$^{3-4}$ Die Mahnung ^{3a}, die durch zwei Bilder illustriert und bekräftigt wird ^{3bc}, konfrontiert den Angesprochenen unmittelbar mit der Autorität JHWHs. Die geprägte Wendung »Liebe und Treue«, vgl. Ex 34^{6} u.ö., bezeichnet die rechte Führung des Menschen durch JHWH, seine liebende Hinwendung zu Israel, seinem Sohn (Hos 11^{1}, vgl. 2^{21}), die im Geschenk des Bundes und der Gabe der Tora ihren Ausdruck gefunden hat. »Liebe und Treue« ist daher die dem Menschen gemäße Haltung (Hos $4^{1}10^{12}$, vgl. Jer 2^{2}), die sich äußert in der Ganzhingabe an JHWH und in der Hinwendung zum Nächsten ($14^{22}16^{6}20^{28}$, vgl. das Hauptgebot oder das Paradigma vom barmherzigen Samariter Lk 10^{25-37}). Die Metapher »Halsschmuck« in $1^{9}6^{21}$ für »Weisung des Vaters« und »Tora der Mutter«. Beschriebene Amulette oder Merktäfelchen bilden den Sachhintergrund des zweiten Bildes. Tatsächlich greift es die Metaphorik des neuen Bundes von Jer 31^{33f} auf. Nicht erst in der Zukunft, sondern hier und jetzt kann die Wende zu einem JHWH- und menschengemäßen Leben eingeleitet werden. Dafür ist jeder persönlich verantwortlich. Dem entspricht die persönliche Anrede »mein Kind«. ^{4} benennt die positiven Folgen einer solchen Lebenhaltung.

$^{5-10}$ Die Ganzhingabe an JHWH vollzieht sich in drei Schritten, die aufeinander bezogen sind und eine Lebensganzheit umschreiben.

$^{5-6}$ *Vertrauen* ist Voraussetzung und

6 such ihn zu erkennen auf all deinen Wegen,
dann ebnet er selbst deine Pfade.
Jes 5[20f] 7 Halte dich nicht selbst für weise,
Röm 12[16] fürchte den Herrn, und fliehe das Böse!
8 Das ist heilsam für deine Gesundheit
und erfrischt deine Glieder.
9 Ehre den Herrn mit deinem Vermögen,
mit dem Besten von dem, was du erntest.

3[6a] Wörtlich: »Auf all deinen Wegen such ihn zu erkennen.«
3[8] Gesundheit, M: »Nabel« als pars pro toto ist nicht zu beanstanden.

Grundlage jeder personalen Beziehung. Das gilt zumal für das Verhältnis des Menschen zu Gott. Das Verb (*bāṭaḥ*) bezeichnet die beiden komplementären Aspekte des einen existenzbegründenden Vorgangs: den sog. »Vertrauenssprung« (sich ungeschützt einlassen auf) und das durch Erfahrung bewährte Sich-verlassen-auf. Nach Überzeugung der Schrift ist allein das Vertrauen auf JHWH begründet und tragfähig. Zu diesem Vertrauen ermutigt [5a]. »Mit ganzem Herzen« erinnert an das Hauptgebot (Dtn 6[4f]). Im antithetischen Parallelismus steht die Warnung vor Selbstklugheit [5b]. Gemeint ist keine Abwertung von Intellekt und Verstand (*bînā*) in Richtung eines unkritischen Glaubens, sondern die Einsicht, daß beide stets kritischer Prüfung bedürfen, und zwar im Horizont des JHWH-Glaubens. [6] Der Vertrauenssprung, den jeder Mensch für sich wagen muß, geht nicht ins Ungewisse. Ihn trägt die Erfahrung von JHWHs Liebe und Treue, seiner liebevollen Lebensleitung. Er allein läßt die Pfade des Menschen gelingen.

[7–8] Die Ermutigung zur *JHWH-Furcht* ist von zwei Warnungen gerahmt. Die erste nimmt [5b] chiastisch auf. Die Hybris des Menschen verleitet ihn zum Mißbrauch von Wissen und Erkenntnis. Beide bedürfen daher der ethisch-moralischen Fundierung im JHWH-Glauben. Wer sich anmaßt, die Autonomie des Menschen und den Tod Gottes auszurufen, hat nichts begriffen. Er ist wie jene, über die Jes 5[20f] das »Wehe!« ausruft, vgl. Röm 12[16]. Einsicht in diese Zusammenhänge führt zur rechten Beziehung zu JHWH und zum Mitmenschen, zur JHWH-Furcht. [8] beschreibt ihre heilsamen Kräfte, die wie eine Medizin bis in den letzten Winkel des Körpers dringen und Gesundheit an Leib und Seele bewirken. »Nabel« erinnert daran, daß über die Nabelschnur die Grundversorgung des Embryos im Mutterleib geschieht.

[9–10] Aus JHWH-Furcht erwächst *Verehrung* JHWHs, zu der [9] aufruft. Das Verständnis des Textes ist strittig, vgl. *Fuhs*, 74f. Die Übersetzung dürfte sein: »Ehre JHWH mehr als dein Vermögen / und mehr als das Beste deines Gewinns.« Es ist wohl keine Anweisung zur Verehrung JHWHs durch einen hochherzigen Opferkult (EÜ), schon G: »Ehre den Herrn mit den Werken deines Rechttuns und bringe ihm von den Früchten deiner Gerechtigkeit.« Reichtum und Vermögen als Segensgaben JHWHs sind gewiß erstrebenswerte Lebensgüter. Aber das höchste Gut, der »Schatz im Himmel« (Mt 6[20]), ist die Lebensgemeinschaft mit JHWH und die Hingabe an ihn in Vertrauen, Furcht und Ver-

10 Dann füllen sich deine Scheunen mit Korn,
deine Fässer laufen über von Wein.
11 Mein Sohn, verachte nicht die Zucht des Herrn,
widersetz dich nicht, wenn er dich zurechtweist.
12 Wen der Herr liebt, den züchtigt er,
wie ein Vater seinen Sohn, den er gern hat.

Hymnus: 3[13–20]

3[13] Wohl dem Mann, der Weisheit gefunden,
dem Mann, der Einsicht gewonnen hat.

3[10] Mit Korn, wörtlich: »mit Sättigung/Fülle«.

3[11] Wörtlich: »Die Zucht JHWHs, mein Kind, verachte nicht, widersetze dich nicht seiner Zurechtweisung.«

3[13] Mann, mit M: *'ādām* »Mensch«, vgl. Gen 2[7].

ehrung. [10] Wer danach handelt, hat gleichwohl Überfluß an allen guten Dingen, die das Leben erfreuen, vgl. Mt 6[33]: »Sucht zuerst das Reich Gottes und seine Gerechtigkeit; alles andere wird euch dazugegeben.«

[11–12] Der abschließende Mahnspruch faßt zusammen und präzisiert: Tora und Gebote der Weisheit [1f] verweisen den Weisheitssuchenden auf »Zucht« und »Zurechtweisung« JHWHs. Sie schrittweise kennenzulernen und in sie hineinzuwachsen [3–10] begründet eine unverbrüchliche Gemeinschaft mit JHWH, die von gegenseitiger »Liebe und Treue« getragen ist. [12] Vergleicht die liebende Führung JHWHs mit der liebenden Sorge eines Vaters um sein Kind, vgl. Mt 7[9–11]. Im Hintergrund steht die göttliche Pädagogik des Dtn (besonders 8[1–6]): der Lebensweg des Einzelnen als eine Art göttliches Experiment, bei dem beide Partner einander erfahren und sich kennenlernen. Unterschiedliche Lebenslagen erfordern Bewährung und neue Entscheidung. Der Mensch erfährt dabei bisweilen schmerzhaft, daß nicht autonome Selbstbestimmung, sondern das Hören auf JHWHs Wort und das Sich-Ausrichten(-lassen) nach seiner Weisung Leben ermöglicht und gelingen läßt. Die übliche Deutung, [12] als Metapher für gottverfügte Schicksalsschläge zur Erprobung des Glaubenden (Ijob 1[6–12]2[1–7] u.ö. Weish 3[5f] u.a.; vgl. *Merikare* 137f; Papyrus *Insinger* 20,13), hat in M keinen Anhalt und dürfte auf G zurückgehen, worauf sich Hebr 12[4–11] bezieht.

3[13–20] ist eine sorgfältig durchkomponierte, strukturelle Einheit in hymnischer Sprache, vgl. *Fuhs*, 77. Sie ist zweigeteilt. Die Inklusion »Glückselig« [13] und »glücklich zu preisen« [18] begrenzt den umfangreicheren ersten Teil. Der zweite ist über Weisheit/Einsicht [19.13] fest angeschlossen. Seinen geringeren Umfang gleicht er durch die Gewichtigkeit seiner Aussage bei weitem aus. Der Hymnus beschreibt in prägnanter Zusammenschau die vier Grundwirklichkeiten des Daseins: den Menschen als Geschöpfwesen (*'ādām*) in seiner kongenialen Beziehung zur Weisheit [13.14.18]; die Weisheit als Heilsmittlerin [16.17] in ihrer kongenialen Beziehung zu JHWH [19]; die Schöpfung als Werk von beiden [19–20].

[13–18] Der Glückwunsch gilt dem Menschen, der den in 2[1]–3[12] gewiese-

14 Denn sie zu erwerben ist besser als Silber,
sie zu gewinnen ist besser als Gold.
15 Sie übertrifft die Perlen an Wert,
keine kostbaren Steine kommen ihr gleich.
16 Langes Leben birgt sie in ihrer Rechten,
in ihrer Linken Reichtum und Ehre;
17 ihre Wege sind Wege der Freude,
all ihre Pfade führen zum Glück.
18 Wer nach ihr greift, dem ist sie ein Lebensbaum,
wer sie festhält, ist glücklich zu preisen.
19 Der Herr hat die Erde mit Weisheit gegründet
und mit Einsicht den Himmel befestigt.

3[14] Wörtlich: »denn besser ist ihr Erwerb als der Erwerb von Silber und als Gold ihr Ertrag.«

3[15b] Wörtlich: »und alle deine kostbaren Steine«.

3[18] Wörtlich: »Lebensbaum (ist) sie für die, die sie erfassen, wer sie festhält (ist) ein glücklich zu Preisender.«

3[19] Wörtlich: »JHWH, mit Weisheit hat er die Erde gegründet, den Himmel befestigt mit Einsicht.«

nen Weg für sich entdeckt hat und konsequent beschreitet. [13] »Weisheit finden / Einsicht erlangen« weist voraus auf 8[9.17.35] und zurück auf »Gotteserkenntnis finden« (2[5]) sowie auf 1[28]. »Einsicht«, vgl. [19], verweist auf Jes 40[12–17.28–31]. Der Mensch von Weisheit und Einsicht wirkt am Fortgang der Schöpfung gestaltend mit. [14–15] Das macht Weisheit/Einsicht für den Menschen zu einem unvergleichlichen Wert, vgl. 8[10f.19]. Für kein Geld der Welt ist sie zu haben. Auch für nichts von dem, was der Mensch kunstfertig kreiert. Der Wechsel in die Anrede (»deine«) bereitet [16f] vor. Weisheit, die der Mensch erlangt, verweist auf die personhafte Weisheit. Die Beschreibung lehnt sich an Darstellungen der ägyptischen Göttin *Ma'at* an, die in der einen Hand das Lebenssymbol, in der anderen das Zepter hält. Die Weisheit erscheint als herrschaftliche Lebensführerin. Sie geleitet diejenigen, die sich ihr anschließen, wie JHWH (vgl. [6]2[8]), auf den Pfaden des Heils (*šālôm*). [18] führt den Gedanken weiter und bereitet [19f] vor. »Lebensbaum« ist ein über den AO hinaus verbreitetes und beliebtes Motiv. Es gibt zahlreiche ikonographische und literarische Belege. Das Motiv vereinigt ganz verschiedene Vorstellungen: Urweltbaum, Baum im Garten, Lebenspflanze, Elexier u.a., vgl. *Fuhs*, 79f. Sie alle klingen mit. Eine ist dem Dichter besonders wichtig: Nach assyrischer Vorstellung wird der König mit dem Lebenssymbol gleichgesetzt. Er repräsentiert und verwirklicht göttliche Welt- und Lebensordnung. Da sie für Israel Werk JHWHs ist, tritt die Weisheitsgestalt an seine Stelle, die nach 8[14–16] königliche Herrschaftsfunktionen wahrnimmt. Wer ihre ausgestreckte Hand erfaßt, ergreift das Leben und kann in einer komplexen und bedrohlichen Welt bestehen.

[19–20] Im Vorweis auf 8[22–31] klingt die Frage nach der Beziehung der Weisheit zu JHWH und nach ihrer Aufgabe in der Schöpfung an. JHWH steht betont am Anfang des Satzes. Von ihm nimmt alles seinen Aus-

20 Durch sein Wissen brechen die tiefen Quellen hervor
und träufeln die Wolken den Tau herab.

4. Instruktion: Solidarisches Leben aus dem Glauben: 3^{21-35}

21 Mein Sohn, laß beides nicht aus den Augen:
Bewahre Umsicht und Besonnenheit!
22 Dann werden sie dir ein Lebensquell,
ein Schmuck für deinen Hals;
23 dann gehst du sicher deinen Weg
und stößt mit deinem Fuß nicht an.

3^{21a} Wörtlich: »Nicht sollen sie entweichen aus deinen Augen.«
3^{22a} Wörtlich: »Und sie werden Leben sein für deine Kehle.«

gang. Der Rest von [19] bildet einen Chiasmus: Weisheit – Erde x Himmel – Einsicht. Der Merismus »Erde/Himmel« bezeichnet die Ganzheit des Kosmos. Zur Sicherung der Erde als Lebensraum gehört ihre Wasserversorgung. Sie beruht auf einem geregelten Kreislauf, vgl. den Merismus »tiefe Quellen/Tau«. Die Versorgung durch Grundwasser wird komplettiert durch Wasser von oben als Regen oder Tau. Tau ist in Palästina zur regenlosen Sommerzeit besonders wichtig und gilt als Geschenk JHWHs (Dtn 33^{8}, vgl. Mi 5^{6} Ijob 38^{28}). [20] Das komplexe, in sich geschlossene und perfekte System geregelter kosmischer Kreisläufe, das die Erde erhält und Leben auf ihr ermöglicht, hat JHWH mit Weisheit – Einsicht – Wissen geschaffen. Die Trias bezeichnet die vollkommene Weisheit JHWHs, ob auch die personhafte Weisheit, ist strittig. Allerdings zeigt die Syntax von [19–20] ein strukturelles Gefälle. Unbeschadet der Erstbetonung JHWHs verlagert sich die Betonung zunehmend auf die Weisheit, d.h. Weisheit ist nicht nur Schöpfungsmittel oder Aspekt JHWHs (Sir 24 Weish $7^{12.21}$ 8^{1}), sondern sein personales Gegenüber. Von ihm vor der Schöpfung geschaffen (8^{22ff}), wirkt sie bei der Schöpfung gestaltend mit.

3^{21-35} Der Text ist eine in sich geschlossene Einheit, vgl. *Fuhs*, 82f. Sie läßt die Form der Instruktion erkennen. Allerdings ist die Eröffnung [21–26] ungewöhnlich breit ausgestaltet. Auf ihr liegt besonderer Nachdruck. Die Unterweisung [27–31] folgt üblichem Instruktionsstil. Die Konklusion [32–35] ist auffällig. In [32–34] ist JHWH grammatisches oder logisches Subjekt. [35] lenkt auf [21] zurück und schließt die Einheit bündig ab.

[21–26] Die Anrede »mein Kind«[21] setzt die fiktive Elternrede von 3^{1-12} fort. Nach einer kurzen, eindringlichen Warnung bricht sie ab (Aposiopese). Die Angesprochenen haben Gelegenheit, auf die unausgesprochen im Raum stehende Frage selbst die Antwort zu geben. Erst dann fährt sie mit einer Mahnung fort, die 2^{7} und 2^{11} mit 3^{3ff} verbindet und verdichtet. Die Verwirklichung von »Liebe und Treue« im Alltag erfordert stete »Umsicht und Besonnenheit«, um kompetent und konsequent lebensförderlich zu handeln. Dann entfalten beide die ihnen innewohnenden Schutzkräfte. [22] »Kehle« und »Hals«, innen und außen, bezeichnen den ganzen Menschen. [23] Als glaubender

24 Gehst du zur Ruhe, so schreckt dich nichts auf,
legst du dich nieder, erquickt dich dein Schlaf.
25 Du brauchst dich vor jähem Erschrecken nicht zu fürchten
noch vor dem Verderben, das über die Frevler kommt.
26 Der Herr wird deine Zuversicht sein,
er bewahrt deinen Fuß vor der Schlinge.
14[21.31]19[17] 27 Versag keine Wohltat dem, der sie braucht,
wenn es in deiner Hand liegt, Gutes zu tun.
Ijob 31[16] Sir 29[2.30] 28 Wenn du jetzt etwas hast,
Lk 11[5–13] Jak 2[15f] sag nicht zu deinem Nächsten:
Geh, komm wieder, morgen will ich dir etwas geben.
29 Sinne nichts Böses gegen deinen Nächsten,
der friedlich neben dir wohnt.

3[25a] Wörtlich: »Fürchte dich nicht...!«
3[26] Wörtlich: »Denn JHWH wird an deiner Seite sein.« – Schlinge, wörtlich: »Fang/Falle«.
3[27] In deiner Hand, EÜ mit dem *Qere*; *Ketib*: »in deinen Händen«.

(3[5f]2[7f]) und weiser (1[33]) geht er sicher seinen Lebensweg; zum Bild vgl. Ps 91[11f] Jer 13[16]. [24] spielt auf Ps 91[5] an. Für den Weisen/Glaubenden ist der Schlaf, »der kleine Tod«, keine Bedrohung (Ijob 7[13–18] Sir 40[5–7]), sondern Stärkung, da die Weisheit (6[22]) bzw. JHWH selbst (Ps 3[6]4[8]) ihn bewacht. [25] Als »Gerechter« – das ergibt die Parallelstellung »Frevler« – hat er nichts zu befürchten, wie er in direkter Anrede »Fürchte dich nicht!« versichert wird. »Verderben« (eigentl. Verwüstung, Unwetter) bezeichnet ganzheitlich das, was die Frevler über unschuldige Opfer bringen (z.B. 1[10ff]) und was über sie selbst kommt (z.B. 1[17]), insofern sie mit ihren Verbrechen die eigene Lebensgrundlage zerstören. [26] begründet den Aufruf zur Furchtlosigkeit mit der Zusage des beständigen Mitseins JHWHs, die das abschließende Bild bekräftigt. »Fang/Falle« weist auf »Fallgrube« hin und könnte auf Jes 24[17f] Jer 48[43] anspielen: JHWH bewahrt, die auf ihn vertrauen, vor Grube → Grab und Tod.
[27–31] Vier Mahnungen, sorgfältig ausgewählt und aufeinander abgestimmt, fordern zu umfassendem sozialen Verhalten auf. Sie konkretisieren »Liebe und Treue« (3[3]) und erinnern an das prophetische Sozialethos und die dtn Sozialgesetzgebung. Zu beiden finden sich deutliche Parallelen in Weisheitstexten des AO.
[27] könnte einer Beamteninstruktion entnommen sein. Der gute Beamte wird einem berechtigten Anliegen ohne jede Verzögerung entsprechen. Daß er dabei im Rahmen seiner Kompetenz, insbesondere gegenüber Bedürftigen, großzügig verfährt, wird vorausgesetzt. Gleiches Verhalten wird von jedermann erwartet. Allerdings: Das Anliegen muß gerecht und der Angegangene in der Lage sein, ihm zu entsprechen. [28] fordert unbürokratische und großzügige Hilfe auch dann, wenn ein unmittelbarer Anspruch nicht gegeben ist. Der Bittsteller wird als »dein Nächster« bezeichnet; das Wort *rēʿa*, sonst Sippenangehöriger, Bruder, Freund, in diesem allgemeinen Sinne z.B. 6[1.3.19]18[27]25[9]27[1]. [29] spricht vom Nächsten als Nach-

30 Bring niemand ohne Grund vor Gericht, $10^{12}13^{10}15^{8}$
wenn er dir nichts Böses getan hat. $25^{8}26^{17.20f}$
31 Beneide den Gewalttätigen nicht,
wähle keinen seiner Wege;
32 denn ein Greuel ist dem Herrn der Ränkeschmied, $11^{1.20}12^{22}15^{8.9.26}16^{5}$
die Redlichen sind seine Freunde. $17^{15}20^{10.23}$ Dtn 7^{25}
33 Der Fluch des Herrn fällt auf das Haus des Frevlers, $12^{31}17^{1}18^{12}22^{5}23^{19}$
die Wohnung der Gerechten segnet er. $25^{16}27^{16}$
34 Die Zuchtlosen verspottet er, $2^{7}11^{2}13^{10}15^{33}16^{18f}$
den Gebeugten erweist er seine Gunst. $18^{12}22^{4}25^{6f}29^{23}$

3^{33} Ränkeschmied, wörtlich: »der Abwegige«.
3^{34a} Wörtlich: »Wenn es um Hochmütige/Spötter geht, erweist er Hochmut/Spott.«

bar. Gefährdung guter Nachbarschaft durch tyrannisches Gehabe oder aus Lust an Schikane ist ein Anschlag auf die Grundlagen der Gesellschaft. In einer vergifteten Atmosphäre wachsen Haß, Steit und Gewalt, haben Recht, Gerechtigkeit und Redlichkeit ($2^{9}1^{3}$) keine Chance, vgl. Kosovo, u.a. ^{30} nimmt den Querulanten in den Blick. Für alles und jedes zieht er vor Gericht, um ohne Rücksicht auf andere »sein Recht« durchzusetzen. Die Warnung dürfte jedes rücksichtslose und aggressive Verhalten gegenüber Mitmenschen mit einbeziehen, vgl. 10^{12} u.a.

Die vier Mahnungen zeigen Lebensnähe und Realitätssinn. Sozialer Friede beginnt im alltäglichen Miteinander. Jeder muß dazu seinen Beitrag leisten im Rahmen seiner Möglichkeiten. Der Stärkere trägt dabei eine besondere Verantwortung für Hilflose und Schwache.

^{31} faßt die in $^{27–30}$ exponierten Fehlverhalten unter dem Begriff »Gewaltmensch« und warnt im Vorblick auf $^{32–35}$, selbst zum Gewaltmenschen zu werden. Gemeint ist hier, anders als 24^{19}, vgl. Ps 37: der (verständlichen) Versuchung zu widerstehen, angesichts erlittener Gewalt und erfahrenen Unrechts mit gleicher Münze heimzuzahlen, vgl. Mt $5^{39–41}$.

$^{32–35}$ Die sozialethischen Forderungen $^{27–31}$ sind integraler Bestandteil des JHWH-Glaubens. Daher werden abschließend je vier Weisen rechter und falscher Lebensart einander gegenübergestellt und nach seinen Maßgaben bewertet.

^{32} Zum »Abwegigen« geht JHWH auf äußerste Distanz. »Greuel für JHWH«, eine Formel mit vielleicht kultischem Hintergrund, begegnet v.a. in Spr und im Dtn; zu »Greuel für GN« vgl. *Amenemope* 13, 16; 15, 21; KAI Nr. 13. Die »Aufrechten« dagegen haben intimen Umgang mit JHWH, gehören seinem vertrauten Kreis (*sōd*) an – für einen Israeliten das höchste Glück (z.B. Ijob 29^{4f} Ps 25^{14}). ^{33} »Segen – Fluch«, einst magisch als real sich auswirkende Mächte verstanden (z.B. Sach 5^{3f}), sind jetzt Chiffren, die in eigener Weise JHWHs Nähe zum »Gerechten« (vgl. 2^{7}) und seine völlige Distanz zum »Frevler« (vgl. 2^{22}) anzeigen. JHWH orientiert sein Verhalten ihnen gegenüber an ihrem Verhalten zu ihm und zu ihren Mitmenschen (vgl. Mt $25^{40.45}$). Gleichwohl wird er nicht zum Vollstrecker eines Vergeltungsprinzips. Der Mensch bleibt

35 Die Weisen erlangen Ehre,
die Toren aber häufen Schande auf sich.

5. Instruktion: »Das Beste ist die Weisheit«[7a]: 4[1–9]

4[1] Ihr Söhne, hört auf die Mahnung des Vaters,
merkt auf, damit ihr Einsicht lernt;
2 denn gute Lehre gebe ich euch.
Laßt nicht ab von meiner Weisung!
3 Als ich noch ein Knabe war bei meinem Vater,
das zarte und einzige Kind meiner Mutter,
4 da lehrte er mich und sagte zu mir:
Nimm dir meine Worte zu Herzen,
folge meinen Geboten, und du wirst leben.

4[1a] Wörtlich: »Hört, ihr Söhne, ...«

für sein Tun und dessen Auswirkungen verantwortlich, da er durch Tora und Weisheit JHWHs die Bedingungen für rechtes Handeln kennt. [34] zeigt ein Stück göttlicher Pädagogik. Im Spiegel der Erhabenheit und Überlegenheit JHWHs wird die Torheit der Überheblichkeit und Wichtigtuerei des »Hochmütigen/Spötters« offenbar. Das könnte ihn, der nach 9[7f] als noch belehrbar gilt, zu Einsicht und Änderung führen. Den »Elenden/Armen« gilt JHWHs volle Sympathie. M, vgl. G Vg, setzt sie mit den »Demütigen« gleich, vgl. Jdt 8[11] Mt 5[3]: »arm vor Gott« und Jak 4[6] 1 Petr 5[5]. Beide Aspekte dürften gemeint sein. »Demut« ist in der Weisheit des AO *die* Grundtugend. [35] ist wieder ganz im weisheitlichen Stil gehalten. In Umkehrung der Abfolge in [32–34] wird im chiastisch gebauten Vers die positive Lebensart zuerst genannt, so daß die Rechtschaffenen – Gerechten – Elenden/Demütigen mit dem »Weisen« gleichgesetzt werden. Sie »erben« Ansehen, Würde und Wohlstand. Die Pointe der Antithese: Abwegige und Frevler werden nicht einmal mehr erwähnt, nur noch die Wichtigtuer. Durch ihr lächerliches Verhalten häufen sie Schmach und Schande auf sich.

4[1–9] Die Einheit ist zweigeteilt: [1–4a] ausführliche Redeeinleitung, [4b–9] Zitat einer Rede. Formal bilden sie die Eröffnung und Unterweisung einer Instruktion. Die Konklusion fehlt, vgl. 3[1–12]. Die Schlußfolgerungen sind in die Mahnungen und Warnungen integriert. [4b–9] hat einen komplizierten, verschachtelten Aufbau, der aber im Horizont von 1–9 plausibel wird, vgl. *Fuhs*, 90f. Der Dichter nimmt den Weg der Weisheitssuche (2[1ff]) unter dem Aspekt »Vermittlung« auf und setzt die Seligpreisung (3[13ff]) in eine Mahnung um.

[1–4a] In der typischen Rede-in-Rede-Form kommt die Stimme der Erfahrung von Generationen zu Wort. Was der Vater von seinem Vater von dessen Vater etc. übernommen hat, gibt er als Anleitung (*mūsār*) und Wegweisung (*tōrā*) an seine Kinder weiter. Was sich im Lebensalltag bewährt hat (= »gut«), ist wert, angenommen zu werden, vgl. Ijob 8[8–10] Sir 34[9–12]. Allerdings hat es sich un-

5 Erwirb dir Weisheit, erwirb dir Einsicht, $15^{32}16^{16}17^{16}$
vergiß sie nicht, weich nicht ab von meinen Worten! $18^{15}19^{8}23^{23}$
6 Laß nicht von ihr, und sie wird dich behüten, Jes $1^{4}49^{14}$ Ps 119^{87}
liebe sie, und sie wird dich beschützen. Hos $11^{1}14^{5}$ Jer 31^{3}
7 Anfang der Weisheit ist: Erwirb dir Weisheit, Mal 1^{2}
erwirb dir Einsicht mit deinem ganzen Vermögen!

4^{7} Anfang der Weisheit ist, andere Möglichkeit: »Das Beste ist die Weisheit.«

ter veränderten Bedingungen stets neu zu bewähren und bedarf daher ständiger Aktualisierung, vgl. $1^{5}2^{1-4}$ u.ö. Es muß »meine« (= mir zur) Wegweisung geworden sein, bevor ich es Kindern weiterempfehlen kann. In kluger Pädagogik begibt sich der Vater auf Augenhöhe des Kindes. Auch er war einmal klein und hat den Worten seines Vaters gelauscht. Jeder geht diesen Weg. Man lernt von klein auf und ein Leben lang.

$^{4b-9}$ Im Zitat folgt die Weisung des Großvaters. Zwei Mahnungen schärfen ein, diese mit Herz und Verstand (*lēb*) zu ergreifen (*lqḥ*), vgl. 3^{1}: »Lehre« (von *lqḥ*); Das Verb 3^{18} in Verbindung mit Weisheit als Lebensbaum. Die Lebenszusage auch hier. Bildung von Glauben und Gewissen als lebendiger Traditionsprozeß fordert von jeder Generation Aktivität und Kreativität ein. JHWH und sein Tun bleibt jetzt unerwähnt, da es um den Teil geht, den der Mensch zu tun hat. Dieser wird durch JHWHs Handeln nicht aufgehoben, sondern in seiner Eigenständigkeit und Geltung bestätigt. Was wert ist, tradiert zu werden, verdichtet sich in der Aufforderung: »Erwirb Weisheit, erwirb Einsicht!«$^{5a.7}$ Viermaliger Imperativ unterstreicht Notwendigkeit und Vollständigkeit des Weisheitserwerbs; zur Wendung »Weisheit erwerben« vgl. $15^{32}16^{16}$ u.ö. Man versteht sie in der Regel metaphorisch: die Weisheit als Geliebte oder Braut des Weisheitsschülers, der für sie den Brautpreis entrichtet, so daß sie ihm zu eigen wird; die Verben »nicht verlassen – lieben« ^{6} scheinen dies zu bestätigen. Zunächst: ^{5a} unterbricht den Zusammenhang von Mahnung ^{4b} und Warnung ^{5b}, weshalb G (z.T.) den Halbvers übergeht. Gleichwohl ist er bewußt platziert; er verzahnt Traditionsvermittlung und Weisheitserwerb. Abseits des lebendigen Traditionsprozesses gibt es keinen Eigen- oder Sonderweg zur Weisheit, wie die Selbstklugen propagieren. Sodann: $^{5a.6-9}$ sprechen analog 3^{16-18a} von der Weisheit als Person. Das Bild »Braut, Geliebte« mag anklingen. Aber »(nicht-)verlassen – lieben« charakterisieren im Horizont dtn/dtr Bundestheologie vor allem das Verhältnis JHWHs zu Israel und umgekehrt (z.B. Dtn $28^{20}29^{24}31^{16f}$). Der Liebe JHWHs zu seinem Volk (Hos 11^{1} Jer 31^{3} Mal 1^{2}) entspricht die antwortende Liebe des Volkes in Treue und Gehorsam (z.B. Dtn $4^{37}6^{5}7^{7f.13}$ u.ö.). 8^{17} verbindet diese Termini mit der personhaften Weisheit. Das dürfte im Vorweis auch hier der Fall sein. Wer die Weisheit liebt und nicht verläßt, dem ist sie Schutz und Schirm. Auch dieser Topos ist häufig mit JHWH verbunden (z.B. Dtn 32^{10} Jes 49^{6} Ps $12^{8}31^{24}$ u.ö.). ^{7} Das Wort für »Anfang« bezeichnet auch »Erstes/Bestes« (s. zu 1^{7}). Anfang von Weisheit ist ihr Erwerb (EÜ), ist wenig sinnreich, eher: »Das

8 Halte sie hoch, dann wird sie dich erhöhen;
sie bringt dich zu Ehren, wenn du sie umarmst.
9 Sie setzt dir einen schönen Kranz auf das Haupt,
eine prächtige Krone wird sie dir schenken.

6. Instruktion: Die zwei Wege: 4,10–19

10 Höre, mein Sohn, und nimm meine Worte an,
dann mehren sich die Jahre deines Lebens.
11 Den Weg der Weisheit zeige ich dir, ich leite dich auf ebener Bahn.
12 Wenn du gehst, ist dein Schritt nicht beengt,
wenn du läufst, wirst du nicht straucheln.

4,8 Halte sie hoch, EÜ für *salsᵉlehā*; andere Möglichkeit: »umarmen, liebkosen«.
4,11 Eher Perfekt statt Präsens (EÜ): »habe gewiesen, habe treten lassen«.

Beste ist die Weisheit.« Sie ist das höchste Gut und sie zu gewinnen jeder Mühe wert (vgl. 2,2–4 Mt 13,44–46). Daher die Aufnahme des doppelten Imperativs aus 5a, verstärkt durch »mit deinem ganzen Vermögen.«
8 beschreibt die Weisheit als mächtige Schutzherrin. Wer sie hochschätzt und sich an ihr festhält, den richtet sie auf zum aufrechten Gang, dem gibt sie Gewicht, Ansehen und Ehre.
9 bekräftigt abschließend die Aussage mit illustren Bildern. Der Schmuck mag auf den Hochzeitsschmuck für den Bräutigam anspielen (Hld 3,11) oder auf den Brauch verweisen, bei Festbanketten die Ehrengäste zu bekränzen (Jes 28,1–6 Weish 2,7). Vielleicht ist dies ein verdeckter Hinweis auf das Festmahl der Weisheit (9,1–6).
4,10–19 Der Text hat die klassische Form der Instruktion mit Eröffnung 10, Unterweisung 10–17 und Konklusion 18f. Sprecher ist wieder der Vater. Die fiktive Redesituation: Die elterliche Unterweisung ist abgeschlossen. Das herangewachsene Kind kann und muß jetzt seinen Lebensweg eigenverantwortlich gehen. Die Wegmetapher ist im Unterschied zu ägyptischen Instruktionen in Spr stets auf den Lebensweg bezogen.
10 Die Eröffnung ist knapp gehalten. Der Aufforderung zum Hören folgt die Mahnung, die Worte des Vaters anzunehmen (*lqḥ*). Sie wird mit der Lebenszusage begründet (vgl. 4 3,2).
11–17 Die Unterweisung exponiert kontrastreich die zwei Wege, den Weg der Weisheit 11–13 und den Weg der Frevler 14–17, vgl. Ps 1.
11–13 Das Bemühen elterlicher Vermittlung faßt der Vater in das Bild »Weg der Weisheit«, den sie gewiesen haben. In Parallele: »Gleise der Geradheit«, vgl. »Wege der Freude/des Glücks« (3,17), »Pfade von Gerechtigkeit« (8,20); »meine Wege« beachten (8,32) wird gleichgesetzt mit dem Finden der Weisheit (8,35) und beides mit dem Erlangen des Lebens und des Wohlgefallens JHWHs. Dtn 30,15–20 verbindet die Gabe des Lebens mit dem Gehen auf den Wegen JHWHs. Dieser vitale Zusammenhang wird hier analog 8,32–36 auf die personhafte Weisheit übertragen: Wer auf ihren Wegen wandelt, hat ebene Bahn, d.h. Leben, Glück und Wohlergehen. 12 veranschaulicht dies

13 Halt fest an der Zucht, und laß davon nicht ab,
bewahre sie; denn sie ist dein Leben.
14 Betritt nicht den Pfad der Frevler,
beschreite nicht den Weg der Bösen!
15 Meide ihn, geh nicht auf ihm,
kehr dich von ihm ab, und geh vorbei!
16 Denn sie schlafen nicht, ehe sie Böses tun;
der Schlaf flieht sie, bis sie Verbrechen begehen.
17 Sie essen das Brot des Unrechts
und trinken den Wein der Gewalttat.
18 Doch der Pfad der Gerechten 13[9] Ps 97[11]112[4]
ist wie das Licht am Morgen; Ijob 11[17]22[28]
es wird immer heller bis zum vollen Tag. Jes 58[8]59[9]62[1]
19 Der Weg der Frevler ist wie dunkle Nacht; 5[6]7[23]9[13.18]24[12]28[28]
sie merken nicht, worüber sie fallen.

7. Instruktion: Das Wichtigste ist das Herz: 4[20–27]

20 Mein Sohn, achte auf meine Worte,
neige dein Ohr meiner Rede zu!

4[16b] Wörtlich: »wenn sie (sc. die Opfer) nicht zu Fall kommen« bzw. »zu Fall bringen«.

mit zwei Bildern, vgl. 3[23] Ijob 18[7] Ps 18[37]. [13] Die Rekapitulation mündet ein in eine Mahnung für den künftigen Lebensweg. *mûsār* bezeichnet den gesamten Prozeß von Bildung und Erziehung als Voraussetzung für eine Begegnung mit der personhaften Weisheit; denn auf sie verweisen betontes Personalpronomen und Pesonalsuffix beim Verb. »Bewahren« korrespondiert mit 4[6a] und ist ein anderer Ausdruck für »lieben« (4[6b]). Die Begründung setzt Weisheit und Leben gleich, vgl. 8[35].

[14–17] Auf zwei Warnungen [14f] folgen zwei Begründungen [16f]. Der synonyme Parallelismus [14] setzt die Bösen den Frevlern gleich. Vor deren Weg (vgl. 1[10–14]2[12–15]) wird kategorisch gewarnt, vgl. 2 x 3 Verben der Fort-Bewegung. [16.17] bilden eine Anapher. Die zwei sarkastischen Bilder ergänzen sich. Sie geben Einblick in die innere Verfaßtheit der Frevler: Ein Tag ohne Gewalttat läßt sie nachts nicht schlafen. Sie sind wie Süchtige ohne ihr tägliches Quantum. Gewalttat, so das zweite Bild, ist für sie Speise und Trank, Lebensgrund und Lebensnahrung.

[18–19] Die abschließende Bewertung beider Wege führt in Aufnahme von 2[13] die Lichtmetaphorik ein. Licht steht für Glück, Gelingen heilvolle Zukunft. Nach 6[23] sind Gebot und Tora Licht und Leuchte.. Licht in Verbindung mit JHWH z.B. Ps 27[1]43[3] Jes 60[1–3]. Der Weg der Frevler ist totale Finsternis, wie Ex 10[22] Dtn 28[29]. Ohne Bild [19b]: Das Schicksal der Frevler ist besiegelt. Sie sonnen sich in Glanz und Glamour, vom Leben aber und seinen Werten haben sie nichts begriffen.

4[20–27] Der Text bietet eine Instruktion in kompakter Form: [20–22] Eröffnung, [23–27] Unterweisung; die Konklusion fehlt, vgl. 3[1–12]4[1–9]. Sie ist in [22] vorweggenommen und [26b] noch angedeutet. Der Dichter entwirft für

21 Laß sie nicht aus den Augen,
bewahre sie tief im Herzen!
22 Denn Leben bringen sie dem, der sie findet,
und Gesundheit seinem ganzen Leib.
23 Mehr als alles hüte dein Herz;
denn von ihm geht das Leben aus.
24 Vermeide alle Falschheit des Mundes,
und Verkehrtheit der Lippen halt von dir fern!
25 Deine Augen sollen geradeaus schauen,
und deine Blicke richte nach vorn!

4^{22} Wörtlich: »Denn Leben sind sie für alle, die sie finden, /und für den Körper eines jeden Heilung« (Chiasmus und Wechsel vom Plural zum Singular).

den Menschen, der den rechten Weg gehen will, eine Strategie des Gelingens. In einer Ganzheitsschau beschreibt er die Physiologie und Psychologie von Wahrnehmen → Entscheiden → Umsetzen.

20–22 Auf die Anrede folgt eine vierfache Hör- und Beherzigungsaufforderung. Ohr – Auge – Herz stehen für ungeteilte Aufmerksamkeit sowie für die innere Bereitschaft dazu. Zentrales Steuerorgan, das die von den Sinnesorganen weitergeleiteten Eindrücke speichert, ordnet und weiterverarbeitet, ist für die antike Weisheit nicht das Gehirn, sondern das Herz, vgl. *Ptahhotep* 547f: »Das Herz ist es, das seinen Herrn zum Hörenden oder zum Nichthörenden macht.« 22 Wer die elterliche Weisung in sich aufnimmt und für sich fruchtbar macht, für den ist sie Leben und Heilung/Gesundheit, vgl. 3^{8} von der JHWH-Furcht. Im chiastisch gebauten Vers stehen auf den Innenpositionen die Mehrzahl von Findern einer Einzahl gegenüber. Gemeint ist: Die Lebenszusage gilt generell. Jeder einzelne muß sie aber in seinem Leben verwirklichen.

23–27 Der Kernsatz der Unterweisung lautet: Das Wichtigste ist das Herz, vgl. *Ptahhotep* 548: »Leben, Heil und Gesundheit für den Menschen ist sein Herz.« Daher gilt dem Herzen und seiner Gesunderhaltung jede Aufmerksamkeit. Was zu tun erforderlich ist, entfalten die Mahnungen 24–27. 24 Das Erste ist: rechtes Reden und Schweigen – ein Grundthema antiker, zumal ägyptischer Weisheit. Man weiß um die Macht des Wortes. Wegen seiner gemeinschafts- wie selbstzerstörerischen Kraft am meisten gefürchtet ist das Lügenwort. Im Chiasmus stehen, einander verstärkend, gegenüber »Falschheit des Mundes« und »Abweichung der Lippen«. Gemeint ist alles Heuchlerische, Lügnerische und Hinterhältige. Solches darf nicht in den Mund und schon gar nicht über die Lippen kommen, vgl *Achikar* 7, 98: »Mehr als alles zu Hütende hüte deinen Mund.«

25 Das Zweite betrifft das Sehen. Die Mahnung – Augen geradeaus und den Blick nach vorn – hat zwei Gefahren im Visier. Die erste: sich zu verzetteln, unter tausend interessanten und wichtigen Dingen das *eine* wichtige, das eigene Lebensziel aus den Augen zu verlieren, vgl. Lk 10^{41f}. Die zweite ist der ständige Blick zurück oder in sich hinein. Verweilen in Vergangenheitsbildern sowie narzistische Nabelschau führen zu Selbstfixierung und Realitätsverlust. Beides versperrt

26 Ebne die Straße für deinen Fuß,
und alle deine Wege seien geordnet.
27 Bieg nicht ab, weder rechts noch links, Dtn $5^{32f}17^{11}28^{14}$
halt deinen Fuß vom Bösen zurück! Jos 23^{6} 2 Kön 22^{2}

8. Instruktion: Gefährlich ist die Fremde: 5^{1-23}

5^{1} Mein Sohn, merk auf meinen weisen Rat,
neige meiner Einsicht dein Ohr zu,
2 damit du Besonnenheit bewahrst
und deine Lippen auf Klugheit achten.

4^{26} Ebne, andere Möglichkeit: »Beobachte ...« – Seien geordnet, eher: »seien fest bzw. befestigt«.

den Weg aus sich heraus und nach vorn in die eigene Zukunft.

^{26} Wahrhaftigkeit im Denken und Reden sowie Konzentration auf das eigene Lebensziel klären die Sicht auf den eigenen Lebensweg. Immer deutlicher erscheint er wie eine gezogene Wagenspur (vgl. 2^{9}), auf der man sicher vorankommt. Eventuelle Gefahren können vorausschauend erkannt und vermieden, Schwierigkeiten behoben und Hindernisse beseitigt werden, »so daß dein ganzer Weg fest ist«, wie man den zweiten Halbvers übersetzen kann.

^{27} Von diesem Weg wird man tunlichst »nicht abbiegen, weder nach rechts noch nach links«. Die Wendung erinnert an ähnliche Formulierungen im Dtn bzw. Dtr, hier in Bezug auf die Gebote und Weisungen des Mose, auf das Buch der Tora, u.ä. Das ist kein Zufall. In Spr schließt sich der Weg JHWHs, d.h. der Weg der Tora und der Weg der Weisheit, mit dem Lebensweg des Menschen zu einem einzigen Weg des Lebens und der Heilung zusammen ($3^{8.16}4^{22}8^{35}$ u.ö., vgl. Dtn 30^{10-15}). Der Dichter ruft daher warnend die Geschichte Israels in Erinnerung, die sich als Geschichte des ständigen Abweichens vom Weg JHWHs erwiesen hat. Daher abschließend ohne Bild die Mahnung, den Fuß »vom Bösen« fernzuhalten.

5^{1-23} Der Text zeigt Spuren von Überarbeitung und Erweiterung, vgl. *Fuhs*, 102f. Die Instruktion des Dichters ist in $^{1-6.7.21-23}$ erhalten. Ihre Form ist klar erkennbar: $^{1-2}$ Eröffnung mit Anrede, Aufmerksamkeitsruf und Begründung; $^{3-6}$ Unterweisung; $^{7.21-23}$ Konklusion. ^{7} weist auf 4^{1} zurück: »Hört, ihr Söhne« (4^{1}) und »jetzt aber, ihr Söhne, hört« (5^{7}) bilden einen Chiasmus sowie eine Inklusion, wodurch die Instruktionen 5–8 zu einer herausgehobenen Einheit zusammengebunden werden. $^{8-20}$ hebt sich in Sprache und Stil deutlich ab und erweist sich als nachträgliche Erweiterung, deren Absicht und Ziel klar erkennbar ist.

$^{1-6.7.21-23}$ Die 8. Instruktion entwirft ein Gegenbild zu 4^{5-9}. Sie führt das Thema von 2^{16-18} weiter und illustriert den Weg der Bösen/Frevler in Aufnahme von 4^{19}.

$^{1-2}$ Die Eröffnung führt in konventionell weisheitlichem Stil die Eltern-Kind-Rede fort. »Meine Weisheit« fungiert als eines der Synonyme für die elterliche Unterweisung (vgl. $1^{8}2^{1}3^{1}4^{10.20}$). Das Bewahren der Gedanken und Pläne (EÜ: Beson-

3 Denn die Lippen der fremden Frau triefen von Honig,
glatter als Öl ist ihr Mund.
4 Doch zuletzt ist sie bitter wie Wermut,
scharf wie ein zweischneidiges Schwert.
5 Ihre Füße steigen zur Totenwelt hinab,
ihre Schritte gehen der Unterwelt zu.
6 Den ebenen Pfad zum Leben verfehlt sie,
sie geht krumme Wege und merkt es nicht.
7 Nun denn, ihr Söhne, hört auf mich,
weicht nicht ab von den Worten, die mein Mund spricht.

Dtn 29^{17} Am 6^{12} Jer 23^{15} Klgl 3^{19} Ps $52^{4}55^{22}57^{5}59^{8}$

5^{6} Andere Übersetzungsmöglichkeit: »damit du den Weg des Lebens nicht erkennst/bahnst, sind unstet/wankten ihre Geleise, du merkst es nicht.«

nenheit) verweist auf die besonders in Ägypten kultivierte Kunst der Verschwiegenheit. Der Gebildete hütet seine Zunge und achtet auf zurückhaltende, wohlabgewogene Äußerungen.

$^{3-6}$ Zum zweiten Mal klingt das Thema »Frau« an, die hier kurz »die Fremde« genannt wird. Es ist fester Bestandteil internationaler Instruktionen für angehende Beamte. Fremdgehen gilt als gravierende Form von Disziplinlosigkeit, deren schädliche Folgen für die Karriere drastisch ausgemalt werden. Dem Dichter dient dies als Metapher zur Verdeutlichung eines schweren gemeinschaftsschädigenden Verhaltens, das 4^{27} prägnant »das Böse« nennt.

$^{3-4}$ Das Böse hat viele Gesichter. »Lippen« zusammen mit »Mund« verweisen auf 4^{24}. Nicht verbotene Liebe, sondern »Falschheit des Mundes« und »Verkehrtheit der Lippen« ist das Thema, das im Bild »der Fremden« verdeutlicht wird. Wabenhonig (z.B. Ri 14^{18}; als Metapher für JHWHs Wort oder seine Tora z.B. Ez 3^{3} Ps 19^{11}) und Öl (Ps 133^{2} Hld $1^{3}4^{10}$) sind bekannte Köstlichkeiten. Was so angenehm und überzeugend klingt, ist in seiner Intention infam und in seiner Auswirkung verheerend. ^{4} Wermut, oft zusammen mit »Gift«, als Bild für bitteres Los und todbringendes Geschick z.B. Am 5^{7} Jer 9^{14} u.ö. »Doppelmäuliges Schwert« (noch Ps 149^{6}, vgl. Jes 41^{5}) ist gesteigertes Bild für Tod und Vernichtung. Wer doppelzüngig und verleumderisch redet, zerstört Leben, verwirklicht das Böse (4^{27}) und geht auf dem Weg der Frevler (4^{14}). $^{5-6}$ Wohin der Weg führt, veranschaulichen Bilder aus der altkanaanäischen Mythologie, vgl. $1^{12}2^{18f}7^{27}$. Ohne Bild stellt ^{6} fest: Das Leben ist endgültig verfehlt, aber die Betreffenden bemerken es nicht einmal.

$^{7.21-23}$ Mit betontem »nun denn« ^{7} setzt die Konklusion ein. Sie faßt die in 4^{1} begonnene Generationenrede in ihren Konsequenzen prägnant zusammen. Die Anrede im Plural (vgl. 4^{1}) weist auf den Traditionszusammenhang hin, in dem elterliche Vermittlung steht. Das veleiht ihr Autorität und Geltung.

^{21} Elterliche Weisung ist zugleich hineingenommen in die Wegweisung JHWHs, die durch Tora und Weisheit allen Menschen zugänglich ist. Alle Wege des Menschen liegen offen vor dem prüfenden Blick JHWHs. Denjenigen, die den Weg der Gerechten ($4^{11f.18.26}$, vgl. 2^{20}) ge-

8 Halte deinen Weg von ihr fern,
komm ihrer Haustür nicht nahe!
9 Sonst schenkst du andern deine Kraft,
deine Jahre einem Rücksichtslosen;
10 sonst sättigen sich Fremde an deinem Besitz,
die Frucht deiner Arbeit
kommt in das Haus eines andern,

5^{9} Deine Kraft: M »deine Pracht« ist beizubehalten.

hen, gilt JHWHs Zuwendung und Fürsorge (vgl. Ps 1^{6}); vom Weg der Frevler ($4^{14f.19}$) hat er sich abgewandt. Zum Motiv des all-sehenden Gottes, vgl. 15^{3} Ijob 34^{21} Ps 14^{2} u.ö., *Amenemope* 17,9–12 u.a. Im Verb »achten« (EÜ) – wohl: »prüfend abwägen« – könnte eine Anspielung vorliegen auf das ägyptische Jenseitsgericht (*Totenbuch*, Kap 125), vgl. *Fuhs*, 106.

$^{22-23}$ handeln vom Schicksal des Frevlers. ^{22} Der Frevler hat weder Unrechts- noch Schuldbewußtsein. Er hat Gott die Tür gewiesen (Ps $10^{4}14^{1}$) und ist in der Selbsttäuschung gefangen, seine Untaten blieben ohne Folgen (1^{11-14} Ps $10^{2-11}36^{2-5}$). Er merkt nicht, daß er aus der Verstrickung in seine Verfehlungen nicht mehr herauskommt. ^{23} Die Folge: Tod und Verderben ($4^{19}5^{5f}$). Der Grund: fehlende Glaubens- und Charakterbildung. Der Frevler ist aus der Traditionsgemeinschaft ausgestiegen und hat den Weg des Femden und Outsiders gewählt (vgl. 5^{3f} mit 2^{16f}!). Diese Entscheidung ist »große Torheit«. Nach 1^{7} achten Toren Weisheit und Zucht gering und verachten damit JHWH-Furcht.

$^{8-20}$ Der Ergänzer versteht die Warnung vor der Fremden nicht metaphorisch, sondern konkret und macht $^{1-7}$ zur gewichtigen Einleitung seiner Unterweisung für (jung-)verheiratete Männer. Sie ist deutlich zweigeteilt: $^{8-14}$ Warnung vor der Fremden, $^{15-20}$ Lobpreis auf »die Frau deiner Jugend.« Die rhetorische Frage ^{20} nimmt das Thema von $^{8-14}$ auf und bildet einen wirkungsvollen Abschluß. Die Einschaltung ist nicht ungeschickt plaziert. Sie greift in die Komposition 4^{1}–5^{7} nicht ein und macht die Konklusion $^{21-23}$ zu ihrer eigenen.

$^{8-14}$ Der erste Teil zeigt Formelemente einer Instruktion. Auf die Imperative ^{8} folgen zwei Finalsätze (»damit nicht«, EÜ: »sonst«) $^{9-10}$, von denen zwei Konsekutivsätze (»so daß«, EÜ: »und«, »dann«) $^{11-12a}$ abhängen. ^{12a} ist zugleich Einleitung zum Selbstzitat $^{12b-14}$. ^{8} Die Warnung vor »ihr«, der Fremden ^{3}, ist knapp gehalten, da $^{3-6}$ des Originals mitgehört wird. Gehörige Distanz ist angesagt, will man nicht am Ende als Verlierer dastehen.

$^{9-10}$ Wer dem Charme der Fremden erliegt, verliert alles: In chiastischer Anordnung werden vier Besitztümer – Hoheit und Würde (EÜ: Kraft, deine Jahre), Vermögen schaffende Kraft und Mühen (EÜ: Besitz, Frucht deiner Arbeit) – und vier Personengruppen – andere, ein Grausamer sowie Fremde, ein Ausländer – genannt. Wer mit letzteren gemeint ist, bleibt in der Schwebe. Vielleicht spielt der Ergänzer auf *Ischtar*, die »Grausame«, an und/ oder auf eine bestimmte Gruppe ihrer Verehrerinnen, vgl. *Fuhs*, 108f.

11 und am Ende wirst du stöhnen,
wenn dein Leib und dein Fleisch dahinsiechen.
12 Dann wirst du bekennen:
Weh mir, ich habe die Zucht gehaßt,
mein Herz hat die Warnung verschmäht;
13 ich habe nicht auf die Stimme meiner Erzieher gehört,
mein Ohr nicht meinen Lehrern zugeneigt.
14 Fast hätte mich alles Unheil getroffen
in der Versammlung und in der Gemeinde.
15 Trink Wasser aus deiner eigenen Zisterne,
Wasser, das aus deinem Brunnen quillt.
16 Sollen deine Quellen auf die Straße fließen,
auf die freien Plätze deine Bäche?

5^{12} Weh mir, wörtlich: »Wie«, beteuernd: »Wie konnte ich ...«
5^{16} Als Fragesatz (EÜ) möglich; vielleicht mit G^B: »damit nicht ...«

$^{11-12a}$ Die Folge ist ein kümmerliches Dasein am Rande des Abgrunds. Die großen Worte von einst gerinnen zu einem Stoßseufzer verspäteter Einsicht und Reue.

$^{12b-14}$ Das Schuldbekenntnis im Selbstzitat lehnt sich formal an die Bekenntnisse der Klagepsalmen an. Es bringt allgemein – ein Hinweis auf Schulen in Israel (»meine Lehrer«) ist kaum zu entnehmen – zum Ausdruck: Der sich hier selbst anklagt, hat alle, die ihm Glaubens- und Charakterbildung vermitteln wollten, nicht ernst- und ihre Ratschläge nicht angenommen, so daß ihrer aller Bemühen ins Leere stieß. Das Schlimmste aber, das er befürchtet, ist, daß sein heimliches Tun öffentlich wird. Was »alles Unheil« präzise meint, bleibt offen. Man denkt an ein förmliches Gerichtsverfahren oder nach PsSal 16^{13f} an eine Art Exkommunikation. Gemeint ist wohl eher: Wer fremdgeht, hat neben den persönlichen und familiären Konsequenzen auch den Verlust von Ansehen und Geltung in der Öffentlichkeit seines Dorfes oder seiner Stadt hinzunehmen, damals jedenfalls.

$^{15-20}$ Der erste Teil dient als dunkle Folie für den zweiten, auf dem aller Nachdruck liegt. Mit erheblichem rhetorischen Aufwand preist der Ergänzer die Vorzüge des ungetrübten Liebesgenusses mit der eigenen Frau, der »Frau deiner Jugend«^{18b}.

^{15} Wassertrinken als Bild für die Stillung der Lust: Hld $7^9 8^2$. Brunnen und Zisterne sind Metaphern für die eigene Frau; vgl. Brunnen für die Geliebte (Hld 4^{13}); Zisterne ist jedoch ungewöhnlich. Wasser aus der Zisterne gilt gegenüber frischem Brunnenwasser als minderwertig, vgl. Jer 2^{13}. Worauf der Ergänzer mit der Parallele »Brunnen/Zisterne« genau anspielt, ist schwer auszumachen. Auf das Alter der Frau: frische der Jugend, reifere Jahre; beides hat spezifische Reize und Vorzüge? Auf verschiedene Gesellschaftsformen, wovon unabhängig die Forderung nach ausschließlichem Verkehr mit der eigenen Frau gilt? Vgl. *Fuhs*, 110f.

$^{16-17}$ sprechen vom Mann, nicht mehr von der Frau. Quellen und Bäche sind Bilder für seine Potenz.

17 Dir allein sollen sie gehören,
kein Fremder soll teilen mit dir.
18 Dein Brunnen sei gesegnet;
freu dich der Frau deiner Jugendtage,
19 der lieblichen Gazelle, der anmutigen Gemse!
Ihre Liebkosung mache dich immerfort trunken,
an ihrer Liebe berausch dich immer wieder!
20 Warum solltest du dich an einer Fremden berauschen,
den Busen einer andern umfangen?
21 Denn der Weg eines jeden liegt offen vor den Augen des Herrn, $15^{3.11}24^{12}$ Ijob 34^{21}
er achtet auf alle seine Pfade. Ps $14^{2}33^{13-15}102^{20}$
22 Der Frevler verfängt sich in der eigenen Schuld, Sir 15^{18f}
die Stricke seiner Sünde halten ihn fest. $10^{16}13^{6}14^{34}20^{9}$ $21^{4}24^{9}$
23 Er stirbt aus Mangel an Zucht, $1^{19.32}2^{13.15.19.22}$
wegen seiner großen Torheit stürzt er ins Verderben.

5^{19b} Wörtlich: »Mögen ihre Brüste dich allzeit berauschen.«
5^{20a} Wörtlich: »Warum also willst du dich berauschen, mein Sohn, an der Fremden?«
5^{22a} Wörtlich: »Seine Freveltaten nehmen ihn, den Frevler, gefangen.« Frevler ist eine zutreffende, auf 4^{19} verweisende Glosse.

17 gibt Antwort auf die rhetorische Frage. Verkehr mit der Fremden ist Verschwendung von Kraft für einen fremden Hausstand. Diese soll allein dem Aufbau des eigenen Hauses dienen und innerhalb der Ehe in zahlreicher Nachkommenschaft ihre Erfüllung finden (vgl. Sir 26^{19-21}).
18–19 sprechen von Mann und Frau als Ehepaar. Aussagen über sie 18a.19a wechseln mit Empfehlungen an ihn 18b.19b. Mit einem neuen Bild – »Quelle« (EÜ ungenau: Brunnen) – knüpft 18a an 15 an. Zisterne – Brunnen – Quelle drückt eine Steigerung aus. Kostbares Gut und Lebensquell ist die eigene Frau. Auf ihr ruht Segen. Nur sie garantiert mit legitimer Nachkommenschaft die Zukunft des Hauses; für den Mann Grund genug, zu seiner Frau zu stehen. 19 entwirft, in Bildern der Liebespoesie schwelgend, eine Liebesidylle. Sie soll Anreiz bieten und die Phantasie beflügeln. Der Ergänzer spricht von Liebesrausch und Ekstase, die auch und gerade mit der eigenen Frau zu erleben sind und keine Wünsche offenlassen.
20 Die rhetorische Frage bindet beide Teile zu einer Einheit zusammen. Mit erneuter Anrede »mein Sohn« (von EÜ mit G übergangen) appelliert der Ergänzer an Verantwortungsbewußtsein und Urteilskraft eines jeden Mannes. Die Neigung zum Fremdgehen sitzt offenbar tief im Mann (und der Frau) drin. Der Ergänzer sieht das nüchtern und unaufgeregt. Daher fragt er: »Was bringt's?« Liebe, die nicht zu Hause ihre Erfüllung findet, findet sie nirgends. Jede Suche bei Fremden ist sinnlos und führt in den Abgrund.
Der Ergänzer schreibt keine Allegorie, wie die altchristliche Auslegung meinte. Er spricht auch nicht metaphorisch von der personhaften Weisheit, sondern von der Frau »aus Fleisch und Blut« (*Delitzsch*). Gleichwohl ist sein Thema nicht die Frau als Lustobjekt, sondern der

Intermezzo: Vier Wege zum Abgrund: 6[1–19]

11[15]17[8]20[16f]22[26f] 27[13] Sir 8[13]29[1–20]

6[1] Mein Sohn, hast du deinem Nächsten Bürgschaft geleistet,
hast du einem Fremden den Handschlag gegeben,
2 hast du dich durch deine Worte gebunden,
bist du gefangen durch deine Worte,
3 dann tu doch dies, mein Sohn: Reiß dich los;
denn du bist in die Hände deines Nächsten geraten.
Geh eilends hin, und bestürm deinen Nächsten!
4 Gönne deinen Augen keinen Schlaf,
keinen Schlummer deinen Wimpern,
5 entreiß dich seiner Hand wie eine Gazelle,
wie ein Vogel der Hand des Jägers!

6[2] Deine Worte, wörtlich: »die Reden deines Mundes«.
6[3c] Wörtlich: »Geh, wirf dich nieder und bestürme deine Nächsten (Pl.).«
6[5] Seiner Hand, M absolut: »der Hand«.

Mann mit seinen diffusen Sehnsüchten und Phantasien. Die soll er in den Griff nehmen und seine Verantwortung für Familie und Gesellschaft wahrnehmen.

6[1–19] Der Text ist eine in sich geschlossene Komposition. Sie besteht aus vier Sprucheinheiten: [1–5.6–11.12–15.16–19]. Formal sehr verschieden, sind sie doch sprachlich und inhaltlich eng aufeinander bezogen. Manche Wege führen hin zum Todesweg der Frevler (5[5]). Sie münden nicht zwangsläufig darin ein, bergen aber die Gefahr des Anfangs in sich. Das erläutern drei Beispiele, die in beabsichtigter Steigerung eine Ganzheit umschreiben, die der abschließende Siebener-Katalog der Greuel für JHWH umfassend spezifiziert.

[1–5] Beispiel 1: *Der Leichtsinnige* bzw. der *gewinngierige Spekulant*. Es geht um Bürgschaftsleistung. Sie ist in AO seit dem 2. Jt.v.Chr. bekannt, vgl. *Alalach* 82,11–13; 84,4f. In den Gesetzbüchern des AT ist sie dagegen nicht erwähnt. Hier gilt das Zinsverbot für Israeliten (Ex 22[24] Lev 25[35–37] Dtn 23[20f]) und die Aufforderung, dem Bruder in Not selbstlos zu helfen (Dtn 15[7–11] u.a.); zum Personenpfand vgl. Lev 25[34.47] Dtn 15[2.12]. Gleichwohl dürfte Bürgschaftsleistung im Israel der späten Zeit auf Grund veränderter Handels- und Wirtschaftsbedingungen üblich und zu einem knallharten Geschäft geworden sein (außer Spr noch Sir 29[1–20]); Zu Einzelheiten vgl. *Fuhs*, 117f. Geschäftemacherei dieser Art hält der Dichter für gemeinschaftsschädigend und zugleich für töricht, [2] da der Bürge bei vollem Risiko keinerlei Kontrolle über das Geschäft hat und sich abhängig macht von Geschick und der Ehrlichkeit anderer.

[3–5] Aus dieser selbstgestellten Falle gilt es sich unverzüglich und mit allen Mitteln zu befreien. Erneute Anrede, verstärkt durch »nun denn«, unterstreicht die Dringlichkeit der Mahnung [3a]. Die Aufforderungen [3c.4] illustrieren das Sich-Losreißen: unterwürfig bittend oder dreist drohend, egal, die Hauptsache: raus aus der Sache. Zur Not muß er die ganze Familie beknien (Wechsel zum Plural: »deine Nächsten«). [5] Zwei Bilder aus der Jagdszene treten verstärkend hinzu.

6 Geh zur Ameise, du Fauler,
betrachte ihr Verhalten, und werde weise!
7 Sie hat keinen Meister,
keinen Aufseher und Gebieter,
8 und doch sorgt sie im Sommer für Futter,
sammelt sich zur Erntezeit Vorrat.
9 Wie lang, du Fauler, willst du noch daliegen,
wann willst du aufstehen von deinem Schlaf?
10 Noch ein wenig schlafen,
noch ein wenig schlummern,
noch ein wenig die Arme verschränken, um auszuruhen.
11 Da kommt schon die Armut wie ein Strolch über dich,
die Not wie ein zudringlicher Bettler.

$10^{26}13^{4}15^{19}18^{9}19^{15}$
$20^{4}21^{25}24^{30-34}10^{4f}$
$12^{11}14^{23}27^{23-27}28^{19}$

Das Anliegen des Dichters ist ein Zweifaches: Mit der Not anderer Geschäfte machen, ist verwerflich. Aus Gewinngier sich in die Hände anderer zu geben, ist Torheit. Besser sein Geschick in die eigene Hand nehmen und durch Anstrengung und Fleiß den Wohlstand der Familie mehren.

$^{6-11}$ Beispiel 2: Der *Faule*. Bereits im Wort steckt »Schwere → Schwerfälligkeit«. Vorbild soll die Ameise sein. Das hebr. Wort drückt lautmalend kaum wahrnehmbare, doch rührige Bewegung aus. Nach Ijob 35^{11} hat Gott die Tiere dem Menschen zu Lehrmeistern gegeben, vgl. 30^{24-29} Jes 1^{3} Jer 8^{9}. Die Ameise in ihrem an Millionen zählenden Verband ist ein Muster an unermüdlicher und wohlorganisierter Arbeit.

$^{7-9}$ Auch ohne erkennbare Leitungsstrukturen (zu den genannten Ämtern vgl. *Fuhs*, 119) herrscht kein Chaos im Ameisenhaufen. Jede Ameise sorgt durch ihr emsiges Tun nach gemeinsamem Plan für das Überleben aller. Zweifaches ist daraus zu lernen: Ein funktionierendes Gemeinwesen bedarf des Einsatzes und Fleißes jedes Einzelnen. Dieser leistet seinen Beitrag ungezwungen und eigenverantwortlich. Will der Faule auch noch dümmer sein als dieses kleine, unscheinbare Tier?

^{10} Auf störende Anfragen dieser Art reagiert der Faule – wie ein Fauler. Er läßt sich zu nichts bewegen. Er ist ein Gemeinschaftsschädiger, der in den Tag hinein lebt, alles haben und genießen will, ohne etwas dafür zu tun.

^{11} Die Folgen sind unausweichlich. Armut und Not kommen über ihn, unaufhaltsam als tödliche Gefahr: »heranmarschierender Krieger« (vgl. Nah 2^{6}) und »Mann des Schildes« eher als »Strolch« und »Bettler« (EÜ). $^{10-11}$ werden mit kleinen Veränderungen 24^{33f} wiederholt und bilden eine große Klammer.

Das Thema »Faulheit« durchzieht das ganze Buch, wobei Warnungen vor Faulheit und Mahnungen zu Fleiß abwechseln. Ihr Horizont ist die bäuerliche Arbeit auf dem Feld, im Weinberg, beim Vieh ($10^{26}13^{4}15^{9}$ u.ö.), das Milieu der arbeitenden, unterprivilegierten Bevölkerung, die nur durch Fleiß und Bildung eine Chance zu sozialem Aufstieg und gewissem Wohlstand hat. Die Weisheitstexte der Umwelt streifen das Thema nur. Körperliche Arbeit gilt als notwendiges Übel, als etwas für Minderbegabte.

12 Ein Nichtsnutz, ja ein Gauner,
wer daherkommt mit Lügen im Mund,
13 wer mit den Augen zwinkert, mit den Füßen deutet,
Zeichen gibt mit den Fingern.
14 Tücke im Herzen, stets voll böser Ränke,
zettelt er jederzeit Händel an.
15 Darum wird plötzlich das Verderben über ihn kommen,
im Nu, ohne Rettung, wird er zerschmettert.
16 Sechs Dinge sind dem Herrn verhaßt, 17[18]20[10.12]30[15–33] Ijob 5[19]40[5] Koh 11[2] Sir 23[16]25[7]26[5.28]50[25] Am 1[3ff] Jes 17[6] Mi 5[4] Ps 62[12f]
sieben sind ihm ein Greuel
17 Stolze Augen, eine falsche Zunge, Hände,
die unschuldiges Blut vergießen,
18 ein Herz, das finstere Pläne hegt,
Füße, die schnell dem Bösen nachlaufen,

6[12] Nichtsnutz, andere Möglichkeit: »Verleumder«. – Gauner; wörtlich: »Mann des Unheils« → »Unheilstifter«. – Lügen im Mund, wörtlich: »Verkehrtheit des Mundes«, vgl. 4[24].
6[14a] Eher zu [13]: »Wer ... mit Verkehrtheit in seinem Herzen Böses bewirkt«.

[12–15] Beispiel 3: Der *Hinterhältige* und *Heimtückische*. Der gesteigerten Verkehrtheit entspricht die wachsende Distanz in der Darstellung: »mein Sohn«[1] – »Du Fauler«[6] – ohne Anrede, konstatierender Nominalstil. [12a] Der »nichtswürdige Mensch«, der »Mann des Unheils« steht mit seinem Tun konträr zu den heilvollen Wirkungen von Tora, Recht und Gerechtigkeit (12[21]21[15], vgl.Hos 6[8] Mi 2[1] Ps 14[4]). In 16[27–30] bildet er die Spitze einer Reihe von gemeingefährlichen Menschen; nach 10[29] bringt JHWH Verderben über ihn, vgl. Ps 5[6]36[4f.13]. »Mann des Unheils« impliziert ein spezifisch theologisches Urteil. [12b–14] entfalten seine unheilvollen Aktivitäten. »Verkehrtheit des Mundes« meint die gezielte Verkehrung der Wahrheit zum Schaden anderer (19[28]). Bei den genannten Ausdrucksformen der Körpersprache handelt es sich um verabredete Zeichen unter Gesinnungsgenossen zur Täuschung und zum Schaden anderer. Der »Verkehrte« agitiert im Hintergrund, hetzt Menschen und Volksgruppen gegeneinander auf, intrigiert und zerstört jedes friedliche Zusammenleben. [15] Mit »darum« eingeleitet, wird abschließend das Urteil über ihn gesprochen: Im Nu ereilt ihn das Schicksal des Frevlers (4[19]5[22f] u.ö.).

[16–19] bilden Höhepunkt und Abschluß der Spruchgruppe. Die Einheit hat die Form des gestaffelten bzw. klimaktischen Zahlenspruchs. Vielleicht aus der Rätselfrage hervorgegangen und/oder mit magischem Hintergrund ist der Zahlenspruch in verschiedenen Varianten zu einer beliebten Redeform der Literatur Israels und seiner Umwelt geworden, vgl. *Fuhs*, 122f.

[16] Die Themazeile stellt kategorisch fest, daß die nachfolgend aufgezählten Merkmale verkehrter Lebensart einzeln (1–6) wie insgesamt (7) mit dem Wesen JHWHs unvereinbar sind; zur Greuelformel vgl. 3[32].

[17–18] Von Kopf bis Fuß entsteht ein Gesamtbild verfehlter Lebensart. »Stolze Augen« – *sichtbarer* Ausdruck von Hochmut und Vermessenheit (24[4]30[12] Jes 2[11] Ps 28[28]), der

19 ein falscher Zeuge, der Lügen zuflüstert,
und wer Streit entfacht unter Brüdern.

9. Instruktion: Verlangen nach der Frau des Nächsten: 6[20–35]

20 Achte, mein Sohn, auf das Gebot deines Vaters,
mißachte nicht die Lehre deiner Mutter!
21 Binde sie dir für immer aufs Herz,
und winde sie dir um den Hals!
22 Wenn du gehst, geleitet sie dich,
wenn du ruhst, behütet sie dich,
beim Erwachen redet sie mit dir.

weder Gott noch den Mitmenschen gelten läßt (8[13]16[5]29[23] Jes 2[11ff]). »Falsche Zunge« – Ausdruck von Unaufrichtigkeit und Falschheit in all ihren Formen. Eine Art, die jedes Gemeinschaftsleben paralysiert. Thematische Schwerpunkte: 10[18–21] 12[13–25]18[6–8]20[20–28]; kürzere Warnungen und Mahnungen durchziehen das ganze Buch. Zur Macht der Zunge vgl. *Amenemope* 20,3–6; Papyrus *Insinger* 29,15f; 21,4; Falschheit als Greuel für die Gottheit z.B. *Amenemope* 13,10–14,3; 15,20–16,2. »Hände« machen das Unheil manifest. Ursprung und Ausgang dessen ist das »Herz«, Sitz der Entscheidungen und Entschlüsse; hier eingereiht in die perspektivische Sachanordnung von oben nach unten. »Eilige Füße« veranschaulichen den inneren Drang, die Untaten ins Werk zu setzen (1[16]4[16] Jes 59[7f] Ps 147[15]).
[19] Die Antiklimax [19a] bereitet den Höhepunkt der Zahlenstaffel vor. Genannt werden der Meineidige, der bei Gericht durch Falschaussagen die Verurteilung Unschuldiger erwirkt, und der Gewaltmensch, der mit Lügen, Intrigen und Manipulationen Gericht und Rechtsordnung selbst außer Kraft setzt. [19b] ist das »Nonplusultra alles Gottverhaßten« (*Delitzsch*). Mit einer manipulierten und pervertierten Gerichtsbarkeit im Rücken verstehen es Gewaltmenschen zu jeder Zeit, für sich und ihre Clans alle Macht und jeden Einfluß zu Lasten ihres Volkes zu sichern.
6[20–35] Trotz einiger Unebenheiten ist der Text eine geschlossene Einheit, vgl. *Fuhs*, 124f. Sie hat die Form einer weisheitlichen Instruktion. Das zeigen die klare Dreiteilung in Eröffnung [20–23], Lektion [24–32] und Konklusion [33–35], die Anrede sowie die Serie von Imperativen, Begründungs- und Schlußsätzen. Die Instruktion nimmt das Thema »Frau« wieder auf. Als »Fremde« war sie 5[3–6] Metapher für den Todesweg der Frevler. Hier geht es um konkretes Fehlverhalten in der Frau-Mann-Beziehung, um Ehebruch.
[20–23] Im fiktiven Rollenspiel der Eltern-Kind-Rede folgt dem Aufmerksamkeitsruf, das »Gebot« des Vaters zu »achten«, in der Antithese die Warnung, die »Tora« der Mutter nicht zu »verwerfen«. Elterliche Erziehung als ganzheitlicher Vollzug ist ein kostbares Gut. [21] Zwei Bilder verdeutlichen das: »Sie« – Gebot und Tora – sind wie Schmuck (1[9]3[2.22]); auf das Herz »binden« ist ungewöhnlich. [22] »Sie« (Wechsel zur 3. Pers.Sing.fem.) – ob Weisheit oder Tora, bleibt bewußt in der Schwebe, um Dtn 6[7f] bzw. 11[18f] mitklingen zu lassen – gibt in allen Lebenslagen Geleit, Schutz, Entscheidungshilfe, sonst Gaben der Weisheit

[23] Denn eine Leuchte ist das Gebot
und die Lehre ein Licht,
ein Weg zum Leben sind Mahnung und Zucht.
[24] Sie bewahren dich vor der Frau des Nächsten,
vor der glatten Zunge der Fremden.
[25] Begehre nicht in deinem Herzen ihre Schönheit,
laß dich nicht fangen durch ihre Wimpern!
[26] Einer Dirne zahlt man bis zu einem Laib Brot,
die Frau eines andern jagt dir das kostbare Leben ab.
[27] Trägt man denn Feuer in seinem Gewand,
ohne daß die Kleider in Brand geraten?
[28] Kann man über glühende Kohlen schreiten,
ohne sich die Füße zu verbrennen?
11[21]16[5]17[5]19[5.9]28[20] [29] So ist es mit dem, der zur Frau seines Nächsten geht.
Keiner bleibt ungestraft, der sie berührt.

6[23] Mahnung und Zucht, wörtlich: »Zurechtweisungen der Zucht«.
6[24] Frau des Nächsten, M: »Frau von Bosheit/Schlechtigkeit« ist in Ordnung.
6[26] Übersetzungsvorschlag: »Denn der Preis einer Hure (ist) ein Laib Brot, / die verheiratete Frau (Frau eines Mannes) jagt einen Mann von Einfluß/Gewicht«; zur Begründung vgl. *Fuhs*, 125f.

(2[10f]3[21–25]4[6]8[14]). Im Horizont der Weisheit JHWHs rücken elterliche Unterweisung und dtn Tora-Belehrung ganz nahe. [23a] verdeutlicht dies mit Anspielung auf Ps 119[105]. [23b] verbindet die Begründung [22.23a] mit der das Spr-Buch durchziehenden Wegmetaphorik. Die eigentümliche Wendung »Zurechtweisungen der Zucht« verweist auf das Alltagsgeschäft elterlicher Erziehung, auf zurechtweisende Lebensleitung, die den Weg zum Leben weist (2[20]3[6.17]4[12] u.ö.).

[25–26] Es folgt eine zweifache Warnung mit Begründung, wobei die Perspektive jeweils zwischen Mann und Frau wechselt. Dem Mann gilt die Aufforderung zum »Nicht-Begehren« in Anspielung auf das 10. Dekaloggebot in der Fassung von Dtn 5[21]. Gleiches gilt für die Frau, die seit jeher weiß, ihre Waffen einzusetzen, um den Mann ihres Begehrens »einzufangen«, vgl. Sir 26[9f]. [26] Folgt man dem Übersetzungsvorschlag, ergibt der schwierige Vers: Der Hure [26a] steht die verheiratete Frau [26b] gegenüber, die mit der in [24f] charakterisierten identisch ist. Eine Hure ist für einen Hungerlohn zu haben. Worauf aber eine verheiratete Frau aus ist, wenn sie aus ihrer Ehe aussteigen will, was sie nach damaligen Verhältnissen nicht kann, ist ein Mann von Einfluß und Gewicht, der das gegen den Ehemann durchzusetzen in der Lage ist, vgl. 2 Sam 11[1–27]. Ob der Dichter auf diesen – etwas anders gelagerten – Fall anspielt? Der Preis dafür ist jedenfalls zu hoch, wie zwei strukturell gleichgestaltete Vergleiche [27–29.30–32] zeigen.

[27–29] Die in sich evidenten Vergleichsbilder wendet [29] schlußfolgernd auf den »Ehebrecher« an, der hier noch umschrieben, in [32] so genannt wird. Die Deklaration »nicht ohne Strafe bleiben« ist angesichts der eindeutigen Rechtsbestimmungen für Ehebruch seltsam vage. Vielleicht waren sie im Israel der Spätzeit nicht mehr justiziabel.

30 Verachtet man nicht den Dieb,
auch wenn er nur stiehlt,
um sein Verlangen zu stillen, weil er Hunger hat?
31 Wird er ertappt, so muß er siebenfach zahlen,
den ganzen Besitz seines Hauses geben.
32 Wer Ehebruch treibt, ist ohne Verstand,
nur wer sich selbst vernichten will,
läßt sich darauf ein.
33 Schläge und Schande bringt es ihm ein,
unaustilgbar ist seine Schmach.
34 Denn Eifersucht bringt den Ehemann in Wut,
er kennt keine Schonung am Tag der Rache.
35 Kein Sühnegeld nimmt er an;
magst du auch Geschenke häufen, er willigt nicht ein.

10. Instruktion: Abfall von JHWH: 7[1–27]

7¹ Mein Sohn, achte auf meine Worte,
meine Gebote verwahre bei dir!

6[33] Schläge, wörtlich: »Schlag der Schande«, d.h. schändlicher Schlag.

[30–32] Der zweite Vergleich ist schwierig; er besagt wohl auf der Sachebene: Nicht einmal Diebstahl aus Hunger ist hinnehmbar. Wird der Dieb gefaßt, trifft ihn die volle Härte des Gesetzes. [31] wechselt über zur Vergleichsebene, vom Dieb zum Ehebrecher; »ertappen« wie Dtn 22[22]. Auch die genannten Strafen haben mit Diebstahl nichts mehr zu tun, vgl. Ex 21[27]–22[8]. Um seine »Gier« (dasselbe Wort wie für »Hunger«[30]) zu stillen, ist er in das Haus seines Nächsten eingebrochen. Selbst wenn die Tat unentdeckt bleibt, ist sie ein schweres Vergehen am Nächsten und an der Gemeinschaft, das seine Unheilsfolgen in sich trägt und den Täter früher – im Fall des Ertapptwerdens – oder später in den Ruin treibt. [32] qualifiziert solches Tun typisch weisheitlich als verstandlos (7[3]10[13]11[12] u.ö.) und lebenszerstörend (15[32]20[2]29[24] u.ö.).
[33–35] Die Konklusion veranschaulicht und bekräftigt die Bewertung des Fehlverhaltens. Dazu bezieht sie Reaktion und Verhalten des Ehemanns mit ein. Das läßt das ganze Ausmaß des angerichteten Schadens erkennen. [33] Den Ehebrecher trifft »schändlicher Schlag«. An öffentliche Bestrafung oder ein förmliches Gerichtsverfahren ist kaum gedacht. Vielmehr hat der Ehebrecher durch sein rücksichtsloses Einbrechen in die Intimsphäre des anderen jede Glaubwürdigkeit und Reputation verloren. [34–35] Der betrogene Ehemann fühlt sich in seiner Ehre zutiefst verletzt, wie die geschilderten Reaktionen zeigen. Sie dürften Ausdruck einer hilflosen Wut sein, insofern er in einem Abhängigkeitsverhältnis steht oder aus Geschäftsgründen gute Miene zum bösen Spiel machen muß. Tragödien sind freilich nicht auszuschließen.
7[1–27] Der Text erweist sich trotz mancher sprachlicher und inhaltlicher Probleme bei sorgfältiger Beobachtung der syntaktischen Strukturen, von Glossen in [22c.23a.26] abgesehen, als kunstvolle Komposition mit

2 Achte auf meine Gebote, damit du am Leben bleibst,
hüte meine Lehre wie deinen Augapfel!
3 Binde sie dir an die Finger,
schreib sie auf die Tafel deines Herzens!
4 Sag zur Weisheit: Du bist meine Schwester!,
und nenne die Klugheit deine Freundin!
5 Sie bewahrt dich vor der Frau eines andern,
vor der Fremden, die verführerisch redet.
6 Vom Fenster meines Hauses,
durch das Gitter, habe ich ausgeschaut;

7[4] Freundin, wörtlich: »Verwandte«, vgl. Rut 2[1]3[2].
7[5] Infinitivischer Anschluß wie 2[12.16]6[24]: »um dich zu bewahren«.

konzentrischer Struktur, vgl. *Fuhs*, 131. Eingangs- [1–4] und Schlußteil [24–27] entsprechen einander formal und inhaltlich. Das Mittelstück [5–23] gliedert sich in einen Erfahrungsbericht [6–13] und [21–23], der die Rede der fremden Frau im Zentrum [14–20] umrahmt. Gleichwohl schimmert die Grundform der Instsruktion mit Eröffnung [1–4], Lektion [5–23] und Konklusion [24–27] noch deutlich durch.

[1–4] Der Anrede »mein Sohn« folgen drei Imperative mit einer vierfachen Beherzigungsaufforderung [1–2]. Daran schließt an in metaphorischer Rede eine doppelte Aufforderung zur permanenten Vergegenwärtigung des Gehörten [3]. Die sechs Aufforderungen münden in die Mahnung zu einem vertrauten Umgang mit Weisheit und Einsicht [4]. Der Abschnitt ist im synonymen Parallelismus gestaltet. [1] und [4] bilden einen Chiasmus.

[1–2] Elterliche Erziehung als ganzheitlicher Vollzug – »meine Worte (2[1]4[4.10.20]) – meine Gebote (2[1]3[1]4[4]) – meine Gebote – meine Tora (3[1], vgl. 1[8]4[1]6[20])« – dient dem Leben und bedeutet Leben (3[2]4[4.13.22f]6[27]). Sie ist daher eine große Kostbarkeit, die man wie seinen »Augapfel« hütet. Sie ist wie das Licht, das durch das Auge das Innere des Menschen erleuchtet (vgl. 6[23] Mt 6[22]).

[3–4] Denken und Handeln, Hände und Herz, Außen und Innen, den ganzen Menschen soll sie prägen und bestimmen; zu den Metaphern vgl. 3[3]6[21]. Erst in der persönlichen Aneignung und Umsetzung wird elterliche Weisung zur Lebensweisung für mich und vereinigt sich mit der Wegweisung JHWHs und seiner Weisheit. [4] Zu ihr vertraute Nähe zu suchen ist daher logische Konsequenz und Zielforderung von [1–3]. Die Metaphern »Schwester/Verwandte« weisen weder auf Ehe noch auf einen *hieros gamos*, sondern auf Familie hin. Die Aufforderung geht dahin, ein vollwertiges Mitglied der Familie/Sippe der Weisheit zu werden. Eine Beschränkung nach Herkunft oder Geschlecht ist nicht gegeben.

[5–23] Der Lektionsteil besteht aus einem Erfahrungsbericht, der ein ausführliches Redezitat umrahmt. Imperative, Begründungen, Zweckangaben fehlen. Was der Dichter gesehen und gehört hat, spricht für sich.

[5] Die Infinitivkonstruktion fungiert als eine Art Überschrift: Bewahren vor der fremden Frau, die der personhaften Weisheit [4] mit ihren werbenden Worten entgegentritt.

[6–13] Wer spricht, bleibt seltsam in der Schwebe: der Dichter, die Weisheit?

[6] Die beiden Ausdrücke für »Fenster« bezeichnen ein mit Balustraden

7 da sah ich bei den Unerfahrenen,
da bemerkte ich bei den Burschen
einen jungen Mann ohne Verstand:
8 Er ging über die Straße, bog um die Ecke
und nahm den Weg zu ihrem Haus;
9 als der Tag sich neigte, in der Abenddämmerung,
um die Zeit, da es dunkel wird und die Nacht kommt.
10 Da! Eine Frau kommt auf ihn zu,
im Kleid der Dirnen, mit listiger Absicht;
11 voll Leidenschaft ist sie und unbändig,
ihre Füße blieben nicht mehr im Haus;
12 bald auf den Gassen, bald auf den Plätzen,
an allen Straßenecken lauert sie.
13 Nun packt sie ihn, küßt ihn,
sagt zu ihm mit keckem Gesicht:

7[7] Bei den Burschen, wörtlich: »unter den Söhnen.«
7[9b] EÜ verbessert nach 20[20b] (*Qere*), M: »Im Auge der Nacht ...«
7[10b] Mit listiger Absicht, wörtlich: »Mit beobachtendem Herzen«.
7[13] Mit keckem Gesicht, wörtlich: »Sie macht stark ihr Gesicht«, vgl. 21[29a].

versehenes Gitterfenster, vermutlich ein Haremsfenster, durch das die nicht genannte Frau schaut – eine Anspielung auf das beliebte Motiv »Frau im Fenster«, das im AT in kontextgemäßen Situationen mit königlichen Frauen verbunden ist: Siseras Mutter (Ri 5[28]), Michal (2 Sam 6[16]), Isebel (2 Kön 9[30]). Auf phoenizischen Elfenbein-Plättchen ist die sich aus dem Fenster lehnende Liebesgötting *Aphrodite* (G: *parakyptusa*) bzw. *Astarte* des zyprisch-phoenizisch-kanaanäischen Fruchtbarkeitskultes dargestellt. Ihr babylonisches Gegenstück ist *Ischtar* bzw. *Kililu*. Im Vorgriff auf 8 und 9[1–6] dürfte hier ein erstes Portrait der Weisheitsgestalt gegeben sein: eine königliche Frau, die an die Stelle der großen Liebesgöttin tritt und die Menschen ruft (1[20]8[4]9[4]), sich ihr anzuschließen. Die »fremde Frau«[5] ist dann eine Jüngerin der Astarte, die um Verehrer für ihre Göttin wirbt. Nach dieser Klärung nimmt das Geschehen seinen Lauf.

[7–9] Aus dem Kreis derer, die der Ruf der Weisheit noch erreicht (9[4]) und daher »Söhne« (vgl. 4[1]7[24]8[32]) genannt werden, schert einer, als »verstandlos« bezeichnet, aus und geht zielstrebig zum Haus der Fremden. »Im Auge der Nacht« mag ein Hinweis auf die Zeit des Neumonds sein. Das parallel zu »Nacht« gebrauchte Wort für »Finsternis« erinnert eher an die Düsternis (4[19]), die über dem Weg der Frevler waltet.

[10–13] Aufmerksamkeitsruf »siehe da!« und aktualisierende Erzählgegenwart beziehen den Hörer/Leser in das Geschehen ein. Die Fremde betritt die Szene. Die Wege beider führen zueinander. Die Frau übernimmt sogleich die Initiative. An diesem Punkt retardiert eine Charakterskizze der Frau nach ihrem Erscheinungsbild das vorwärtsdrängende Geschehen. Auf eine Hure (EÜ) weist nichts hin. Die Wendung »sie macht stark ihr Gesicht«[13b] läßt im Vorweis auf [22f.27] das Moment des Bedrohlichen und Unentrinnbaren anklingen.

14 Ich war zu Heilsopfern verpflichtet,
und heute erfüllte ich meine Gelübde.
15 Darum bin ich ausgegangen, dir entgegen,
ich habe dich gesucht und gefunden.
16 Ich habe Decken über mein Bett gebreitet,
bunte Tücher aus ägyptischem Leinen;
17 ich habe mein Lager besprengt
mit Myrrhe, Aloe und Zimt.
18 Komm, wir wollen bis zum Morgen in Liebe schwelgen,
wir wollen die Liebeslust kosten.
19 Denn mein Mann ist nicht zu Hause,
er ist auf Reisen, weit fort.

7^{14} Eher: »Heute erfülle ich« statt: erfüllte ich (EÜ).
7^{19} Mein Mann, M: »der Mann«.

14–20 Mitte und Höhepunkt der Instruktion ist die Rede der Frau, die in einem fingierten Zitat zu Wort kommt. Nach 5 ($2^{16}5^{3f}$) macht ihr Sprechen ihre Gefährlichkeit aus. Um so mehr, als es in der Öffentlichkeit geschieht und nach 12 dort, wo auch die Weisheit auftritt ($1^{20f}8^{1-3}$). Wie bei Sektenpredigern zeigt sich in der Doppelbödigkeit der Rede die Raffinesse der Argumentation.

14–15 Die Einladung zu einem Gemeinschaftsmahl ist unverfänglich. Im Anschluß an ein »Heilsopfer« ist es verpflichtender religiöser Brauch in Israel. Ist man alleine, lädt man Leute von der Straße ein. 15 Die persönliche Anrede weckt Neugier und stachelt die Eitelkeit an: »Du« genau bist der Richtige. »Suchen« – »Finden« gelten sonst der Weisheit (z.B. $1^{18}2^{4}3^{1}8^{35}$) bzw. JHWH (z.B. 3^{6}).

16–17 Die Angaben zum Ruhelager in 16 können noch in Verbindung mit der Opfermahlzeit gesehen werden: Die Sitz- bzw. Liegeunterlagen sind hergerichtet. Das Wort »buntgestreift« nur hier, ebenso das Wort für »Leinen«, das ägyptisches Lehnwort sein dürfte. 17 geht einen Schritt weiter. Das Gelage wandelt sich zum Liebeslager (vgl. 22^{27}). Betten als Möbel, die Gestelle reich verziert, mit Flechtwerk aus Leinenbändern versehen als Unterlage für Decken und Kissen, kannten nur die Reichen. Der Hinweis auf kostbare, exotische Duftstoffe verstärkt die Atmosphäre von Luxus und Liebesgenuß (vgl. Hld $1^{13}3^{6}4^{6.14}$ Ps 45^{9} Est 2^{12}).

18 Erst jetzt läßt die Rede das eigentliche Anliegen erkennen, ohne es direkt anzusprechen. Das Mahl ist nur Vorspiel. Die Vorbereitungen 16f und Aufforderungen 18 gelten dem Gelöbnis, bei dessen Erfüllung der junge Mann entschieden mitwirken soll. Die Fremde ist offenbar eine Verehrerin der Liebesgöttin, die zur kultischen Hochzeit einlädt. Es geht nicht um »religiöse Tarnung menschlicher Begierden« (*Plöger*), es geht um Abfall von JHWH.

19–20 Nach dem kurzen Aufblitzen der wahren Absicht verfällt die Rede sofort wieder ihrer Verschleierungs- und Beschwichtigungstaktik. Sie verläßt ihre Du-Ich Fixierung und bringt einen Dritten ins Spiel, ganz unpersönlich: »der Mann«, nicht »mein Mann« (EÜ). Etwas unbeschwerter Liebesge-

20 Den Geldbeutel hat er mitgenommen,
erst am Vollmondstag kehrt er heim.
21 So macht sie ihn willig mit viel Überredung,
mit schmeichelnden Lippen verführt sie ihn.
22 Betört folgt er ihr,
wie ein Ochse, den man zum Schlachten führt,
wie ein Hirsch, den das Fangseil umschlingt,
23 bis ein Pfeil ihm die Leber zerreißt;
wie ein Vogel, der in das Netz fliegt
und nicht merkt, daß es um sein Leben geht.
24 Darum, ihr Söhne, hört auf mich,
achtet auf meine Reden!
25 Dein Herz schweife nicht ab auf ihre Wege,
verirre dich nicht auf ihre Pfade!

7^{21} Mit viel Überredung, wörtlich: »durch die Kraft ihrer Lehre«.
7^{22f} Der Text ist gestört, ^{22c} »wie ein Fußring zur Züchtigung eines Narren« und ^{23a} »bis ein Pfeil seine Leber spaltet« sind selbständige Glossen.
7^{22} Betört, M: »plötzlich« ist zu belassen. – Führt, M: »geht«.

nuß außerhalb ehelicher Konventionen – das sei's. Und diese seien für sie als Ausländerin nicht bindend und für einen jungen, aufgeschlossenen Mann schon gar nicht.
$^{21-23}$ Der Dichter nimmt wieder das Wort. Er rückt das Verhalten des jungen Mannes in den Blick, der Orientierung und Lebensleitung in der »Lehre« der Fremden sucht. Nicht ohne Ironie benutzt er dasselbe Wort, das für elterliche Unterweisung und Tora-Belehrung steht (z.B. $4^{2}16^{21}$ und Dtn 32^{2} Ijob 11^{4}). Für den jungen Mann ist diese Lehre fade und abgestanden. Die fremde Lehre dagegen erscheint attraktiv und eröffnet neue Perspektiven. Dies illustrieren zwei sarkastische Bilder $^{22b.23b}$ – ein Ochse, der selbst zur Schlachtung *geht*, nicht: den man führt (EÜ); ein Vogel, der offenen Auges ins Netz fliegt – nicht ohne die persönliche Entscheidung des jungen Mannes herauszustellen^{22a}: »Kurz entschlossen«, nicht: betört (EÜ), betritt er den Weg, der in den Abgrund führt. ^{23c} ohne Bild: Er merkt nicht, daß es um sein Leben geht. Darin den Frevlern gleich ($1^{32}4^{19}$ u.ö.) teilt er deren Geschick.
$^{24-27}$ Die Höraufforderung ^{24a} nimmt 8^{32a} wörtlich vorweg. Dort ergeht sie durch die personhafte Weisheit. Zugleich weist ^{24a} über 5^{7} nach 4^{1} zurück und bindet die 10. Instruktion ein in den breiten Strom lebendiger Traditionsvermittlung. ^{25} Der Wechsel zum Singular (wie $5^{8}8^{34f}$ u.ö.) betont: Das Wort ergeht an alle. Jeder einzelne muß es für sich annehmen; hier die Warnung vor den Wegen/Pfaden der Fremden (vgl. 4^{15}). Zu Herz vgl. 4^{23}; »taumeln, umherirren« wie $4^{22}21^{16}$. ^{27} begründet die Warnung. Zur Wegmetapher treten Bilder aus der altkanaanäischen Mythologie ($2^{18}5^{5}9^{18}$). Vom Haus der Fremden, vom Ort der Verehrung von Vitalität und Fertilität in Gestalt der Liebesgöttin, führt kein Weg zum Leben ($3^{16-18}4^{10}9^{11}10^{17}$ u.ö.), vielmehr öffnet sich hier das Tor zum Reich des Unterweltgottes *Mōt*. Zugleich wird das ambivalente Wesen der Liebesgöttin in Gestalt der *Ischtar* (vgl. ^{6}) deutlich, die schöpferische und

26 Denn zahlreich sind die Erschlagenen,
die sie gefällt hat; viele sind es, die sie ermordet hat;
27 ihr Haus ist ein Weg zur Unterwelt,
er führt zu den Kammern des Todes.

Das zweite Lied der Weisheitsgestalt: 8^{1-36}

8^{1} Ruft nicht die Weisheit,
erhebt nicht die Klugheit ihre Stimme?
2 Bei der Stadtburg, auf den Straßen,
an der Kreuzung der Wege steht sie;
3 neben den Toren, wo die Stadt beginnt,
am Zugang zu den Häusern ruft sie laut:
4 Euch, ihr Leute, lade ich ein,
meine Stimme ergeht an alle Menschen:
5 Ihr Unerfahrenen, werdet klug,
ihr Törichten, nehmt Vernunft an!

7^{26} unterbricht die Wegmetaphorik und ist ausmalende Glosse.
8^{2} Wörtlich: »Auf der Spitze/dem Gipfel der Höhen, über dem Weg, am Haus der Steige ...«
8^{3} Am Zugang zu den Häusern, wörtlich: »Am Eingang der Pforten«.
8^{5} Werdet klug, nehmt Vernunft an, wörtlich: »habt Einsicht in die Klugheit«, »habt Einsicht in Verstand«.

zerstörerische Kräfte in sich birgt und aus sich heraus entläßt. Wer ihr angehört, spielt mit dem Tod.
^{26} Ein Glossator exponiert die zerstörerischen Kräfte der Liebesgöttin und malt ihre Auswirkungen mit Anspielung auf die sumerische Liebes- und Kriegsgöttin *Inanna* martialisch aus.
8^{1-36} Nach 1^{20-33} stimmt die Weisheitsgestalt zum zweiten Mal einen gellenden Sprechgesang an. Das Lied ist phonetisch, syntaktisch und stilistisch durchkomponiert, vgl. *Fuhs*, 141f. Es hat sieben Strophen zu je fünf Versen ($^{1-5.6-10.12-16.17-21.22-26.27-31.32-36}$), wobei die ersten sechs Strophen drei Paare bilden; die siebte fungiert als Konklusion. Schon formal ein Hinweis auf eine umfassende und letztgültige Aussage.
$^{1-5}$ Die erste Strophe eröffnet in der typischen Rede-in-Rede-Form ($1^{8ff}4^{1ff}$ u.ö.) mit dem Aufmerksamkeitsruf eines Ungenannten $^{1-3}$ und dem Einladungsruf der Weisheit $^{4-5}$.
$^{1-3}$ Im Getriebe des Alltags weist jemand auf die Weisheitsgestalt hin. Ihr Standort wird in vier Halbversen mit sechs Ortsangaben umschrieben und bleibt doch seltsam unbestimmt. Deutlich wird: Die Weisheit sucht die Menschen in ihrem Alltag auf. Wo die Wege sich kreuzen, das Leben pulsiert, ist ihr Platz. »Kreuzung der Wege« auch metaphorisch: Am Kreuzungspunkt der Lebenswege ruft die Weisheit in die Entscheidung, vgl. $^{32-36}$. »Gipfel der Höhen« – die Wortverbindung nur hier – vielleicht analog 1^{21} ein Ort auf der Stadtmauer, metaphorisch vielleicht eine verdeckte Anspielung auf die Höhen des Sinai/Horeb: Von dort erging einst die Weisung JHWHs. Von ähnlichen Höhen ergeht das Wort der Weisheit, d.h. in der Vollmacht JHWHs.
$^{4-5}$ In direkter Anrede lädt die Weis-

6 Hört her! Aufrichtig rede ich.
Redlich ist, was meine Lippen reden.
7 Die Wahrheit spricht meine Zunge,
Unrechtes ist meinen Lippen ein Greuel.
8 Alle meine Worte sind recht,
keines von ihnen ist hinterhältig und falsch.
9 Für den Verständigen sind sie alle klar
und richtig für den, der Erkenntnis fand.
10 Nehmt lieber Bildung an als Silber,
lieber Verständnis als erlesenes Gold!

$3^{32}11^{1.20}12^{22}15^{8.9.26}$
$16^{5}17^{15}20^{10.23}$
Dtn $7^{25}12^{31}17^{1}18^{12}$
$22^{5}23^{19}25^{16}27^{15}$

8^{6} Aufrichtig, eher Abstraktplural von *nāgîd*: »Edles, Erhabenes«.
8^{10a} Wörtlich: »Nehmt meinen *mūsār* an und nicht Silber.«

heit alle Menschen ein, die aufgeschlossen sind für ihr Wort – »Unerfahrene« ($1^{4}7^{7}$ u.ö.) bzw. deren Selbstklugheit noch hinterfragbar erscheint – »Törichte« ($1^{22}9^{4}$ u.ö.). Sie werden ermutigt, mit Klugheit (vgl. 1^{4}) und Verstand (»Herz«, vgl. $2^{10}3^{1}$ u.ö.) ihre Worte in sich aufzunehmen und im Alltag zu verwirklichen.
Was in der ersten Strophe anklingt, entfalten die folgenden Schritt für Schritt: die Unvergleichlichkeit ihrer Worte $^{6-10}$; ihre Wirkmächtigkeit in der Geschichte $^{12-16}$ und $^{17-21}$; ihre JHWH-Unmittelbarkeit von den Anfängen her $^{22-26}$ und $^{27-31}$.
$^{6-10}$ Mit knappem, gebieterischem »Hört her!« lenkt die Weisheit alle Aufmerksamkeit auf sich. Das Wort ihrer Weisung ist im Unterschied zu konkurrierenden Entwürfen und Weltanschauungen vollkommen. Diese Ganzheit umschreiben 2 x 4 Begriffe in 4 Versen, die im synonymen $^{6.9}$ und antithetischen Parallelismus $^{7.8}$ gefaßt sind.
$^{6.9}$ exponieren den Aspekt »Geradheit, Richtigkeit.« $^{6b.9b}$ verwenden dafür zwei Ausdrücke, die in dieser Zuordnung sonst nur JHWH (Dtn 32^{4} Ps 25^{8}) bzw. sein Wort (Ps $19^{9}33^{4}$ Neh 9^{13} u.a.) bezeichnen. Das Wort der Weisheit tritt neben das Wort JHWHs in gleicher Autorität. ^{9a} benutzt ein Wort, das »Ausgerichtet- bzw. Rechtsein« bedeutet. Das Wort der Weisheit erweist sich als richtig und recht. ^{6a} Der Abstraktplural »Edles, Erhabenes« (von »Edler, Fürst«) läßt einen Führungsanspruch der Weisheit anklingen.
$^{7.8}$ Die erste Antithese bilden »Zuverlässigkeit/Wahrheit« und »Frevel« als Inbegriff allen gott- und menschenwidrigen Verhaltens. Mit der affektbetonten Qualifikation »Greuel meiner Lippen« (pars pro toto) grenzt sich die Weisheit – in Anlehnung an die Greuel-Formel (vgl. zu 3^{32}) – kategorisch von allem ihr Wesensfremden ab. Denn was sie unablässig nachsinnend verkündet (*hāgāh*, vgl. Ps $1^{2}35^{28}$; EÜ: »spricht«), ermöglicht Zuverlässigkeit und Treue in einer menschenwürdigen Gesellschaft. ^{8} betont diesen Zusammenhang, indem »Gerechtigkeit« als eine der Voraussetzungen (1^{3}) benannt und das Gegenteil ausgeschlossen wird; zu »verkehrt, krumm« und »verdreht, verdorben« in bezug auf Israel vgl. Dtn 32^{5}.
^{10} Daher die Aufforderung, die rechte Wahl zu treffen und in die Lebensschule der Weisheit zu gehen. Zu den Vergleichsgrößen Silber und Gold vgl. $3^{14}8^{19}16^{16}$. Wer dazu bereit ist, dem erschließt sich die Weisheit in ihrer vollen Wirklichkeit.

11 Ja, Weisheit übertrifft die Perlen an Wert,
keine kostbaren Steine kommen ihr gleich.
12 Ich, die Weisheit, verweile bei der Klugheit,
ich entdecke Erkenntnis und guten Rat.
13 Gottesfurcht verlangt, Böses zu hassen.
Hochmut und Hoffart, schlechte Taten
und einen verlogenen Mund hasse ich.
14 Bei mir ist Rat und Hilfe;
ich bin die Einsicht, bei mir ist Macht.

8^{11} Wörtlich: »Denn besser ist Weisheit als Korallen ...« Der gut weisheitliche Satz ist eine zutreffende, erbauliche Glosse, vgl. *Fuhs*, 143.

8^{12b} Wörtlich: »Und Erkenntnis der Überlegungen finde ich« bzw. »wird an mir gefunden«.

8^{13a} Wörtlich: »JHWH-Furcht (ist) Hassen des Bösen« – theologisch motivierte Glosse, die zutreffend JHWH-Furcht und Weisheit identifiziert ($1^{7}9^{10f}$ u.ö., vgl. Ijob 28^{28} u.ö.), den Gedankengang des Gedichtes aber unterbricht.

^{11} Der sekundäre Besser-als-Spruch verstärkt das Gesagte durch Hinzufügung weiterer Kostbarkeiten: Korallen ($3^{15}20^{15}31^{10}$ Ijob 28^{15}), kostbare Steine (3^{15}, vgl. Jes 54^{12}).

$^{12-16}$ Betont vorangestelltes »Ich« verbindet die dritte und vierte Strophe.

^{12} »Ich, die Weisheit, ...« oder »Ich (bin) die Weisheit« spielt an auf die Selbstvorstellungs- bzw. Präsentationsformel JHWHs an (vgl. *Fuhs*, 142f), und zwar in der besonderen Verwendung bei DeutJes. Sie exponiert die Einzigkeit JHWHs in polemischer Abgrenzung zur Götterwelt (Jes $42^{8}45^{5}$ u.ö.) sowie sein souveränes Handeln in Schöpfung und Geschichte (Jes 44^{24-28} 48^{12-15} u.a.). Denselben Anspruch erhebt die Weisheit. Sie verfügt über »Klugheit« und »Erkenntnis der Pläne« (vgl. 1^{4}), d.h. über Kenntnis aller Lebensprobleme und über das Wissen, sie zu lösen; »Erkenntnis« als Fähigkeit und Gabe JHWHs ($2^{6}3^{20}$); »Pläne« in Bezug auf JHWH (Jes $23^{20}30^{24}$ Ijob 42^{2}).

^{13a} Die theologisch zutreffende Glosse zerreißt den Zusammenhang, indem sie JHWH-Furcht und menschliche (!) Weisheit gleichsetzt ($1^{7}2^{5}3^{7}9^{10}$) und damit das Thema »Weichen vom Bösen« verbindet (Ijob 28^{28}).

^{13bc} Der dreifachen Identifizierung ^{12} steht eine vierfache Distanzierung gegenüber. Die negativen Aspekte von »Klugheit« und »Pläne« werden klar herausgestellt und abgewiesen. Auch darin ist die Weisheit JHWH ähnlich. »Hassen« ist Folie für zweimaliges »lieben«$^{17.21}$.

^{14} setzt den vier Abgrenzungen vier positive Begabungen entgegen – Rat (Jes $9^{5}11^{2}$), Gelingen (Jes 28^{29} Ijob 12^{16}), Einsicht (Dtn 4^{6} Jes 11^{2}) und Macht (Jes 11^{2} Ps 20^{7} u.ö.) – und ergänzt die Dreierreihe ^{12} zu einer Siebenerreihe, ein Hinweis auf Jes 11^{2}. Allerdings: Dem künftigen Davidsproß werden die Charismen durch den Geist JHWHs verliehen. Die Weisheitsgestalt verkörpert sie in persona und verfügt zudem über eine eigene Geisteskraft (1^{23}). Vielleicht ist in der Weisheitsgestalt von Spr die ältere Vorstellung vom Geist JHWHs aufgegangen. Jedenfalls machen ihre Begabungen sie zu einer idealen Mittlergestalt zwischen JHWH und den Menschen.

15 Durch mich regieren die Könige
und entscheiden die Machthaber, wie es Recht ist;
16 durch mich versehen die Herrscher ihr Amt,
die Vornehmen und alle Verwalter des Rechts.
17 Ich liebe alle, die mich lieben, Hos 11[1]14[5] Jer 31[3]
und wer mich sucht, der wird mich finden. Mal 1[2] Dtn 4[37]7[7f.13]
18 Reichtum und Ehre sind bei mir, 10[15]23[6] Dtn 6[5]10[12]
angesehener Besitz und Glück; Jos 22[5]23[11] 1 Kön 3[3]
19 meine Frucht ist besser als Gold und Feingold,
mein Nutzen übertrifft wertvolles Silber.
20 Ich gehe auf dem Weg der Gerechtigkeit,
mitten auf den Pfaden des Rechtes,

8[15a] »Durch mich sind Könige König« und [16a]: »Durch mich sind Mächtige mächtig« – gute Nachahnung der Paronomasien durch *Baumann*, 1995.
8[17a] Ich liebe alle, die mich lieben, EÜ mit dem *Qere*; das *Ketib*: »Ich liebe, die sie Liebenden« hat eine formelhafte Wendung bewahrt.
8[18b] Wörtlich: »altehrwürdiger Besitz und Gerechtigkeit«.

[15.16] veranschaulichen die Durchsetzungskraft der Weisheitsgestalt. [16b] summiert: Die Weisheit allein (Anapher »durch mich«) legitimiert die Herrschaft der Herrschenden und befähigt sie zu erfolgreichem Regiment, das in der Aufrichtung und Durchsetzung von Recht und Gerechtigkeit zum Wohle aller besteht (Epiphora »Gerechtigkeit«). Das erinnert die Anfänge von Herrschaft in Israel, als JHWH seinen Königen Weisheit verlieh zu rechtem Regiment (1 Kön 3[9.12.38]), das er jenseits aller Unrechtssysteme in Gestalt des kommenden Davidssprosses wieder heraufführen wird (Jes 11[1.5]).
[17–21] Die vierte Strophe weitet die Perspektive aus. Die Herrschenden sind nur Paradigma. Die Weisheit ist für alle da, die in ihre Gefolgschaft treten.
[17] Die Verwendung von Topoi der Liebesmetaphorik analog dtn/dtr Bundestheologie rücken die Weisheit ganz nahe an JHWH heran. Suchen und Finden JHWHs und der Weisheit entsprechen sich (1[28f]2[4f]3[18f] u.ö.). Die poetische Wendung »ich liebe, die sie (die Weisheit) Liebenden« wahrt gleichwohl Distanz. Die reziproke Formel ist in bezug auf JHWH nicht belegt. Sie begegnet in Ägypten seit der 18. Dynastie auf sog. Herzskarabäen: »Isis liebt (den), der sie liebt« u.ä. von Amun-Re, Osiris oder Ptah.
[18] Was JHWH einst seinen ihm wohlgefälligen Königen verliehen hat (z.B. 1 Kön 3[13] 1 Chr 29[28]), hält die Weisheit für jeden Weisheitssuchenden bereit. [18b] »altehrwürdig« (EÜ: angesehen), nur hier belegt, weist über ein rein erdhaftes Verständnis hinaus: »Was im Leben als Frucht der Gerechtigkeit Bestand hat«, vgl. »wertvoller Reichtum« (3[16]), »Schätze im Himmel« (Mt 6[19f], vgl. 6[33]).
[19] Zwei Besser-als-Sprüche verstärken diesen Aspekt. Liebe zur Weisheit übertrifft alle Kostbarkeiten, vgl. [10]. »Frucht« assoziiert »Lebensbaum« (3[18]), vgl. Gen 2[9] und 3[18].
[20] verbindet die Wegmetaphorik mit dem Wortpaar »Gerechtigkeit/Recht«. Damit treten in Parallele: auf dem Weg von Recht (2[8]17[23]) bzw. Gerechtigkeit (12[28]16[31]) wandeln

21 um denen, die mich lieben,
Gaben zu verleihen und ihre Scheunen zu füllen.
22 Der Herr hat mich geschaffen im Anfang seiner Wege,
vor seinen Werken in der Urzeit;
23 in frühester Zeit wurde ich gebildet,
am Anfang, beim Ursprung der Erde.
24 Als die Urmeere noch nicht waren,
wurde ich geboren,
als es die Quellen noch nicht gab, die wasserreichen.
25 Ehe die Berge eingesenkt wurden,
vor den Hügeln wurde ich geboren.

8^{22} Im Anfang seiner Wege, eher: »Als Erstling seines Weges«.

(vgl. Jes 40^{14}), auf dem Weg der Weisheit wandeln ($3^{17}4^{11}8^{36}$) und auf dem Weg/den Wegen JHWHs wandeln (Dtn $5^{10}8^{10}$ Ri 2^{22} u.ö.). Zugleich gilt: Wer immer der Weisheit auf diesem Weg folgt, ist ihr Jünger.

^{21} Ziel dieser als wechselseitige Liebesbeziehung charakterisierten Weggemeinschaft ist die wahre Bereicherung des Menschen. »Das (bei mir) Vorhandene zu vererben«^{21a} spielt an auf Aussagen, die von JHWHs Landgabe bzw. von seiner künftigen Gabe an Israel sprechen (z.B. Jer 49^8 Jes 51^8).

$^{22-26.27-31}$ Die fünfte und sechste Strophe reflektieren die im Erfahrungsraum der Geschichte wahrgenommenen Annäherungen der Weisheitsgestalt an JHWH von ihren Anfängen her. Allein diesem Ziel dient die kosmologische Skizze, die in Anlehnung an bekannte Schöpfungsdarstellungen versucht, Neues zur Sprache zu bringen.

$^{22-26}$ Die fünfte Strophe besingt das Herkommen der Weisheit aus dem Geheimnis JHWHs. Unter Wahrung der Einzigkeit JHWHs stellt sie die Einzigartigkeit der Weisheit heraus. Der Gottesname steht betont am Anfang. JHWH ist der Handelnde $^{22.26}$, die Weisheit tritt zurück als Subjekt, an dem sich geheimnisvoll andeutend göttliches Handeln vollzieht $^{23-25}$.

$^{22.23}$ Sprachbilder aus dem Bereich menschliche Geburt – »erzeugen/erschaffen«, »gewebt/geformt«, »kreißen/gebären« – exponieren die Personhaftigkeit der Weisheit. Ihre Erschaffung liegt der Schöpfung voraus: »Anfang seines Weges« verweist auf Gen 1^1 und modifiziert diese Aussage; »Anfang« auch »Erstling, Bestes« (vgl. Gen 49^{30} Dtn 21^{17} Ps 78^{51}). ^{23} betont den vorweltlichen Ursprung der Weisheit. »Gewebt« erinnert an das sorgsame Bereiten des Embryos im Mutterleib durch JHWH (Ijob 10^{11} Ps 139^{13}). Mit der Erschaffung der Weisheit als sein personales Gegenüber tritt JHWH ins Dasein, das sich erweist als Mitsein mit seinen Geschöpfen. Die Wegmetaphorik ist in das Schöpfungshandeln JHWHs hineingenommen und hat hier Grund und Ausgang.

$^{24-26}$ beschreiben die Welt vor der Schöpfung – »als noch nicht...« (vgl. Gen 2^5 Ps 90^2; *Enuma eliš* I, 1–9; ägyptische Totentexte). Die Negativbeschreibung skizziert ein in den alten Kulturen verbreitetes Weltmodell: Auf einer Weltachse (Berge/Hügel oder Weltenberg) sind in der Vertikalen die verschiedenen Weltebenen angeordnet und miteinander

26 Noch hatte er die Erde nicht gemacht und die Fluren
und alle Schollen des Festlands.
27 Als er den Himmel baute, war ich dabei,
als er den Erdkreis abmaß über den Wassern,
28 als er droben die Wolken befestigte
und Quellen strömen ließ aus dem Urmeer,
29 als er dem Meer seine Satzung gab
und die Wasser nicht seinen Befehl übertreten durften,
30 als er die Fundamente der Erde abmaß,
da war ich als geliebtes Kind bei ihm.
Ich war seine Freude Tag für Tag
und spielte vor ihm allezeit.

Sir 24 Weish 7[22]–8[1]
Joh 1 Kol 1[15–20]

8[26b] Alle Schollen, eher: »die frühesten/ersten Schollen«.
8[28b] Wörtlich: »als stark waren die Quellen der Urflut«.
8[30] Geliebtes Kind, andere Möglichkeiten: »Gelehrte«, »Fachfrau«, »Werkmeisterin« oder adverial »stets, beständig«, vgl. *Fuhs*, 144. – Seine Freude, wörtlich: »(ich war) Freude«.

verbunden. [26] hat vier Bezeichnungen für Erde. Erdreich/Fluren (vgl. Ijob 5[10]), vielleicht: Lebensraum der Wildtiere und Kulturland. Erdböden/Erdkreis differenzieren Erde nach ihren stofflichen Komponenten und nach ihrer räumlichen Erstreckung.
[27–31] Mit der Erschaffung des Himmels läßt die sechste Strophe die Schöpfung des Kosmos beginnen. Vom höchsten Punkt aus geht der Blick nach unten, wobei je zwei Weltebenen in polarer Entsprechung ein differenziertes Weltganzes beschreiben. Im Schnittpunkt der Perspektiven unten → oben [24–26] / oben → unten [27–29] ist die Erde, Mitte des Kosmos, Lebensraum des Menschen und Handlungsraum JHWHs und seiner Weisheit.
[27] Das erste in expliziter Gegenwart der Weisheit geschaffene Werk ist der Himmel. Er steht als Metapher für den Wohnsitz JHWHs (Dtn 26[15] 1 Kön 8[30] u.a.). Wie JHWH gehört die Weisheit der himmlischen Sphäre an. Als Erstling seines Schaffens ist sie jeder kosmischen Begrenzung transzendent. In polarer Entsprechung wird die Erde geschaffen. JHWH zieht wie mit einem Zirkel eine Kreislinie (vgl. Jes 44[13]) und umgrenzt so die Erde als Lebensraum.
[28] beschreibt in der Oben-unten-Perspektive die Sicherung des Lebensraumes Erde durch eine dauerhaft geregelte Wasserversorgung. JHWH schafft den geschlossenen Kreislauf von Regen und Grundwasser (vgl. Gen 2[5b.6]). [28b] läßt das Chaoskampfmotiv anklingen. »Urflut« als gottferne Sphäre weist auf die Scheol hin, die man unterhalb des Urmeeres vermutete (Ijob 26[5]37[16f]). Hier ist der Ort der »Fremden« und ihrer Anhängerschaft (2[18]5[5]7[27]9[18]).
[29] JHWH trifft weitere Sicherungsmaßnahmen. Drohende Flutkatastrophen bannt er durch sein gebietendes Wort (vgl. Ps 104[9]), seismischen Störungen begegnet er mit einer soliden Fundamentierung der Erde. EÜ[30a] gehört als dritter Stichos zu [29]. [24–29] verbinden analog Gen 1 die Vorstellung vom Schaffen durch handwerkliches Tun mit der Vorstellung vom Schaffen durch das Wort. [27–29] betonen den Aspekt des Anordnens und Bestimmens (*ḥqq* und *ḥq*).
[30ab] und [30c.31] sind die theologische Mitte von Spr. Sie präzisieren die

31 Ich spielte auf seinem Erdenrund,
und meine Freude war es, bei den Menschen zu sein.
32 Nun, ihr Söhne, hört auf mich!
Wohl dem, der auf meine Wege achtet.
33 Hört die Mahnung, und werdet weise,
lehnt sie nicht ab!

Beziehung JHWH – Weisheit und bestimmen das Verhältnis Weisheit – Menschen.

30a und 30b beginnen mit »und ich war« (*w-'hjh*), eine deutliche Anspielung auf Ex 3[14]: »Ich werde dasein (*'hjh*), der ich dasein werde (*'hjh*).« Die Weisheit tritt in eine letzte Nähe zu JHWH. Dem Dasein JHWHs für Israel auf Grund seiner liebenden Erwählung entspricht sein Dasein für alle Menschen durch seine Erstgeborene. Gleichwohl geht die Weisheit nicht in JHWH auf. Sie bleibt sein geschöpfliches Gegenüber. Sprachlich gelingt dies durch die Auflösung der Paronomasie im Relativsatz von Ex 3[14] in die Anapher 30a.b. *w-'hjh* tritt an die Spitze zweier selbständiger Hauptsätze, die zwei Näherbestimmungen enthalten.

Das Wort für »geliebtes Kind« (EÜ) ist das umstrittenste der Bibel, zumal weitreichende Spekulationen daran geknüpft werden. Vermutlich ist es ganz unspektakulär Adverb »ständig, in beständiger Weise«, das vorwegnehmend die beiden anderen Umstandsbestimmungen »Tag um Tag« zusammenfaßt. Die Selbstidentifikation der Weisheit als »Freude/Vergnügen« (nicht JHWHs Vergnügen!) verwendet einen sprachlichen Topos, der das existentielle Wohlbefinden an JHWHs Tora bezeichnet (Ps 119 passim) oder Menschen, die in großer Nähe zu JHWH stehen (Jes 5[7] Jer 31[20]). Weisheit *ist* vitales Wohlbefinden.

30c.31 Das Spiel der Weisheit *vor* (nicht *für*) JHWH spielt an auf das kultische Spiel der ägyptischen Göttinnen *Ma'at* und *Hathor*, das den Schöpfergott zu immer neuem Tun anregt und so Schöpfung voranbringt. Das Analogon ermöglicht dem Dichter, neben JHWH eine eigenständige Mitwirkung der Weisheit bei der Schöpfung zu etablieren. Das Sprechen von Schöpfung wird um die Dimension Spiel erweitert, vgl. die chinesische Weisheit: »Im Spiel verborgen ist eine Welt.« Spiel vermag zur Realität auf Distanz zu gehen und sie zugleich zu verwandeln. Spiel heißt, ungesichert mit Möglichkeiten umzugehen und mit offenen Fragen zu leben, nicht gleich in allem einen letzten Sinn entdecken zu müssen, die Freiheit zu haben, dem Zwang eines geschlossenen Welt- und Lebensordnungssystems zu widerstehen.

In ihrem kreativen Spiel ist die Weisheit ganz bei JHWH (3[19f]) und ganz beim Menschen, vgl. den Chiasmus »Vergnügen – spielend[30bc]/spielend – Vergnügen«. Sie befähigt den Menschen zur schöpfungsgemäßen Gestaltung seiner Welt und seiner Lebensordnungen (Gen 1[26–29]2[19f] Ps 8; skeptisch: Koh 3[10f] Ijob 28). »Der Mensch spielt nur, wo er in voller Bedeutung des Wortes Mensch ist, und er ist nur da Mensch, wo er spielt« (*Schiller*). Das macht ihn zum kongenialen Partner der Weisheit, deren Vergnügen es ist, mit ihm den Weg des Lebens zu gehen.

32–36 Mit der vorgeschlagenen Textumstellung (Anm.) tritt die Form- und Inhaltsstruktur deutlicher hervor: Dem vierfachen Entscheidungsruf an alle 32a.33 folgt eine in zwei Makarismen gefaßte individuelle Heils-

34 Wohl dem, der auf mich hört,
der Tag für Tag an meinen Toren wacht
und meine Türpfosten hütet.
35 Wer mich findet, findet Leben
und erlangt das Gefallen des Herrn.
36 Doch wer mich verfehlt, der schadet sich selbst;
alle, die mich hassen, lieben den Tod.

8[32–34] Die Textfolge scheint gestört infolge Homoioteleuton [32a.34a]. Mit Blick auf [30a.b] und [30c.31a] legt sich folgende Textanordnung nahe: [32a.33] »Nun, ihr Söhne, hört auf mich! / Hört die Mahnung und werdet weise, / lehnt sie nicht ab!« [34a.32b] »Selig, der auf mich hört! / Selig, der auf meine Wege achtet!« [34b.c] »Der Tag für Tag ...«

zusage [34a.32b], die in [35.36] begründet wird.

[32a.33] Jetzt ruft die Weisheit in die Entscheidung. Sie gilt ihrer Person und ihrem lebensleitenden *mūsār*, vgl. [10]; »auf *mūsār* hören« (vgl. 1[8]4[1]19[27]) in Anlehnung an die dtn/dtr Wendung »auf die Gebote bzw. die Stimme JHWHs hören«. Nach 15[33] ist *mūsār* der Weisheit = JHWH-Furcht. Dieser *mūsār* führt zum Leben (4[13]6[23]10[17]15[32]).

[34a.32b.34bc] Die Gratulation der Weisheitsgestalt gilt jedem, der sich für sie entschieden hat und auf ihren Wegen [20] geht. Ihre Wege stehen in innerer Entsprechung zum Weg JHWHs (3[17]4[11] u.ö.). Nach [22] ist der Anfang des Weges JHWHs die Weisheit. Lebensglück entscheidet sich sonst am Verhältnis zu JHWH und seiner Tora (Ps 1 119 128 Jes 56[1f] u.a.), hier am Verhältnis zur Weisheit, in der JHWHs Heilswille für die Menschen auf den Straßen und Plätzen anschaulich wird. Die enge Bindung des Menschen an die Weisheitsgestalt erläutern zwei Bilder. Sie sind im Horizont der Tür/Tor-Metaphorik von 1[26]8[3] zu verstehen. Lebensweisung und Lebensleitung der Weisheit sind gleichsam die Eingangstore zum Leben, das die Weisheit gibt und selber ist, vgl. Joh 10[7–9] u.ö. in bezug auf Jesus. Die drei Ausdrücke »Türflügel, Türpfosten, Türöffnung«, die in dieser Zuordnung nur 1 Kön 6[21] Ez 46[2f] belegt sind zur Bezeichnung der Tempeltore, mögen ein verdeckter Hinweis sein auf den Tempel, wo JHWH in seinem Wort gegenwärtig ist.

[35–36] exponieren in enger Anlehnung an Dtn 30[15–20] in Form einer Verheißung [35] und einer Drohung [36] die Folgen der Entscheidung für oder gegen die Weisheitsgestalt.

[35] Die Verheißung des Lebens ist Dtn 30[15–20] eng verknüpft mit der Liebe zu JHWH und der Erfüllung seiner Tora, hier mit der Liebe zur Weisheit ([17–21]3[16]) und ihrem *mūsār* ([33]4[13]). Der Unterschied: Im Dtn gilt die Lebensverheißung dem Bundesvolk, in Spr jedem, der die Weisheit sucht (und darum findet, vgl. 2[1–6]). [35b] verbindet damit das Erlangen von Wohlgefallen JHWHs. »Wohlgefallen« hier objektiviert als Gabe JHWHs: »Wohlgefälliges« → »Segen«, d.h. zur Lebensverheißung tritt die Segensverheißung.

[36] Die Antithese formuliert die Alternative. In »verfehlen« als bewußte Entscheidung schwingt der Aspekt »sich versündigen« mit. Sich an der Weisheit versündigen heißt »seinem Leben Gewalt antun«; die Wortverbindung nur hier, vgl. aber Ez 22[26] Zeph 3[4] von der Tora. Sich-

Ein Triptychon: 9¹⁻¹⁸

9¹ Die Weisheit hat ihr Haus gebaut,
ihre sieben Säulen behauen.

9¹ Weisheit steht wie 1[20] im Hoheitsplural. – Sieben Säulen, andere Möglichkeit: »Flechtwerksäulen«.

Versündigen an der Weisheit tritt in Parallele zum Sich-Versündigen an JHWH, und beides entspricht dem Tun des Frevlers, der nach 5[22f] sterben muß. [36b] unterstreicht diesen Gedanken in Anlehnung an Dtn 30[16.20]: Weisheitsliebe oder Todesliebe ist die Alternative, vor die der Mensch gestellt ist.
Die hier entwickelte Konzeption von Weisheit hat in den wenigen Schriften des AT, die jünger sind als Spr, keine Resonanz gefunden. Die direkte Parallele Sir 24 bietet zwar noch in eigenständiger Fassung alles Wesentliche von Spr 8, steht aber im Buch isoliert und ist für die Weisheitskonzeption von Sir ohne nachhaltige Auswirkung. Weish reduziert die Weisheit zu einem Aspekt des göttlichen Wesens. Als göttliche Gabe kann sie von JHWH erfleht werden. Insoweit wird sie als höchstes Gut gepriesen. Sie selbst aber bleibt stumm, und alle Merkmale ihrer Eigenpersönlichkeit sind getilgt. Die frühjüdischen Schriften identifizieren sie mit der Tora bzw. mit der Geistkraft (*rūªḥ*) JHWHs und/oder interpretieren sie stärker philosophisch von ägyptischen Maat- bzw. hellenistischen Logos-Vorstellungen her.
Das NT greift jedoch die Konzeption der personhaften Weisheit von Spr 8 auf und appliziert sie auf Jesus Christus, wobei jüdisch-hellenistische *eīkon*-Vorstellungen einfließen, vgl. Kol 1[15–20] Offb 3[14]. Nach 1 Kor 1[24] ist er »Gottes Kraft und Gottes Weisheit«, nach Joh Verkünder und Zeuge von Wahrheit und Gerechtigkeit (Joh 3[21]7[17] u.a.), Weg, Wahrheit und Leben (Joh 14[6]), Weg zum Vater (ebd.), schöpferisches Gotteswort von Urzeit an (Joh 1, vgl. 1 Kor 8[6] Phil 2[6] Eph 1[4] Hebr 1[2f]).
In der Liturgie ist Spr 8[22–31] am Dreifaltigkeitssonntag und an allgemeinen Marienfesten als Lesung vorgesehen.
9[1–18] Der Text ist eine in sich geschlossene Komposition nach Art eines Dreitafelbildes mit zwei strukturell gleichförmigen Außenbildern im Kontrastmotiv [1–6.13–18] und einem formal komplexen Mittelstück, dessen Zentrum der Chiasmus »Weisheit – JHWH-Furcht x Kenntnis des Heiligen – Einsicht« bildet, von wo aus die strukturell wie formal-inhaltlichen Bezugslinien über die Außenbilder hinaus nach 1–8 und 10–31 verweisen. Zu Einzelheiten vgl. *Fuhs*, 162f.
[1–6] Das Bild zeigt große Bewegung, zu deren Darstellung sich der Dichter wieder der Rede-in-Rede-Technik bedient: Er schildert die Vorgänge [1–2], zitiert eine Art Botenauftrag [3–4] und gibt als Zitat im Zitat die Botschaft der Weisheit im Munde der Mägde wieder. Das Bild weckt eine Fülle von Assoziationen. Das ist beabsichtigt.
[1] *Das Haus und/mit 7 Säulen.* Man denkt konkret an Patrizierhaus (Lehrhaus) oder Palast/Tempel mit Hinweis auf ein zyprisches Heiligtum, an das Akitu-Haus in Assur, EB II-Wohnhäuser in Byblos etc. Man betont die Sieben und sieht in der Angabe eine Anspielung auf die Vollkommenheit der Schöpfung: 7 Säulen der Welt, 7 Schöpfungstage, 7 Planeten. Man bezieht die Sieben auf die Weisheit: 7 Urzeitweise des akkadisch/babylonischen Mythos als

2 Sie hat ihr Vieh geschlachtet, ihren Wein gemischt
und schon ihren Tisch gedeckt.
3 Sie hat ihre Mägde ausgesandt
und lädt ein auf der Höhe der Stadtburg:
4 Wer unerfahren ist, kehre hier ein.
Zum Unwissenden sagt sie:
5 Kommt, eßt von meinem Mahl,
und trinkt vom Wein, den ich mischte.
6 Laßt ab von der Torheit, dann bleibt ihr am Leben,
und geht auf dem Weg der Einsicht!

9[3b] Wörtlich: »... auf die gewölbten Höhen der Stadt«.
9[6] Laßt ab von der Torheit, wörtlich: »Verlaßt die Einfältigen«, besser: »Laßt ab, Einfältige zu sein.«

Verkörperung der vollkommenen Weisheit; 7 Gaben ihres Geistes bzw. die 7 Potenzen ihres sich selbst erschließenden Wesens (in der kirchlichen Deutung oft mit Hinweis auf die 7 Sakramente). Man versteht Haus und Säulen als Metapher für das Buch Spr. Darin habe sich die Weisheit ihr rundum *perfektes* Haus gebaut. Zudem sei es ihr *einziges*, d.h. Autoritätsansprüche konkurrierender Schriften werden abgewiesen.

[2–6] *Das Festmahl der Weisheit.* [2] schildert die *Vorbereitungen* in drei bekannten Redewendungen: »ein Schlachten schlachten« (vgl. Gen 43[16] Ez 21[15]) weist auf ein nicht-kultisches Mahl hin; »Wein mischen« (vgl. Jes 5[22]) mit Honig und Gewürzen dient der Geschmacksverbesserung; »den Tisch decken« (vgl. Jes 21[5]65[10] Ez 23[41] Ps 23[5]) bezeichnet ursprünglich das Ausrollen einer Ledermatte auf dem Boden als Unterlage für die Speisen. Tische kannten nur hochherrschaftliche Häuser. Das bereitete Festmahl ist Metapher für den Reichtum an Glaubens- und Lebenserfahrung, die das Buch Spr bereitwillig ausbreitet.

[3–4] *Einladung der Gäste.* Im Unterschied zu 1[20f]8[1f] ergeht der Ruf der Weisheit durch ihre Mägde, vgl. Mt 22[3]. Er gilt wie 8[5]1[22.32] dem »Unerfahrenen«. Er soll seinen von Unkenntnis und Unentschiedenheit geprägten Weg verlassen und zur Weisheit hin »abbiegen«. Das gleiche gilt für den »Verstandlosen«. Er neigt zu verkehrtem Verhalten (6[32]10[13] u.ö.), wird aber noch nicht zu den Frevlern gezählt. Allerdings markiert er die äußerste Grenze derer, die der Ruf der Weisheit erreicht.

[5–6] Die Weisheit lädt ein, von ihrem reich gedeckten Tisch Lebensnahrung in sich aufzunehmen, vgl. Jes 55[1–3], wo JHWH durch den Propheten dazu aufruft, sein Wort des Lebens in sich aufzunehmen. Beide Male geht es um Mahlgemeinschaft, um die vitale Beziehung zwischen Gastgeber(in) und den Gästen. Dazu gibt es keine lebbare Alternative. Daher der abschließende Ruf in die Entschiedenheit: »Hört auf, Einfältige zu sein !«

Festbankette als aus dem Alltag herausragende Ereignisse sind in Literatur und Ikonographie des AO ein beliebtes Motiv der Darstellung. [1–6] haben in bezug auf Sprache und Motivabfolge große Ähnlichkeit mit der Darstellung im *Keret*-Epos (KTU 1.15 IV 2–28), in der Verbindung von Hausbau und Einweihungsfest mit der im *Ba'al*-Epos (KTU 1.4 IV 35–53), insofern damit die herrschaftliche Stellung der Weisheit hervorgehoben wird.

$1^{22}13^{1}15^{5.10.12}17^{10}$ 23^{9} Sir 22^{9}

7 Wer den Zuchtlosen tadelt, erntet Schimpf,
wer den Frevler rügt, erntet Schande.
8 Rüge den Zuchtlosen nicht; sonst haßt er dich.
Rüge den Weisen, dann liebt er dich.
9 Unterrichte den Weisen, damit er noch weiser wird;
belehre den Gerechten, damit er dazulernt.
10 Anfang der Weisheit ist die Gottesfurcht,
die Kenntnis des Heiligen ist Einsicht.
11 Ja, durch mich werden deine Tage zahlreich,
nehmen die Jahre deines Lebens zu.
12 Bist du weise, so bist du weise zum eigenen Nutzen,
bist du aber unbeherrscht, hast du allein es zu tragen.

9^{9a} Eher: »Reiche Wissen dem Gerechten, und er wird Lehre hinzufügen.«

$^{7-12}$ Die Einladung der Weisheit muß zu jeder Zeit weitergetragen werden von denen, die in ihren Dienst getreten sind. Dieser Vermittlungsdienst hat freilich seine Grenzen (vgl Mt 7^{6}).

$^{7-9}$ stecken diese ab. $^{7.8a}$ Die Inklusion »Hochmütiger – Frevler – Hochmütiger« macht deutlich: Der Hochmütige ist im Kern ein Frevler. Als »Spötter« weiß er sich über Religion und Moral erhaben. Als »Gottloser« ist er sich selbst Gott. Er kennt nur sich und seine Interessen. Für jede Art von Belehrung und kritischer Begleitung ist er unempfänglich. Wer es, gut gemeint, gleichwohl mit ihm versucht, ist ein Tor (»Schande«, vgl. 3^{35}) und rückt in die Nähe des Unreinen (»Schaden«, vgl. Lev 21^{17f} Dtn 15^{21} u.a.). Was er erreicht, ist allenfalls Ausbruch von Haß und Aggression. $^{8b.9}$ Der Weise dagegen ist offen für jedes Wort der Kritik und jeden guten Rat, die sein Wissen vermehren (vgl. 1^{5} u.ö.). Dies dient ihm zur Weiterbildung von Glauben und Gewissen, vgl. die Doppelklimax »Weiser → Weiser → Gerechter« und »lieben → weiser werden → Lehre hinzufügen«.

$^{10.11}$ Das Mehr an Erkenntnis, über das der Weise als Gerechter verfügt, exponiert das Axiom in ^{10}, dem in ^{11} eine Verheißung beigegeben ist. ^{10} nimmt 1^{7a} chiastisch auf und präzisiert die Aussage in einem synonymen Parallelismus mit chiastischer Stellung der Glieder. Weisheit, die Spr meint, fängt an mit der Suche nach einer persönlichen Bindung an JHWH und schreitet voran zu einer bewußten Entscheidung für JHWH und seine Wegweisung. Zur Bekräftigung zitiert ^{11} die Lebensverheißung der personhaften Weisheit in Anlehnung an 3^{2}, vgl. $3^{18}8^{32-35}$.

^{12} fungiert als Abschluß von $^{7-12}$ und zugleich als Scharnier zum zweiten Außenbild $^{13-18}$. Die Antithese »Weiser – Hochmütiger« wird aus $^{8b.9a}$ und $^{7a.8a}$ chiastisch aufgenommen und unter dem Aspekt der persönlichen Verantwortung prägnant thematisiert. Jeder Aufgeschlossene und Hörwillige ist in der Lage, die Folgen seiner Entscheidung zu überblicken. Vorausgesetzt, daß ihm die dafür Verantwortlichen den Ruf der Weisheit in geeigneter Weise zu Gehör gebracht haben.

13 Frau Torheit fiebert nach Verführung;
das ist alles, was sie versteht.
14 Sie sitzt vor der Tür ihres Hauses
auf einem Sessel bei der Stadtburg,
15 um die Vorübergehenden einzuladen,
die geradeaus ihre Pfade gehen:
16 Wer unerfahren ist, kehre hier ein.
Zum Unwissenden sagt sie:
17 Süß ist gestohlenes Wasser,
heimlich entwendetes Brot schmeckt lecker.
18 Und er weiß nicht, daß Totengeister dort hausen,
daß ihre Gäste in den Tiefen der Unterwelt sind.

9[13] Frau ist erläuternde Glosse (nach 14[1]). Der Vers besteht aus zwei Nominalsätzen, die einen synthetischen Parallelismus bilden: »Torheit (ist) tönend bzw. lärmend / Betörung – sie versteht/begreift gar nichts.«

[13–18] Mit gleicher Technik bei gleichem Bildaufbau zeichnet der Dichter ein verfremdetes Gegenbild zu [1–6]. Die Weisheitsgestalt hat keine ihr ranggleiche Rivalin, vgl. *Fuhs*, 169. Ihr entgegen steht die selbstherrliche Doppelmoral des Menschen.
[13] apostrophiert sie als »jede Art von Torheit/Betörung«, d.h. sie hat alle Bereiche des gesellschaftlichen Lebens erfaßt. Das Gefährliche: Diese Lebensart ist attraktiv, verspricht leichten Erfolg und verführt zur Nachahmung.
[14–18] An einem Beispiel, mitten aus dem Leben gegriffen, wird dies verdeutlicht.
[14–15] In der Nähe von Tempel und Palast hat sie ihr Haus (Gen 38[14] Jer 3[2] u.a.). Die Hure sitzt davor und bietet ihre Dienste an. Auch die sonst mit hohem moralischem Anspruch auftreten (»die ihre Pfade gerademachen«), »biegen« mal eben »ab« und wischen sich dann den Mund ab, als sei nichts geschehen (30[20]!).
[16] nimmt [4] im Zitat auf. Das verstärkt den Kontrast. Zugleich wird hörbar, was im Unerfahrenen und Verstandlosen vorgeht. Sie spüren den prickelnden Reiz des Verbotenen (vgl. Gen 3).
[17] ist wohl eine sprichwörtliche Redensart im freien Zitat. Die chiastische Aufnahme aus [5] »Fleisch – Wein« in »Wasser – Brot« bekräftigt Zuordnung und Distanz der Außenbilder. Es geht nicht um Einladung zu einem Mahl, noch um die Disparität der gebotenen Speisen. Wasser (5[15]) und Brot (30[20]) sind Metaphern für den Geschlechtsverkehr, insbesondere den ehebrecherischen (5[15–20]).
[18] Wer im gewerblichen Vergnügen Süße und Lieblichkeit sucht [17], wird desillusioniert. Er taucht ein in eine andere Welt, die der Dichter mit den Tiefen des Totenreiches gleichsetzt (2[18f]7[27]). Wer hier einkehrt, atmet den Hauch des Todes, insofern er gegen alle Vernunft und ohne Verstand zum Täter wird. Er schließlich gebraucht und mißbraucht junge Menschen, zerstört ihr Leben, vielleicht das seiner Familie, und nicht zuletzt sein eigenes.
Das düstere Bild [13–18] weist zurück auf 1[8–19]. Damit schließt sich ein erster, großer Kreis. Gewalt und Ausbeutung haben viele Gesichter. Das »älteste Gewerbe« demaskiert die Doppelmoral einer bürgerlichen Gesellschaft und erweist ihre tora-

B: LEBENSNAHRUNG VOM TISCH DER WEISHEIT JHWHS: 10^{1}–29^{27}

Überschrift: 10^{1a}

10^{1a} Sprichwörter Salomos:

TEIL I
GRUNDLEGENDE AUSRICHTUNG DES MENSCHLICHEN STREBENS: 10^{1b}–15^{32}

1. Menschliches Streben im Spannungsfeld moralischer Alternativen: 10^{1b}–11^{7}

10^{1b} Ein kluger Sohn macht dem Vater Freude,
ein dummer Sohn ist der Kummer seiner Mutter.

gestützte Wohlanständigkeit als hohle Fassade, vgl. Mt 23^{27f} »getünchte Gräber«. Der Dichter spielt insbesondere auf das doppelbödige Verhalten der Väter an (Gen 12^{10-20} par. 20 und 38^{15-26}), das sich Israel derart zu eigen gemacht hat, daß seit Hosea Hurerei und Ehebruch stehende Metaphern sind für Abfall von JHWH und Verwüstung der sozialen Verhältnisse.

10^{1a} nimmt 1^{1} im Kern auf und weist voraus auf 25^{1}. Damit wird deutlich: Mit 10^{1} beginnt etwas Neues, das aber als Entfaltung des in 1–9 Grundgelegten gehört und verstanden werden will und in 25–29 eine prägnante Zusammenfassung erfährt. Der Hinweis auf Salomo schlägt die Brücke zu David (1^{1}) und Hiskija (25^{1}). In der Vergegenwärtigung der Geschichte wird die spezifische Problemlage der eigenen Zeit wahrnehmbar, lassen sich Lösungswege erkennen.

10^{1b}–15^{32} Merkmale bewußter Textbildung in Teil I sind die untereinander verbundenen und besonders gestalteten Spruchgruppen am Anfang (10^{1-5}), am Ende (15^{28-32}) und im Zentrum (12^{14}–13^{2}), wo die strukturellen Linien zusammenlaufen und miteinander verknüft werden. Nimmt man die weiteren Struktursignale hinzu, gliedert sich Teil I in fünf Abschnitte: 10^{1b}–11^{7} 11^{8}–12^{13} 12^{14}–13^{13} 13^{14}–14^{27} 14^{28}–15^{32}.

10^{1b}–11^{7} Die Abschnittsgrenze markiert mehrfacher formaler Rückbezug von 11^{4-7} auf 10^{2-3}.Die Spruchvarianten 10^{2} 11^{4} stehen in Rahmenfunktion. 10^{2b} 11^{4b} sind identisch. »Schätze« (10^{2a}) und »Reichtum« (11^{4a}) sind weitgehend synonym; das Verb »helfen, nützen« in Spr nur hier. Das Gegensatzpaar »Gerechtigkeit/Frevel« nur 10^{2} 11^{5} und 13^{6} 16^{12}; »Tod« aus 10^{2b} kehrt wieder in 11^{4b} und 11^{7}. Nach den textgliedernden Signalen besteht der Abschnitt aus fünf Unterabschnitten: $10^{1b-5\ 6-12\ 13-21\ 22-27\ 28}$–$11^{7}$.

10^{1b-5} Der erste Unterabschnitt ist konzentrisch um ^{3} strukturiert. Zwei »Sohn«-Sprüche in chiastischer Zuordnung bilden den Rahmen $^{1b.5}$. Innerhalb dessen bilden $^{2.3}$ über dreifache Stichwortverbindung ein Spruchpaar. $^{2.3.4}$ sind chiastisch gebaute Sprüche, die mit $^{1b.5}$ einen Chiasmus der Versanfänge bilden: positive und negative Aussagen wechseln sich ab. Die kunstvolle Komposition des Kleintextes gilt exemplarisch für

[2] Unrecht Gut gedeiht nicht,
Gerechtigkeit aber rettet vor dem Tod.
[3] Das Verlangen des Gerechten sättigt der Herr,
die Gier der Frevler stößt er zurück.
[4] Lässige Hand bringt Armut,
fleißige Hand macht reich.
[5] Wer im Sommer sammelt, ist ein kluger Mensch;
in Schande gerät, wer zur Erntezeit schläft.
[6] Segen ruht auf dem Haupt des Gerechten,
im Mund der Frevler versteckt sich Gewalttat.

10[2a] Wörtlich: »Nicht helfen/nützen Schätze des Frevels«.
10[3a] Wörtlich: »Nicht läßt JHWH ungesättigt das Verlangen des Gerechten.«
10[5] steht in Rahmenfunktion und ist chiastisch gefaßt: »Ein verständiger Sohn, wer ... / wer ..., ein schändlicher Sohn.«
10[6] Segen, M: »Segnungen«. – [6b] wird in [11b] wiederholt.

die Gestaltung der übrigen Texte in 10–31.
[1bc] Die erste Antithese exponiert den »weisen« und »törichten« Sohn, gespiegelt in den entsprechenden Reaktionen (»Freude/Stolz« – »Kummer«) von Vater und Mutter. Die Anrede (1[8] u.ö.) ist der Aussage gewichen. Der nunmehr Erwachsene hat eigenverantwortlich für sein Tun und Lassen einzustehen, das einer nüchternen Bewertung standhalten muß. Jenseits emotionaler Betroffenheit geht es um Weiterführung von Traditionsvermittlung oder Traditionsabbruch und Werteverfall. Darin hat [1bc] grundlegende Bedeutung (vgl. 13[1]15[20]17[25]).
[2.3] Die Antithese »Schätze des Frevels – Gerechtigkeit« nimmt das Thema von 1[11–19] auf. Wie die Abstraktbegriffe zeigen, wird hier ein Grundsatz formuliert. Es geht um unrechtmäßig erworbenen Besitz, um Bereicherung auf Kosten anderer, ein Fehlverhalten, das die Grundlagen jeder solidaren Gesellschaft zerstört. In diesem Kontext nimmt der Gegensatzbegriff »Gerechtigkeit« die Bedeutung »ausgleichende bzw. Verteilungsgerechtigkeit« an. Sie schafft die Gegenwelt »Leben« zur Todeswelt der Frevler (2[18]7[27] u.a.). [3] entzieht soziale Verantwortung und solidarisches Handeln jeder Beliebigkeit, indem sie in JHWH als deren Ursprung und Garanten begründet werden. JHWH sorgt und kümmert sich um jeden einzelnen seiner Gerechten. Der Dichter appliziert ein beliebtes Motiv der Psalmenfrömmigkeit (z.B. Ps 23[2–6]37[25]104[27f], vgl.Mt 6[25–33]). Das »Verlangen der Frevler« dagegen ist mit der Gegenwart JHWHs unvereinbar. Er stößt es weg wie etwas Widerwärtiges, Feindliches (Dtn 6[19]9[4] Jes 22[19] Ijob 18[18]).
[4] Im Kontext von [1–5] besagt die Antithese: Vertrauen auf JHWHs Fürsorge heißt nicht, die Hände in den Schoß zu legen oder Armut als Ideal schönzureden, vgl. 6[6–11]. Was im Vollzug von sozialer Gerechtigkeit verteilt werden soll, muß zunächst erarbeitet werden.
[5] Der abschließende Rahmenvers kontrastiert in metaphorischer Rede zwei grundlegende und grundverschiedene Lebenshaltungen, die in jeder Art von zielstrebiger oder zeitgerechter Arbeit bzw. deren Gegenteil konkret werden.
[6–12] Der zweite Unterabschnitt hat in den Halbverswiederholungen [6b] = [11b] und [8b] = [10b] einen doppelten Rahmen.

[7] Das Andenken des Gerechten ist gesegnet,
der Name der Frevler vermodert.
12[9.11]15[21]17[18] 24[30]28[16] [8] Verständiger Sinn nimmt die Gebote an,
wer Törichtes redet, kommt zu Fall.
[9] Wer aufrichtig seinen Weg geht, geht sicher,
wer krumme Wege geht, wird durchschaut.
[10] Wer mit den Augen zwinkert, schafft Leid,
wer offen tadelt, stiftet Frieden.
[11] Der Mund des Gerechten ist ein Lebensquell,
im Mund der Frevler versteckt sich Gewalttat.
[12] Haß weckt Streit,
Liebe deckt alle Vergehen zu.

10[8] Verständiger Sinn, wörtlich: »Wer weisen Herzens ist.«
10[10b] Wörtlich: »Wer Törichtes redet, kommt zu Fall.«

[12] ist über Stichwort »bedecken« mit [11] verbunden; der Vers hat verbindende Funktion, vgl. [18]. Dreifache Stichwortverbindung faßt [6.7] zu einem Spruchpaar zusammen. Genau umgekehrt zu [1b–5] verwendet der Mittelteil [8–10] weisheitliche und der Rahmen [6f.11f] religiöse Termini.
[6.7] nehmen die Antithese »der Gerechte – die Frevler« von [3] auf und präzisieren deren postmortales Geschick im Horizont von [2]. Die Härte der Antithese in [6] scheint beabsichtigt. Während auf dem Leben des Gerechten Segen ruht, dessen Geber JHWH ist (2[7f] u.a.), bleibt den Frevlern die hohle Fassade von Ansehen und Einfluß, die ihre Gier nach Gewalttat kaschiert. [7] Diese fällt mit ihnen im Tod in nichts zusammen, während der Gerechte in seinem Namen und in dem Guten, das man damit verbindet, im Gedächtnis der Nachfahren fortlebt.
[8–10] Der weisheitlich geprägte Mittelteil reflektiert Lebenshaltungen im Horizont der vom JHWH-Glauben geprägten Rahmenaussagen. [8] Der »Weise in bezug auf das Herz« (vgl. 11[28]16[21.23]), die Gegensatzentsprechung zum »Verstandlosen« (6[32]7[7] u.ö.), trifft jede seiner Entscheidungen, damit sie Bestand hat, im Rahmen des Wertekonsenses der Gemeinschaft. Das rein selbstbestimmte Geschwätz des Verstandlosen, hier als »der Törichte in bezug auf die Lippen« bezeichnet, bringt ihn dagegen zu Fall; das Verb noch [10b] und Hos 4[14]. Da jede Antithese nicht deckungsgleich ist, treibt auch diese den Gedankengang voran. [9] Der Weise ist derjenige, der »in Aufrichtigkeit wandelt«. Ihm entgegengesetzt ist »der seine Wge verkehrt«. Seine Verkehrtheit wird aber von den Aufrechten und Weisen aufgedeckt und bloßgestellt. [10] identifiziert Menschen dieser Art mit den Betrügern und Gewaltmenschen von 6[12ff]. EÜ übernimmt in [10b] den Text von G, die eine andere Perspektive hat.
[11.12] Die erste Antithese verweist auf [6]. »Quelle des Lebens« sonst für »Weisung des Weisen« (13[14]), »Einsicht« (16[22]), »JHWH-Furcht« (14[27]), für JHWH (Ps 36[10] Jer 2[13.17]). Das rechte Wort zur rechten Zeit vermag viel, manchmal alles. Der aus der Nähe zu JHWH lebende Gerechte findet das versöhnende, helfende und heilende Wort im rechten Augenblick. Die Gegensatzentsprechung übernimmt [11b] aus [6b]. [12] ruft das Verbot des Bruderhasses und das

[13] Auf den Lippen des Einsichtigen findet man Weisheit,
auf den Rücken des Unverständigen paßt der Stock.
[14] Weise verbergen ihr Wissen,
der Mund des Toren ist drohendes Verderben.
[15] Dem Reichen ist seine Habe eine feste Burg,
dem Armen bringt seine Armut Verderben.
[16] Der Besitz des Gerechten führt zum Leben,
das Einkommen des Frevlers zur Sünde.
[17] Den Weg zum Leben geht, wer Zucht bewahrt;
wer Warnung mißachtet, geht in die Irre.

10[17] Warnung, M: »Zurechtweisung«. – Geht, M: »führt«.

Gebot der Nächstenliebe von Lev 19[17f] in Erinnerung und aktualisiert es für das alltägliche Miteinander. 1 Petr 4[8] Jak 5[20] nehmen auf [12] Bezug.

[13–21] Der dritte Unterabschnitt wird durch Stichwortaufnahme in parallelen Positionen begrenzt: »Lippen«[13a.21a], »Unverständiger/Unverstand«[13b.21b]; zudem korrespondiert der »Einsichtige«[13a] mit dem »Gerechten«[21a]. Stichwortverbindungen durchziehen die ganze Einheit. [18–21] bilden ein Geflecht eng aufeinander bezogener Sprüche.

[13] Der »Verständige«, nach 1[5] dem Weisen gleich, weiß das Wort zur rechten Zeit und tut, was die Gemeinschaft fördert. Von diesen selbstlosen Menschen lebt jede Gesellschaft. [13a] ist eine Variante von [11a], vgl. 14[33]. Der »Verstandlose« dagegen, über [14.18.21] dem Toren, über [16.20] dem Frevler gleich, lebt von der Gesellschaft, tut aber nichts für sie. Die schädlichen Auswirkungen solchen Verhaltens können nur durch Zwangsmittel begrenzt werden.

[14] Vgl. »... Schweigen ist Gold.« Der Schweigsame läßt die Dinge in Ruhe sich entwickeln – bei sich und anderen. Wenn er etwas sagt, paßt es punktgenau und ist eine wirkliche Hilfe. Der Tor dagegen plärrt klugschwätzend daher, weiß alles, mischt sich in alles ein und beschwört so »Verderben/Untergang« herauf – über andere wie über sich selbst.

[15] ist über »Verderben« mit [14] verbunden und bildet mit [16] ein Spruchpaar. Vielleicht liegt eine sprichwörtliche Redensart zugrunde, nach der Not- und Krisenzeiten den wenigen Reichen wenig anhaben, das Heer der Armen, die eh nichts haben, dagegen in den völligen Ruin treiben. Im jetzigen Kontext erhält sie von [4.5] und [16] her eine andere Akzentuierung. Rechtmäßig erworbener Besitz gewährt in Notzeiten dem Besitzer und, da ein solcher seine soziale Verantwortung wahrnimmt, den anderen Schutz. Der Leichtsinnige/Faule dagegen hat für nichts vorgesorgt, vgl. [4]. Er wird von hereinbrechender Not überrollt.

[16] zielt auf eine generelle Aussage. »Besitz« bezeichnet Lohn der Arbeit, »Einkommen« den Ertrag aus Zins- oder Pfandgeschäften (6[1–5]) oder das unrechtmäßig Erworbene. Was der Gerechte erwirbt, ist Lohn seiner Mühen, dient der Sicherung seines Lebens, vgl. »zum Leben« in direkter Opposition zu »zur Sünde.« Der Ertrag der Frevler ist Lohn der Sünde, insofern aus Ausbeutung, Korruption und Betrug zusammengerafft. Solches Verhalten ist nicht nur asozial, sondern Sünde gegen JHWH.

[17] schließt über Stichwort »zum Leben« an und läßt das Thema von [1] anklingen. Wer sich das aus der Tra-

18 Wer Haß verbirgt, heuchelt;
wer Verleumdung ausstreut, ist ein Tor.
19 Bei vielem Reden bleibt die Sünde nicht aus,
wer seine Lippen zügelt, ist klug.
20 Erlesenes Silber ist die Zunge des Gerechten,
das Sinnen des Frevlers ist wenig wert.
21 Die Lippen des Gerechten leiten viele,
die Toren sterben an Unverstand.
22 Der Segen des Herrn macht reich,
eigene Mühe tut nichts hinzu.

10[18] Heuchelt, wörtlich: »lügnerische Lippen«.

dition Übernommene zu eigen gemacht hat und danach handelt [16a], ist auf dem Weg zum Leben. Die eliptische Aussage [17b] besagt: Wer Zurechtweisung verachtet, indem er wie [16b] handelt, geht einen Weg, der in die Irre, d.h. mit Blick auf [14–16] in Sünde und Verderben führt.

[18] eröffnet die formal eng verbundene Spruchgruppe [18–21], die thematisch [11f.13f] aufgreift. Der schwierige Vers dürfte in beiden Halbversen gemeinschaftschädigendes Verhalten herausstellen, in [18a] den Heimtückischen, der einem von vorne freundlich begegnet, hinterrücks aber das Messer in den Rücken sticht, in [18b] den Verleumder, dessen Torheit darin besteht, außer acht zu lassen, daß er von seinen Verleumdungen zum Schaden anderer selbst eingeholt wird.

[19] Analoges gilt vom Drauflosreden. Es ist ein Gemenge aus Halbwahrheiten, Unwahrheiten, Unterstellungen etc., das Menschen herabwürdigt und beschädigt. Das ist Sünde gegen JHWH, vgl. *Abot* 1,17: »Wer viele Worte macht, fällt der Sünde anheim.« Die Antithese [19b] entspricht [14a].

[20] ist chiastisch gebaut und nimmt [19] chiastisch auf. Der Kluge [19b] rückt in die Nähe des Gerechten[20a], der Schwätzer[19a] in die des Frevlers[20b]. Das Reden, Denken und Tun des Gerechten ist von höchstem Wert (vgl. 3[14]). »Das Herz des Frevlers – wie wenig!« [20b] ist Aposiopese; sie überläßt dem Hörer/Leser die Fortführung des Gedankens, z.B. *Targum*: »Das Herz des Frevlers – wie Schlacken.«

[21] In Opposition stehen »der Gerechte – die Toren«; »leiten« assoziiert die Hirtenmetaphorik. Sie entstammt der Königsideologie des AO und wird im AT gerne auf JHWH bezogen, hier auf den Gerechten, der »die Vielen« leitet, d.h. der soziale Verantwortung übernimmt und sich für das Gemeinwohl einsetzt. Dazu sind die Toren, Schwätzer, Verstandlose, Frevler weder willens noch in der Lage. Sie landen wie Abfall auf dem Müllhaufen der Geschichte, vgl. [7.20].

[22–27] Der vierte Unterabschnitt wird von zwei JHWH-Sprüchen gerahmt. »Segen JHWHs«[22a] korrespondiert mit »Furcht JHWHs«[27a]. Auffällig: betontes Personalpronomen[22.24] sowie die Antithese »Frevler – Gerechte(r)[24.25].

[22] greift im Horizont von [2–4] ein Thema auf, das bereits 2[6ff] anklang. Arbeit und Mühen des Menschen sind Voraussetzung für Erfolg und Gelingen. Ein Kausalnex besteht freilich

23 Des Toren Freude ist es, Böses zu tun,
des Verständigen Freude, weise zu sein.
24 Was der Frevler fürchtet, kommt über ihn,
was die Gerechten ersehnen, wird ihnen zuteil.
25 Wenn der Sturm daherbraust, ist der Frevler verloren,
der Gerechte ist fest gegründet für immer.
26 Wie Essig für die Zähne und Rauch für die Augen
ist der Faule für den, der ihn schickt.
27 Gottesfurcht bringt langes Leben,
doch die Jahre der Frevler sind verkürzt.
28 Die Hoffnung der Gerechten blüht auf,
die Erwartung der Frevler wird zunichte.

10^{28} Wörtlich: »Die Hoffnung der Gerechten – Freude«.

nicht. Was letztlich wird, entzieht sich der Möglichkeit menschlicher Machbarkeit. Bestand hat nur die Zusage JHWHs, daß er seinem Gerechten, der strebend sich bemüht, alles, was sein Leben fördert, aufbewahrt hat (2^{7}) und ihm alles, was er braucht, schenken wird (10^{22}; vgl. Ps 127^{16} Mt 6$^{25–33}$ Lk 10^{42}). Segen ist immer freies Geschenk JHWHs. Dem vermag der Mensch nichts hinzuzufügen, vgl. »An Gottes Segen ist alles gelegen.«

$^{23–26}$ Der rauhe Alltag ist geprägt von konträren Lebenshaltungen, die auf ihre erfahrbaren Auswirkungen auf die Gemeinschaft herausgestellt werden. Die negativen stehen voran; der »Tor«^{23} und der »Faule« sind dem Frevler gleichgestellt. Die Aussagenfolge in $^{23–25}$: Was den Frevler erfreut^{23}, was er befürchtet^{24}, was ihn erwartet^{25} – Daß er »Schandtat tut« (vgl. Ri 20^{6} Ez 22^{9}), daß über ihn kommt, was er anderen antut, daß der »fortraffende Sturm«, Metapher für Katastrophen jeder Art (vgl. Ijob 21^{18}), ihn hinwegrafft (1^{27} Jes 28^{28}). Dazu die Gegensatzentsprechungen: Der Verständige lebt aus der Weisheit, die JHWH gibt (2^{6}), und verwirklicht sie im Alltag. Die Gerechten können ohne Furcht dem Kommenden entgegenharren; denn der Gerechte hält den Stürmen stand (3^{25} Hab 2^{4} Ps 1^{3}91 u.a.); er ist »ein Fundament der Ewigkeit«, um dessentwillen der Bestand der Welt gesichert ist (*Joma* 38b, vgl. Mt 7$^{24–27}$16^{18}).

^{26} hebt sich formal von den Antithesen ab. Vielleicht ist es eine sprichwörtliche Redensart. Die Bilder des Doppelvergleichs sprechen für sich. Zum Thema »Faulheit« vgl. ^{4f}6$^{6–11}$.

^{27} Dem Segen JHWHs^{22} entspricht auf Seiten des Menschen die rechte Bindung an ihn. Diese Lebensgemeinschaft gibt »Mehrung der Tage« (vgl. 19^{23}; von der Weisheit: 3$^{16.18}$ u.ö.), während die Frevler ein schnelles Ende finden. Diese Glaubensüberzeugung steht unter dem selben Vorbehalt wie ^{22}, vgl. 2^{7}. Gegenläufige Erfahrungen im Alltag sind eher die Regel (Jes 57^{1} Ps 44^{23} u.a.). So verbleibt dem Gerechten, das Rechte zu tun und sich JHWH ganz anheimzugeben.

^{28}–11^{7} Von Hoffnung und Erwartung handelt der fünfte Unterabschnitt. Die chiastische Aufnahme zentraler Stichwörter aus 10^{28} in 11^{7} markiert die Textgrenze. Zwei Stichwort-

29 Dem Schuldlosen ist der Herr eine Zuflucht,
Verderben aber den Übeltätern.
30 Der Gerechte wird niemals wanken,
doch die Frevler bleiben nicht im Land wohnen.
31 Der Mund des Gerechten bringt Weisheit hervor,
eine Zunge voll Falschheit aber wird abgeschnitten.
32 Die Lippen des Gerechten achten auf das, was gefällt,
der Mund der Frevler aber auf das, was verkehrt ist.
Am 5[8] Hos 12[8] 11[1] Falsche Waage ist dem Herrn ein Greuel,
Mi 6[11] Ez 5[1]45[10] volles Gewicht findet sein Gefallen.
Dtn 25[13–16]

10[29a] Wörtlich: »Eine Schutzwehr für die Unschuld – der Weg JHWHs«.

gruppen, die je drei Verse verbinden, korrespondieren in [30–32] und 11[4–6]. 11[4–7] weist zurück auf 10[2f.]

[28] exponiert Hoffnung als konstitutives Element menschlichen Lebens. Die Hoffnung der Gerechten ist ausgerichtet auf JHWH und harrt der Einlösung seiner Zusagen. Das gibt dem Gerechten eine emotional wie vital positive Ausrichtung auf die Zukunft, jene heitere Gelassenheit, die von sich wenig, alles aber von JHWH erwartet. Dagegen verläuft die Hoffnung derer, die sich von JHWH abgewandt haben, im Nichts (Ps 112[10] Ijob 8[13]).

[29] verwendet zur Weiterführung des Gedankens Motive der Psalmen. Der »Weg JHWHs« als Weg des Heils für alle (Ps 67[3]), als Weg seiner Weisung (Ps 119[27]143[8]), in Spr als Weg seiner Weisheit (3[17]4[11]8[32–35] u.ö.) ist »Schutzwehr für die Unschuld«. Für die »Übeltäter«, auch ein Wort der Psalmensprache, hat er vernichtende Auswirkungen; »Verderben« verweist auf [14.15].

[30] bekräftigt dies mit Verweisaussagen, vgl. [25]2[22] u.ö.

[31.32] bilden ein Spruchpaar mit chiastischer Anordnung der Leitworte »Mund«[31a] – »Zunge«[31b] x »Lippen«[32a] – »Mund«[32b]. »Sprossen lassen« bzw. »gedeihen«[31] assoziiert Frucht- oder Lebensbaum (3[18] u.a. Ps 1[3]92[15]). Die Frucht des Gerechten ist das rechte Wort zur rechten Zeit, dem das rechte Tun entspricht ([13f]3[27f] u.ö.). In der Antithese [31b] ist aus [31a] mitzuhören, daß die »Zunge von Verkehrtheiten« (2[12]8[13]) unfruchtbar ist und daher wie dürres Gezweig abgeschnitten wird (Jes 5[1–7] Ez 5[2–4] Joh 15[1–6]). [32] beschreibt die Auswirkungen auf die Gesellschaft. Wort und Tat des Gerechten sind oft unangenehm und gegen den Trend, setzen sich aber schließlich zum Wohl der Gemeinschaft durch. Was der Frevler sagt und tut, ist gefällig und angenehm, erweist sich aber als unbrauchbar oder schädlich.

11[1], über Stichwort »Wohlgefallen« mit [32] verbunden, bildet das Zentrum des Schlußabschnitts. Zu falschem Gewicht und manipulierter Waage, vgl. Am 5[8] Dtn 25[13–16] (mit Greuel-Formel) u.a.; *Amenemope* 17,18–19,9. Solche Praxis ist ein Verbrechen am Nächsten und zugleich Sünde gegen JHWH, dem Herrn über rechtes Maß und Gewicht (Waage ein uraltes Herrschaftssymbol). Im Kontext sind »falsche Waage« – »volles Gewicht« Metaphern für die Gewichtung des Gerechten und der Frevler. Dies ist die Brücke zum Folgenden.

2 Kommt Übermut, kommt auch Schande,
doch bei den Bescheidenen ist die Weisheit zu Hause.
3 Die Redlichen leitet ihre Lauterkeit,
die Verräter richtet ihre Falschheit zugrunde.
4 Reichtum hilft nicht am Tag des Zorns,
Gerechtigkeit aber rettet vor dem Tod.
5 Dem Lauteren ebnet seine Gerechtigkeit den Weg,
der Frevler aber kommt durch seine Bosheit zu Fall.
6 Die Redlichen rettet ihre Gerechtigkeit,
die Verräter schlägt ihre eigene Gier in Fesseln.
7 Beim Tod des Frevlers wird sein Hoffen zunichte,
die falsche Erwartung schwindet dahin.

^{2} zitiert wohl im ersten Halbvers eine sprichwörtliche Redensart. Sie betont die Gleichzeitigkeit von Übermut (*zādōn*) und Schande (*qālōn*). Arroganz, gepaart mit realitätsferner Selbstüberschätzung, endet zwangsläufig in einem Desaster. Die »Sich-Bescheidenden« (das Wort nur hier) schätzen dagegen eine Situation, die eigenen Kräfte und Möglichkeiten richtig ein und handeln entsprechend. Bei ihnen ist Weisheit (die personhafte?), jedenfalls JHWHs Wohlgefallen, vgl. ^{1}.

$^{3-7}$ bilden ein Geflecht von syntaktischen Bezügen und Stichwortverbindungen, vgl. *Fuhs*, 189f.

^{3} In Antithese stehen die »Aufrechten« und die »Treulosen/Verräter« (vgl. 2^{21f}). Denen, die den geraden Weg gehen ($3^{6}4^{12.25}$ u.ö. Ps 125^{4f}), ist »Aufrichtigkeit«, ihre innere Wahrhaftigkeit, eine bewährte Lebensführerin. Die Treulosen leitet ihr heimtückisches Sinnen und Trachten, das sich letztlich gegen sie selbst richtet und sie vernichtet.

^{4} Vernichtung ist das Stichwort. ^{4b} wiederholt 10^{2b} und ^{4a} variiert 10^{2a}. »Tag des Zornes« und »Tod« stehen in parallelen Positionen, so daß Tod und JHWH-Tag (Jes 10^{3} Ez 7 Zef 1^{18}), appliziert als Gericht über den Einzelnen, zusammenfallen. Vielleicht eine Anspielung auf das Jenseitsgericht, das in Ägypten seit dem Neuen Reich die Jenseitsvorstellung prägt (*Totenbuch*, Kap 125), bei dem das Rechttun des Verstorbenen in die Waagschale geworfen wird, das über sein Schicksal im Jenseits entscheidet. Auch vor JHWH zählt nur das Tun von Recht und Gerechtigkeit (21^{3} Jes 1^{10-17} Hos 6^{6} u.a.). Ob es um Bewahrung vor dem unzeitigen Tod geht oder die Vorstellung eines postmortalen Lebens in den Blick tritt, bleibt offen.

$^{5.6}$ Jedenfalls, so das Spruchpaar, ebnet die Gerechtigkeit den Aufrechten den Weg ^{5a} und rettet sie ^{6a}, während dem Frevler seine paranoide Gier nach mehr, Profitmaximierung um jeden Preis, ohne soziale Verantwortung, zum Verhängnis wird.

^{7} ist Höhepunkt der Negativreihe $^{3-6}$ und bündelt die Aussagen über das Geschick der Frevler in 10^{1b}–11^{6}. Zu »frevlerischer Mensch« vgl. $6^{12}21^{29}$ Ijob $20^{29}29^{13}$. »Hoffnung« – »Erwartung«, aus 10^{28} aufgenommen, stehen hier synonym, wodurch »Tod« aus $^{4b}10^{2b}$ besonderen Nachdruck erfährt. Zweimaliges »zugrunde gehen« steht in Opposition zu »erretten« in ^{4} und ^{6}. ^{7a} ist Kontrastbild zu ^{4b}. Im

2. *Konkretes Sozialverhalten im Alltag: 11^{8}–12^{13}*

8 Der Gerechte wird aus der Not gerettet,
an seine Stelle tritt der Böse.
9 Vom Mund des Ruchlosen droht dem Nächsten Verderben,
die Gerechten befreien sich durch ihre Umsicht.
10 Wenn es dem Gerechten gut geht, freut sich die Stadt;
sie jubelt beim Untergang der Frevler.
11 Eine Stadt kommt hoch durch den Segen der Redlichen,
durch den Mund der Frevler wird sie niedergerissen.

Tod erweist sich jede auf Macht und Gewalt gestützte Hoffnung als nichtig. ^{7b} verstärkt den Gedanken mit einem Wechsel der Zeitstufe: Jede an Besitz und Einfluß geknüpfte Erwartung hat sich bereits als hinfällig erwiesen, vgl. Lk 12^{16-21}.

11^{8}–12^{13} Die Halbversvarianten 11^{8a} und 12^{13b} in chiastischer Anordnung begrenzen den zweiten Abschnitt, der konzentrisch strukturiert ist. Die korrespondierenden Spruchgruppen 11^{8-17} und 12^{4-13} rahmen den Mittelteil, der seinerseits korrespondierende Rahmenstücke aufweist: 11^{18-21} ↔ 12^{2-3} und 11^{22} ↔ 12^{1}; zu Einzelheiten *Fuhs*, 192f.

Nach den grundsätzlichen Erwägungen über die Beweggründe menschlichen Handelns (Abschnitt 1) stellt der zweite Abschnitt mehr die soziale Dimension menschlichen Verhaltens sowie die konkrete Ausprägung von Handlungen heraus. Der nach den sozialen Verhältnissen umschriebene Lebensraum ist die Stadt mit dem dazugehörigen Stadtumland.

11^{8-17} exponieren die neue Schwerpunktbildung. Soziale Bezugsgrößen mit spezifischer Terminologie treten in den Blick: Nächster, Nachbar$^{9.12}$, Stadt$^{10.11}$, Club/Zirkel^{13a}, Volk^{14}, Führung^{14}, Fremder^{15}, Ehefrau^{16}. In diesem Bezugsrahmen stehen »der Gerechte« und »der Frevler/Böse.«

^{8} beschreibt in spezifischer Syntax einen generellen Sachverhalt: »Seit alters war es so: Der Gerechte wurde aus der Not errettet, und an seine Stelle kam dann der Frevler« (*W. Groß*, Verbform, 120). Dieser in Geschichtsform gekleidete Erfahrungssatz ist tatsächlich ein Glaubenssatz (vgl. $^{20.27}$), dem seit alters gegenläufige Erfahrungen entgegenstehen. Gleichwohl ist er für den Dichter Grundlage für jedes sittliche Handeln. Insofern ist er eine Applikation von 11^{4-7} aus dem Grenzbereich des Todes in den konkreten Alltag. Stellvertretung oder Substitution (21^{18} Jes 43^{4}) ist nicht gemeint (G), sondern nur: JHWH entreißt seinen Gerechten (wann auch immer!) der Bedrängnis, in die ihn der Frevler gebracht hat, während dieser darin verstrickt bleibt.

^{9} Ursache für Bedrängnis ist häufig »Gerede«, das »Ruchlose« (das Wort in Spr nur hier) in die Welt setzen, um den »Nächsten« – Nachbarn, Freund – zu schädigen oder zu zerstören. Davor schützt die Gerechten ihre Klugheit bzw. sie schützen mit ihrer Klugheit andere davor.

$^{10-11}$ Wenn die Gerechten gemeinsam agieren, erreichen sie für sich und für das Gemeinwesen viel. Eine Gesellschaft, in der Gerechtigkeit und Solidarität (»Segen der Rechtschaffenen«) im Alltag praktiziert werden, ist eine geistig-moralische wie

12 Wer den Nächsten verächtlich macht,
ist ohne Verstand,
doch ein kluger Mensch schweigt.
13 Wer als Verleumder umhergeht,
gibt Geheimnisse preis,
der Verläßliche behält eine Sache für sich.
14 Fehlt es an Führung, kommt ein Volk zu Fall,
Rettung ist dort, wo viele Ratgeber sind.
15 Wer für einen Fremden bürgt, ist übel daran;
wer den Handschlag ablehnt, geht sicher.
16 Eine liebenswerte Frau kommt zu Ehren,
Sitz der Schande ist ein Weib, das gute Sitten haßt.
Die Faulen bringen es zu nichts,
wer fleißig ist, kommt zu Reichtum.

11[16] EÜ folgt G, die [16a] nach 12[4] auffüllt und [16b] nach 6[6ff], weil sie die klare Antithese von M nicht verstanden oder nicht akzeptiert hat: »Eine Frau von Anmut/Schönheit erlangt Ansehen/Gewicht, gewalttätige Unterdrücker erlangen Reichtum.«

auch politisch-wirtschaftliche Macht, der die Frevler auf Dauer nichts entgegenzusetzen haben.

[12] nimmt von [9] das Stichwort »Nächster« auf und appliziert 10[14] auf den alltäglichen Umgang miteinander. Jedes vorschnelle Urteil nur nach Augenschein oder Hörensagen ist Verachtung des Nächsten und Zeichen von Unverstand. Der »Mann von Einsicht« bildet sich ein fundiertes Urteil und kennt daher den rechten Augenblick, zu reden oder zu schweigen. Darin zeigt er Ehrfurcht vor der Personwürde des anderen und zugleich Lebensklugheit, die ihm selbst und dem anderen Raum läßt für eventuell notwendige Korrekturen.

[13] fügt assoziativ den Herum- und Zwischenträger an. Insbesondere Anvertrautes (*sōd*, vgl. 3[32]) gibt er weiter, um sich wichtig und andere schlecht zu machen (20[19] Sir 27[16]). Zur Antithese vgl. [12b].

[14] appliziert in nüchterner Einschätzung der Realität die [12.13] genannten Verhalten im zwischenmenschlichen Bereich auf die Leitung eines Gemeinwesens im Rückweis auf [11]. Wenn heimtückische[9], intrigante und korrupte[11b], ungebildete und selbstherrliche[12f] Schwätzer sie ausüben, versinkt das Gemeinwesen in ein Chaos der Beliebigkeit, das die als Frevler bezeichneten Elemente[11b] zu ihrem Vorteil nutzen. Eine Gesellschaft ist gut dran, wenn die in den positiven Antithesen Genannten [10–14] das Heft in die Hand nehmen.

[15] knüpft über das Kontraststichwort »Fremder« an »Volk« in [14] an. Zum Bürgschaftswesen vgl. 6[1–5]. Hier dient es zur Veranschaulichung der negativen Auswirkungen mangelnder Regierungskompetenz.

[16] M konfrontiert in einmaliger Antithese »die Frau von Anmut« mit einer Clique von »Schrecklichen/Unterdrückern«. Anmut, ganzheitlich gefaßt, schließt »Kraft« (12[4]31[10]) und »JHWH-Furcht« (31[30]) ein. Eine einzelne Frau dieser Art bewirkt in

17 Die Güte eines Menschen kommt ihm selbst zugute,
der Hartherzige schneidet sich ins eigene Fleisch.
18 Der Frevler erzielt trügerischen Gewinn,
wer Gerechtigkeit sät, hat beständigen Ertrag.
19 Wer in der Gerechtigkeit feststeht, erlangt das Leben,
wer dem Bösen nachjagt, den Tod.
20 Verkehrte Menschen sind dem Herrn ein Greuel,
er hat Gefallen an denen, die den rechten Weg gehen.
21 Gewiß, der Böse bleibt nicht ungestraft,
doch die Söhne der Gerechten werden gerettet.

11^{19} Wer in Gerechtigkeit feststeht, andere Möglichkeit: »Wahre Gerechtigkeit...«

11^{20a} M: »Greuel für JHWH sind...«

11^{21} Gewiß, wörtlich: »Die Hand drauf!«

ihrem sozialen Umfeld, das weiter gefaßt ist als 12^{4}, Großartiges, das ihrem Namen und Gedächtnis Bestand verleiht ($10^{25}22^{1}$ u.ö.), während eine Mehrzahl von »Schrecklichen« das Gemeinwesen und sich selbst ruinieren (11^{4} u.ö.).

^{17} Der in Zuordnung und Verständnis schwierige Vers hat wohl das oft vernachlässigte »wie dich selbst« beim Gebot der Nächstenliebe (Lev 19^{18} Mt 22^{39} par) im Blick. Als »Mensch von Güte« kann nur erfahren werden, wer mit sich im Einklang steht und sich bejahen kann, wie er ist. Wer sich selbst nicht leiden kann, richtet seinen Selbsthaß gegen den eigenen Körper.

$^{18-21}$ bilden zusammen mit $12^{2.3}$ den inneren Rahmen. Der soziale Bezug tritt zugunsten der Antithetik »gerecht – frevlerisch« zurück. Innerhalb von Abschnitt 2 werden nur hier die Abstraktbegriffe »Gerechtigkeit – Frevel« verwendet.

^{18} exponiert den Aspekt »Dauerhaftigkeit« von Lohn und Ertrag am Wort *śæqær* (Trug/Lüge) – *śækær* (Lohn). Der unrechtmäßig erworbene Besitz des Frevlers ist Trug ($10^{2.16}11^{4}$ u.ö.). Lohn von Dauer/Wahrheit hat nur, »wer Gerechtigkeit aussät« (vgl. Hos 10^{12}). Das Bild assoziiert komplementär »Ernte« und besagt zweierlei: Aussaat läßt Ernte erwarten. Aber nicht jede Saat geht auf, und Mißernten sind Teil des beständigen Kreislaufs der Natur.

^{19} führt ^{18} weiter und faßt das Bildwort in eine abstrakte Aussage. Nur »wahre« (*kn* wie Num 27^{6} Koh 8^{10}) Gerechtigkeit führt zum Leben ($10^{16}19^{23}21^{21}$ u.a.). Alles andere ist trügerischer Ertrag und ein Jagen nach »Bösem«, das zum Tode führt.

^{20} unterstellt in einem letzten Schritt Tun und Verhalten des Menschen dem Urteil JHWHs. Zur Greuel-Formel vgl. 3^{32}, zu »Herz« als Sitz der Entscheidungen 4^{23}, zu »verkehrtes Herz« 17^{20} Ps 101^{4}. Dazu geht JHWH auf äußerste Distanz. Seine Zuwendung erfahren, die recht tun. Die Wegmetapher^{20b} betont die Einheit von Denken und Handeln, vgl. ^{5}.

^{21} besiegelt vorab das nachfolgende Urteil wie einen Geschäftsabschluß

22 Ein goldener Ring im Rüssel eines Schweins
ist ein Weib, schön, aber sittenlos.
23 Das Begehren der Gerechten führt zu vollem Glück,
die Hoffnung der Frevler endet im Zorngericht.
24 Mancher teilt aus und bekommt immer mehr,
ein anderer kargt übers Maß und wird doch ärmer.
25 Wer wohltätig ist, wird reich gesättigt,
wer andere labt, wird selbst gelabt.
26 Wer Getreide zurückhält, den verwünschen die Leute,
wer Korn auf den Markt bringt, auf dessen Haupt kommt Segen.

11[23] Wörtlich: »Das Begehren der Gerechten – nur Gutes, die Hoffnung der Frevler – Zorn.«

oder eine Wette mit Handschlag; zur Wendung »die Hand drauf« 16[5]. Der »Böse« wird mit dem Schuldspruch seine Strafe erhalten; zur Wendung »nicht unschuldig sprechen« mit JHWH als Subjekt Ex 20[7] par Dtn 5[11] und Ex 34[6f]. »Same« bezeichnet hier eher als Nachkommen (EÜ), die von gleicher Art sind (Jes 1[4]65[23]), das Geschlecht der Gerechten; sie sind in der heilvollen Nähe JHWHs[20b].
[22] mag eine Redensart wiedergeben, die drastisch einen bestimmten Typ Frau apostrophiert. Im Kontext hat [22] vorweisende (auf 12[1] mit überraschenden Berührungen in Metaphorik und Thematik) und rückweisende (auf 11[16]) Funktion. Gegenüber der »Frau von Anmut« fehlt es an personaler Ganzheit, was ein noch so prunkvolles Auftreten nicht kaschieren kann.
[23–31] bilden den Kern von Abschnitt 2. Er ist gefaßt von zwei Gerechte(r)-Frevler-Sprüchen in chiastischer Anordnung des Gegensatzpaares mit Wechsel vom Plural[23] zum Singular[31]. [23] läßt Bekanntes anklingen (10[3.24] und 10[28]11[7]). [23a] Daß die Gerechten »nur Gutes« erfahren (EÜ), ist kaum gemeint, sondern daß sie nur auf Gutes bedacht sind, d.h. zu tun, was JHWH wohlgefällig ist. Dem entspricht die Antithese[23b], daß der Frevler Trachten ganz auf Vermessenheit (das Wort für »Zorn« in dieser Bedeutung wie 21[24] Jes 16[6]) ausgerichtet ist.
[24–26] thematisieren die paradoxe Erfahrung, daß gewinnt, wer freigebig und wohltätig austeilt, dagegen der Knausrige und Geizige verliert, vgl. Lk 6[38]. [24] mag eine sprichwörtliche Redensart wiedergeben. [25] erläutert und bekräftigt [24a]. »Der Mensch des Segens« (EÜ: Wer wohltätig ist) wird »fett gemacht«; das Verb (noch 13[4]28[25]) bezeichnet metaphorisch Ertrag des Feldes und des Viehs (Jer 30[23] u.a.) oder allgemein Wohlstand (Jer 31[14] u.a.). »Laben« assoziiert »erquicken durch Wasser«, was für Land, Tier und Mensch Fruchtbarkeit und Leben bedeutet. [26] appliziert den Erfahrungssatz [24] auf eine brisante Alltagssituation. Gerade in Notzeiten halten skrupellose Spekulanten Versorgungsgüter knapp und vergrößern durch ihre Profitgier zusätzlich die Not der Menschen, z.B. Am 8[4–8], schon CH §§ 60.70ff; Hymnus auf *Schamasch* (RTB 128). Sie sind den Frevlern gleich, die nach 3[33] der Fluch trifft. Für Israel ist der ägyptische Josef *das* leuchtende Bei-

27 Wer Gutes erstrebt, sucht das Gefallen Gottes;
wer nach dem Bösen trachtet, den trifft es.
28 Wer auf seinen Reichtum vertraut, der fällt,
die Gerechten aber sprossen wie grünes Laub.
29 Wer sein Haus verkommen läßt, erntet Wind,
und der Tor wird Sklave des Weisen.
30 Die Frucht der Gerechtigkeit ist ein Lebensbaum,
Gewalttat raubt die Lebenskraft.
31 Wird dem Gerechten vergolten auf der Erde,
dann erst recht dem Frevler und Sünder.

11[27] Gefallen Gottes, M: »Wohlgefallen« ohne Näherbestimmung.
11[30b] EÜ folgt G, M: »und Seelen gewinnt der Weise« ist zu belassen (*Delitzsch*).

spiel für rechtes, dem Wohl des Volkes dienendes Verhalten. Wer es ihm gleichtut, erlangt Segen.

[27] ist die strukturelle und kerygmatische Mitte des zweiten Abschnitts. Das Gute – das Böse stehen in Opposition, in der Mitte: Wohlgefallen (nicht wie EÜ: Gefallen Gottes). Drei Verben des Suchens stellen die Beziehung her. Wer »das Gute« erstrebt, erstrebt das Wohl der anderen, die mit Wohlgefallen reagieren. Dieses ist, wie 11[20] und 12[2] sicherstellen, eingebettet in das Wohlgefallen JHWHs. Wer das Böse sucht, sucht es über die anderen zu bringen und läßt in diesem Besteben nicht nach (4[16]). Gleichwohl trifft es ihn selbst ([23b.21a.19b.18a.8]).

[28–31] entfalten den im JHWH-Glauben abgestützten Erfahrungssatz. [28] Wer sein Leben auf sich und seinen Reichtum gründet, hat kein Fundament in JHWH. Er hat dem Tor und dem Frevler gleich sein Haus auf Sand gebaut, das keiner Bewährung standhält. Die Antithese bietet die beliebte Metapher vom grünenden Baum (Ps 1[3] par Jer 17[7f] Ps 92[13–15], schon *Amenemope* 5,20– 6,12).

[29 30] gehören eng zusammen. Nach M bilden sie je einen synonymen Parallelismus und zusammen eine Antithese. [29] Wer durch schlechte Behandlung seiner Familie und durch Mißwirtschaft »sein Haus« ruiniert, ist ein Narr, der »Wind erbt« (Jer 5[13] Koh 1[14] u.ö.) und sich am Ende als Knecht verdingen muß bei jemandem, der sich auf die Leitung eines Familienbetriebes versteht – »weise in Bezug auf das Herz« meint neben Sachkenntnis auch menschliche Qualitäten. Das schlägt die Brücke zum »Gerechten« in [30]. *Seine* Frucht (nicht die der Gerechtigkeit EÜ) ist ein Lebensbaum (vgl. 3[18]13[12]15[4]). Was er für die anderen tut, ist für sie Gewinn von Leben in fruchtbarer Fülle. [30b] Ein Leben im Dienst der Gerechtigkeit und Weisheit ist für die anderen attraktiv, sie einnehmend und gewinnend.

[31] resümiert das im Kern [23–30] Gesagte unter dem Aspekt »Vergeltung« im Horizont des JHWH-Glaubens. Dem Gerechten stehen auf gleicher Ebene Frevler und Sünder gegenüber. Der Dichter formuliert bewußt offen: »Es wird vergolten«, wohlwissend, daß dies »auf Erden« nur zu oft nicht geschieht, so daß JHWH für die Gerechten Gelingen aufbewahrt (2[7]). G umgeht das

12¹ Wer Zucht liebt, liebt Erkenntnis,
wer Zurechtweisung haßt, ist dumm.
² Der Gute findet Gefallen beim Herrn;
den Heimtückischen aber spricht er schuldig.
³ Wer unrecht tut, hat keinen Bestand,
doch die Wurzel der Gerechten sitzt fest.
⁴ Eine tüchtige Frau ist die Krone ihres Mannes,
eine schändliche ist wie Fäulnis in seinen Knochen.
⁵ Die Gedanken der Gerechten trachten nach Recht,
die Pläne der Frevler sind auf Betrug aus.

12[1b] Wörtlich: »Wer Zurechtweisung haßt, ist ein (Rind-)Vieh.«
[3a] Wörtlich: »Nicht ist festgegründet ein Mensch durch Frevel.«

Problem mit einer freien Übersetzung, auf die dann 1 Petr 4[18] Bezug nimmt.

12[1] korrespondiert mit 11[22] in Metaphorik und Thematik. Durch Hinzunahme der Metaphorik dtn/dtr Vertragssprache »lieben/hassen« erhält die Aussage besonderes Gewicht. »Anleitung/Selbstleitung« und »Erkenntnis/Einsicht« bedingen einander wechselseitig. Daher muß zu beiden durch stetes Bemühen eine feste Bindung wachsen. Wer das verweigert, so die schroffe Antithese, ist ein (Rind-) Vieh (30[2] Ps 32[9] u.ö.).

[2.3] korrespondieren mit 11[18–21]. JHWHs Wohlgefallen gilt hier dem »Guten« (2[20]13[22]14[14]). Gutsein heißt nach [1] Liebe zu *mūsār* und Erkenntnis, woraus die Liebe erwächst, das Gute zu tun. Menschen mit heimtückischen Plänen sind dagegen JHWH ein Greuel; statt der Greuel-Formel hier die Wendung »erklärt er für frevlerisch«. [3] Frevel (nicht: »wer unrecht tut« EÜ) ist kein Fundament für das Lebenshaus (vgl. 11[28a]). Die Antithese wählt analog 11[28b] das Bild vom Baum, dessen Wurzeln fest verankert sind; zu »Wurzel der Gerechten« vgl. [12].

[4–13] bilden das abschließende Rahmenstück. Die Dreierstichwortgruppe »Frevler«[5–7] steht in Gegensatzentsprechung zu 11[8–10]. Die auffällige Position der Frevler in [6.7] sowie die Vorordnung der Frevler in [7.12] signalisieren eine Schwerpunktverlagerung zur negativen Aussageseite hin, soweit das bei Antithesen möglich ist.

[4] übernimmt aus dem korrespondierenden Vers 11[6] das Thema: Sozialverhalten und Reputation, das [5–13] weiter entfalten. Im chiastisch gebauten Vers steht der »Frau von Kraft« (vgl. 31[10] Rut 3[11]) eine »schändliche« gegenüber. Ihre konträren Wirkungen verdeutlichen zwei Kontrastbilder im Fokus auf den Ehe- und Hausherrn als Repräsentanten der Familie in der lokalen Öffentlichkeit.

[5–7] Die Spruchgruppe ist über die chiastische Anordnung der Stichwörter »Gerechte/Aufrechte« – »Frevler« eng verzahnt. Inhaltlich zeigt sich die klare Abfolge: Gedanken – Worte / Werke – Folgen. [5] exponiert die konträre Zielorientierung der Gedanken/Pläne beim Gerechten und Frevler: hier Lug und Trug, dort Recht. [6] Gedanken arti-

$1^{11-18}24^{15}$ Jes 3^{14f} Hos 6^{9} Am 5^{11} — 6 Die Reden der Frevler sind ein Lauern auf Blut,
die Redlichen rettet ihr Mund.
7 Die Frevler werden gestürzt und sind dahin,
das Haus der Gerechten hat Bestand.
8 Nach dem Maß seiner Klugheit wird ein jeder gelobt,
verkehrter Sinn fällt der Verachtung anheim.
$15^{16f}16^{8.19}17^{1}27^{5.10}$ — 9 Besser unbeachtet bleiben
und seine Arbeit verrichten,
als großtun und kein Brot haben.
10 Der Gerechte weiß, was sein Vieh braucht,
doch das Herz der Frevler ist hart.
11 Wer sein Feld bestellt, wird satt von Brot,
wer nichtigen Dingen nachjagt, ist ohne Verstand.

12^{9a} EÜ folgt G, M: »und (nur) einen Knecht haben« ist beizubehalten.
12^{10a} Wörtlich: »Der Gerechte kennt die Seele/das Wesen seines Viehs.«

kulieren sich in Worten und werden in entsprechenden Handlungen konkret; zu »Blut auflauern« vgl. $1^{11-18}24^{15}$ Jes 3^{14f} u.a. Die Aufrechten dagegen schaffen durch Wort und Tat den Bedrängten Befreiung und Leben (vgl. 10^{25}: Lebensquell). ^{7} Aus dem Verhalten erwachsen die Folgen. ^{7b} assoziiert das Haus auf dem Fels. Es bildet den Hintergrund für ^{7a}. Das Lebenshaus der Frevler, da auf Sand, auf Lug und Trug gebaut, fällt im Krisenfall in sich zusammen, während das Haus der Gerechten standhält (10^{25}).

$^{8-11}$ Die Gruppe von Einzelsprüchen ist über Stichwortverbindungen sorgfältig miteinander verknüpft. Sozialverhalten und Reputation werden aus der Perspektive verschiedener sozialer Kontexte beleuchtet.

^{8} Öffentliches Ansehen der Amtsträger basiert auf ihrer Fähigkeit, Entwicklungen richtig einzuschätzen und die notwendigen Maßnahmen zum Wohl des Gemeinwesens auch durchzusetzen. Wichtigtuer, Inkompetente und Korrupte, die sich gerne an die Macht drängen, werden von der Öffentlichkeit schnell als solche erkannt und zum Gegenstand von Spott und Verachtung.

^{9} fällt ein Werturteil in Form eines Besser-als-Spruchs. Wer in seinem Lebensbereich seine Kräfte und Mittel richtig einsetzt – nur ein Knecht für's Grobe; daß er das auch noch selber macht (EÜ), ist nicht gemeint – , ist besser dran als der Angeber und Wichtigtuer, der damit sein Haus ruiniert (11^{29}).

^{10} Die Antithese »Gerechter – Frevler« schärft ein, daß verkehrtes Sozialverhalten stets auch Fehlverhalten gegenüber JHWH ist. Der Gerechte lebt im Einklang mit sich und seinen Mitmenschen, aber auch mit der Natur, für die er sich besonders verantwortlich weiß (vgl. Gen 1^{26-28} Ps 8^{7-9} u.a.). Das zeigt sich im Umgang mit den Haus- und Nutztieren, die er als Mitgeschöpfe respektiert (»er kennt ihr Wesen«) und um die er sich kümmert. Darin spiegelt sich JHWHs Barmherzigkeit gegenüber seinen Geschöpfen wider (z.B. Ps 104^{27ff}). Der Frevler dagegen kennt nur Ausbeutung der Natur zum eigenen Profit.

^{11} Der rechten Einstellung der Natur gegenüber entspricht die rechte Nut-

12 Schwankender Lehm ist die Burg der Bösen,
die Wurzel der Gerechten hat festen Grund.
13 Der Böse verfängt sich im Lügengespinst,
der Gerechte entkommt der Bedrängnis.

3. Rechtes Reden und Tun, Begehren und Hoffen: 12[14]–13[13]

14 Von der Frucht seines Mundes wird der Mensch reichlich gesättigt;
nach dem Tun seiner Hände wird ihm vergolten.

12[12a] M: »Der Frevler begehrt das Fangnetz des Bösen« ist zu belassen.
12[13a] Wörtlich: »Im Vergehen der Lippen – eine böse Falle.«

zung der Versorgungsgüter, die sie bereithält. Bildhintergrund ist das bäuerliche Leben. Rechtzeitige Feldbestellung sichert den Lebensunterhalt. Diese »Bauernregel« ist auf alle Lebensbereiche übertragbar. Das zeigt die Antithese, die das Verhalten des »Verstandlosen« allgemein als »jagen nach nichtigen Dingen« bezeichnet. [11] ist über »arbeiten«, »Brot«, »Mangel« eng mit [9] verbunden; vgl. 28[19], *Amenemope* 8,17.

[12] M in [12a] ergibt einen guten Sinn (Anm.); zu Einzelheiten *Fuhs*, 206. Der Frevler trachtet den Bösen gleich nach unrechtmäßigem Besitz (4[14–17] u.a.). »Fangnetz« ist Metapher für ihr verbrecherisches Tun (1[11–18] u.a.). Aus der Antithese [12b] ist sinngemäß zu ergänzen, daß sich die Frevler/Bösen in ihrem eigenen Netzwerk verstricken. Die Antithese ist eine Variante zu [3b]: »Die Wurzel der Gerechten gibt«, d.h. die Wurzel ist ergiebig, gibt Kraft zum Austrieb. Ohne Bild: Der Gerechte schafft für sich und andere, was fruchtet und Bestand hat.

[13] weist auf 11[8] zurück und beschließt Abschnitt 2. [13a] trifft eine generelle Feststellung; zum Text s. Anm. Fehleinschätzung einer Situation oder Falschbeurteilung eines Menschen belasten Beziehungen und können einen Menschen zerstören. Das nennt der Dichter eine »böse Falle«, in die jeder hineintappen kann – auch der Gerechte. [13b] stellt nun mit Blick auf ihn fest, daß er »seit alters« schon aus dieser Bedrängnis hervorgegangen sei. Das besagt zweierlei: Sollte ein Gerechter in die Falle tappen, wird er selbstkritisch seinen Irrtum erkennen und umgehend korrigieren. Sollten andere ihm die Falle stellen, wird er sie rechtzeitig erkennen und umgehen.

12[14]–13[13] Die Einheit ist die strukturelle und kerygmatische Mitte von Teil I. Sie besteht aus zwei Abschnitten, 12[14]–13[2] und 13[(2)3–13], die formal und thematisch eng aufeinander bezogen sind; zu Einzelheiten vgl. *Fuhs*, 207f. Sie bietet in zwei Schritten eine Zusammenschau der verschiedenen thematischen Linien und Schwerpunkte. Ziel einer umfassenden Bildung ist der sensible und hörende Mensch, bei dem Denken-Reden-Handeln zu einer Einheit verschmolzen sind. Der Weg dorthin ist mühsam und, wie die Antithesen zeigen, voller Anfechtungen. Aber nur dieser Weg ist »Weg zum Leben« (10[17], vgl. 12[28]15[28]). Ihn zu gehen, macht jedoch Freude. Der Dichter stellt den gesamten Weg von Ausbildung und Erziehung, Selbstleitung

15 Der Tor hält sein eigenes Urteil für richtig,
der Weise aber hört auf Rat.
16 Der Tor zeigt sogleich seinen Ärger,
klug ist, wer Schimpfworte einsteckt.
17 Wer Wahrheit spricht, sagt aus, was recht ist,
der falsche Zeuge aber betrügt.

und Fortbildung, Glauben und Leben unter den Leitgedanken »Freude« (10[28]12[20]14[10.13]15[21.23] u.a.) bzw. »sich freuen« (5[18]13[9]17[21] u.ö.) und »erfreuen« (10[1]12[25]15[20.30] u.ö.). Damit verbindet der Dichter in einem zweiten Schritt das Thema »Begehren – Hoffnung« aus Abschnitt 1, das er hier unter psychologischen Aspekten beleuchtet.

12[14] exponiert gleich zu Beginn die Einheit von Reden/Denken und Handeln. »Frucht des Mundes« meint das rechte Wort zur rechten Zeit, den heilsamen Zuspruch, das tröstende, versöhnende und liebende Wort. Was ein »Mann« / eine Frau anderen damit »Gutes« antut, kommt ihnen selbst zugute. Das gilt gleichermaßen für das Handeln eines Menschen, wie [14b] ausdrücklich hervorhebt.

[15] Dazu bedarf es der rechten Einsicht. Der »Tor« in seiner falschen Selbstwahrnehmung – »richtig in seinen Augen« (21[2], vgl. Jos 9[25] 2 Sam 19[7] Jer 26[14]40[5]) – braucht weder Rat noch Belehrung., ist für sich selbst das Maß (3[5.7]14[12]16[2] u.ö.). Für andere kommt dabei nichts Gutes heraus. Der Weise dagegen »hört« auf Rat und nimmt Belehrung gerne an. Gegenseitiges Geben und Nehmen schaffen ein gutes soziales Klima. Das Themawort »hören« aus 1–9 wird hier aufgenommen und weist voraus auf 13[1.8] und 15[29–32].

[16–23] Die wohlstrukturierte Spruchgruppe verdeutlicht in einer Serie von Antithesen törichte Lebensart an konkreten Beispielen und bewertet sie im Lichte des JHWH-Glaubens.

[16.23] sind über die Stichwörter »Tor«, »bedecken«, »klug«, Wurzel/jādaʿ = »wissen« in chiastischer Anordnung verbunden und bilden einen Rahmen. [16] Auf jede Infragestellung seiner Position reagiert der Tor allergisch und auf jede negative Bewertung aggressiv. Der Kluge läßt sich zu nichts Unbedachtem hinreißen, das ihn angreifbar machen könnte. Zugleich ermöglicht er dem anderen, ein falsches Urteil zu revidieren. [23] sagt dasselbe in anderer Blickrichtung. Wie seinen Unmut, so kann der Tor auch seine Besserwisserei nicht im Zaum halten. Der Kluge dagegen weiß sein Wissen zur rechten Zeit den richtigen Menschen zur Verfügung zu stellen.

[17.22] sind über die Stichwörter »Zuverlässigkeit/Wahrheit«, »Lügen (zeuge)«, »Lügen(lippen)« in chiastischer Anordnung verbunden und bilden einen zweiten, inneren Rahmen. [17] wirkt tautologisch. Tatsächlich exponiert der Dichter den Kausalnex zwischen Gesinnung/Charakter eines Menschen und seinen Äußerungen, so daß in beiden Richtungen Schlußfolgerungen möglich sind. Was einer sagt, das ist er – und umgekehrt. [22] fügt den Aspekt »Handeln« hinzu und unterstellt die konträren Lebensweisen dem Urteil JHWHs. Zum »Lügenmaul« wie zum »Lügenzeugen«[17b] geht JHWH auf äußerste Distanz. Sein Wohlge-

18 Mancher Leute Gerede verletzt wie Schwertstiche,
die Zunge der Weisen bringt Heilung.
19 Ein Mund, der die Wahrheit sagt,
hat für immer Bestand,
eine lügnerische Zunge nur einen Augenblick.
20 Wer auf Böses sinnt, betrügt sich selbst,
wer heilsamen Rat gibt, erntet Freude.
21 Kein Unheil trifft den Gerechten,
doch die Frevler erdrückt das Unglück.
22 Lügnerische Lippen sind dem Herrn ein Greuel,
doch wer zuverlässig ist in seinem Tun, der gefällt ihm.
23 Ein kluger Mensch verbirgt sein Wissen,
das Herz der Toren schreit die Narrheit hinaus.

12[20] Wörtlich: »Trug ist im Herzen der Böses Stiftenden, aber die Frieden Stiftenden richten Freude an.«
12[22] Wörtlich: »Greuel für JHWH sind ...«

fallen gilt dagegen denen, die wahrhaftig sind [17a] und Wahrheit/Zuverlässigkeit auch tun [22b], vgl. Joh 3[21] Jak 1[22–25].

[18–21] Die Gruppe der Innenverse beleuchtet die konträren Verhaltenstypen hinsichtlich ihrer Wirkungen im sozialen Mitfeld und hinsichtlich ihrer inneren Verfaßtheit.

[18] ist nach 11[24] der zweite Spruch mit »es gibt« am Satzanfang. Nicht nur Blicke, auch Worte können töten. Sie sind wie Schwerter (Ps 59[8]64[4]); vom richtenden Gotteswort (Jes 11[4] Hebr 4[12]). Im Unterschied zum Lügenzeugen[17b] sind hier Leute mit einem losen Mundwerk, das wie ein Maschinengewehr geht ohne Rücksicht auf die oft verheerenden Folgen solchen Geredes. Die »Zunge« der Weisen dagegen schafft Ausgleich und Versöhnung und damit ein gutes soziales Klima.

[19] schließt über Stichwort »Zunge« an. Das Wahrheitswort hat Bestand. Darauf kann man ein gemeinsames Leben aufbauen. Das Lügenwort dagegen täuscht dies für Augenblicke vor. Nach einer hebr. Redensart hat es »keine Füße«, d.h. es vermag nichts zu tragen, schon gar nicht ein gemeinsames Leben.

[20] Das Böse, das jemand ausbrütet, zielt auf Betrug eines anderen (nicht »Selbstbetrug« EÜ), der ihm neben dem Schaden auch Leid (Gegensatzentsprechung zu »Freude«[20b]) zufügt. Im Gegensatz dazu stehen dann nicht Leute, die zum Frieden raten (EÜ), sondern Leute, die Frieden planen und Frieden stiften. Damit bereiten sie anderen Freude. Daß sie dabei auch selbst Freude haben, versteht sich von selbst.

[21] bildet mit [20] einen Chiasmus. In Opposition stehen »Friedensstifter/Gerechter« – »Frevler/Böser«. Daß den Gerechten kein Unheil treffe, ist nicht gesagt. Gemeint ist Unheil als Frucht der Sünde (22[8] Ijob 4[8] Jes 59[4]), das ein Strafgericht mit sich bringt (Jer 4[15] Hab 3[7]). Da die Frevler von Bösem »voll sind«, wird sie, so ist aus [21a] zu ergänzen, das Unheil voll treffen. Davor bleibt der Gerechte bewahrt.

24 Die Hand der Fleißigen erringt die Herrschaft,
die lässige Hand muß Frondienste leisten.
25 Kummer im Herzen bedrückt den Menschen,
ein gutes Wort aber heitert ihn auf.
26 Der Gerechte findet fette Weide;
der Weg der Frevler führt in die Irre.
27 Bequemlichkeit erjagt sich kein Wild,
kostbare Güter erlangt der Fleißige.
28 Der Pfad der Gerechtigkeit führt zum Leben,
der Weg der Abtrünnigen führt zum Tod.

12[26a] EÜ folgt BHS, M: »Es möge erkunden von seinem Nächsten der Gerechte.«
12[27] Wörtlich: »Lässigkeit erjagt kein Wild, kostbares Gut des Menschen ist Fleiß(igsein).«
12[28b] EÜ nach G, M: »Der Weg ihres Steiges (ist) Nicht-Tod« ist zu belassen.

[24–27] Die formal eng angeschlossene Spruchgruppe exponiert das Thema: Tun und Ertrag im Kontext von [14.22] und bekräftigt die Einheit von Reden/Denken und Handeln.
[24.27] sind chiastisch aufeinander bezogen. [24] Der Fleißige, zugleich der Kluge, Weise und Gerechte, ist Herr seiner selbst und derer, für die er Verantwortung trägt. Zusammen mit ihnen schafft er für alle Wohlergehen und soziale Reputation. Lässigkeit (6[6–11]10[4]19[15]) dagegen führt in Abhängigkeit. Wer ihr frönt, ist ein Tor und Verstandloser und endet in der Fron (11[29] u.a., vgl. Lk 15[11–16]). [27a] illustriert [24b] mit einem Bild aus der Jagd. Dahinter mag eine sprichwörtliche Redensart stehen. [27b] erhält mit Blick auf [24a] einen guten Sinn: »Kostbares Gut für einen Menschen (ist) Fleiß(igsein)«, vgl. bereits *Kimchi*.
[25.26] stimmen mit [20.21] in den Kernbegriffen bei gleicher Anordnung überein: »im Herzen«, »Gerechter/Frevler«, Bildungen von »freuen«.
[25a] Kummer bedrückt das Gemüt und macht das Herz krank. [25b] Ein gutes Wort wirkt Heilung[18b], erhellt das Gemüt und heitert es auf[20b]. Die Antithese »Gerechter/Frevler«[26] nimmt [21] auf und weist auf [28] voraus. [26a] (M) meint wohl: Der Gerechte ist auf das bedacht, was sein Nächster zu seinem Wohl braucht, und geht, so ist aus [26b] zu ergänzen, auf dem rechten Weg. Der Weg der Frevler dagegen, die sich um den Nächsten nicht scheren, führt in die Irre.
[28] ist resümierende Zielaussage, die die Grundthese des Dichters (1[7]9[10]) untermauert: Der Weg der Gerechtigkeit ist der Weg der Weisheit. Auf diesem Weg gehen heißt auf den Wegen JHWHs wandeln, und das bedeutet »Leben«[28a] bzw. »Nicht-Tod«[28b]. »Weg der Gerechtigkeit« und »Weg ihres Steigs« (= Wandeln auf ihrem Steig) ist gezielte Anspielung auf 8[20], und »Nicht-Tod« steht in bewußter Antithese zu 2[18] »zum Tod«.

13^{1} Ein weiser Sohn ist die Frucht der Erziehung des Vaters,
der zuchtlose aber hört nicht auf Mahnung.
^{2} Von der Frucht seiner Worte zehrt der Gute,
aber die Verräter begehren Gewalttat.
^{3} Wer seine Lippen hütet, bewahrt sein Leben,
wer seinen Mund aufreißt, den trifft Verderben.
^{4} Das Verlangen des Faulen regt sich vergebens,
das Verlangen der Fleißigen wird befriedigt.
^{5} Verlogene Worte haßt der Gerechte,
der Frevler handelt schändlich und schimpflich.
^{6} Gerechtigkeit behütet den Schuldlosen auf seinem Weg,
Frevler bringt die Sünde zu Fall.

13^{6} Wörtlich: »Gerechtigkeit behütet die Tadellosigkeit des Weges, Frevel stürzt um Sünde.«

13^{1} bildet mit 12^{15} den Innenrahmen des ersten Teils von Abschnitt 3. »Nicht hören« ist die Gegensatzentsprechung zu »hören«; dem »Weisen« entspricht der »weise Sohn« (vgl. 10^{1}15^{20}). Der in der lebendigen Traditionsvermittlung (4$^{1-5}$) herangereifte, weise Mensch verkörpert und gibt weiter, was Leben fördert – Metapher »Frucht«, vgl. Ps 1^{3}. Der »Hochmütige/Spötter« dagegen hat seine selbstgezimmerte Lebensphilosophie, ist unbelehrbar und unverbesserlich.
^{2} bildet das Gelenkstück zwischen den beiden Teilen von Abschnitt 3. Als äußerer Rahmenvers weist er auf 12^{14} zurück und beschließt den ersten Teil, zugleich eröffnet er den zweiten $^{3-13}$. Die Metapher vom fruchttragenden Baum wird hier appliziert auf das Guttun in Worten, das stets im Handeln konkret wird. Diese »Speise« (Joh 4^{34}) ist Genuß für alle. »Verräterische Menschen« (11^{3}) dagegen gieren nach Gewalttat (3^{21} Ps 27^{12}) und deren Ertrag (4^{17} Ps 35^{25}) und werden doch nicht satt.
$^{3.4}$ bilden mit ^{2} über Stichwort »Leben« (*næpæš*) eine Dreierspruchgruppe. ^{3} fügt zur fruchtschaffenden Rede ^{2} den Aspekt »Behutsamkeit/Sparsamkeit« hinzu. »Seinen Mund bewahren« in dieser Form nur hier. Entsprechende Mahnungen gibt es zahlreich in allen Kulturen (*Achikar* 7,96–99; *Amenemope* 5,12f; u.a.). Wer dagegen »seine Lippen aufreißt«^{3b}, redet sich um Kopf und Kragen; »Verderben« (vgl. 10$^{14.29}$ 14^{28}18^{7}21^{15}). Im Kontext betont ^{4} die richtige Balance zwischen innerem Antrieb und Handeln (»Leben« in der Bedeutung »Begehren/Verlangen«). Der Faule träumt von Wohlstand und Wohlleben (21^{25f}), aber »von nichts kommt nichts«. Die Fleißigen von $^{2.3}$ (vgl. 12$^{24.27}$) werden in ihrem Verlangen, anderen Gutes zu tun, reichlich gesättigt.
$^{5.6}$ bilden ein Spruchpaar. Die Zusammenordnung »Gerechter-Frevler« mit »Gerechtigkeit-Frevel« nur noch 10^{2f}, dort chiastisch, hier parallel. ^{5} Alles Verlogene ist dem Gerechten wesensfremd. Dem Frevler ist es dagegen eigen, durch Lug und Trug andere »in üblen Geruch zu bringen« (vgl. bereits *Kimchi*, anders EÜ). ^{6} Der Doppelgedanke entspricht 11^{5}; hier treten aber abstrakte Größen in poetischer Personifikation auf. Mit je zwei Worten gelingt es, den inneren Zusammenhang

7 Mancher stellt sich reich und hat doch nichts,
ein anderer stellt sich arm und hat großen Besitz.
8 Der Reichtum eines Mannes ist das Lösegeld für sein Leben,
der Arme jedoch hört nichts von Loskauf.
9 Das Licht der Gerechten strahlt auf,
die Lampe der Frevler erlischt.
10 Der Leichtsinnige stiftet aus Übermut Zank,
doch wer sich beraten läßt, der ist klug.
11 Schnell errafftes Gut schwindet schnell,
wer Stück für Stück sammelt, wird reich.
12 Hingehaltene Hoffnung macht das Herz krank,
erfülltes Verlangen ist ein Lebensbaum.

13^{8} Wörtlich: »Lösegeld für eines Menschen Leben ist sein Reichtum, der Arme hört nicht auf Drohung.«

13^{10} Wörtlich: »Ja, bei Anmaßung gibt es Streit, bei denen, die einander beraten – Weisheit.«

zweier gegensätzlicher Charaktere – »Tadellosigkeit des Wandels« und »Sündhaftigkeit« – mit den Prinzipien ihrer Handlungsweisen – »Gerechtigkeit« und »Frevel« – aufzudecken.

^{7} beginnt wie 11^{24} mit »es gibt« und formuliert ebenfalls eine Paradoxie, wie sie das Leben in allen Bereichen bereithält; hier geht es um die Widersprüchlichkeit von Schein und Sein in bezug auf »arm« und »reich«.

^{8} schließt über »arm-reich« unmittelbar an und stellt ironisch einen gewissen Vorzug der Armut vor dem Reichtum heraus. Der Arme ist wenigstens vor räuberischer oder fiskalischer Erpressung sicher, der Reiche nicht. Ein forensischer Hintergrund (EÜ: Lösegeld, Loskauf) ist nicht gegeben.

^{9} greift auf $^{5.6}$ zurück. »Gerechte-Frevler« hier im generalisierenden Plural. ^{9b} entspricht 24^{20b}, vgl. 20^{20b}. »Licht« ist Urmetapher für Leben, Wohlergehen und Glück. Entsprechend ist den Gerechten das hell leuchtende Tageslicht zugeordnet (4^{18}), ihr Leben ist »helle Freude« (*śmḫ*, vgl. $12^{20.25}$). Das Leben der Frevler verliert sich in völliger Düsternis (4^{18f}).

^{10} Das dummdreiste Auftreten gleich welcher Sorte von Toren erzeugt in jeder Gemeinschaft Zerstrittenheit und Uneinigkeit. ^{10b} ist Variante zu $11^{2b}12^{15b}$ und verweist auf 12^{20}. Einander beraten, Erfahrungen austauschen, von einander lernen, Kritik zulassen, all das fördert die eigene wie die gemeinsame Erkenntnis dessen, was zum Aufbau einer solidaren Gesellschaft nötig ist.

^{11} nimmt das Stichwort »Besitz/Reichtum« aus ^{7} auf. In Antithese stehen »windiger« Besitz, Gewinne aus Spekulationsgeschäften oder Scheinfirmen und Gewinn aus soliden und seriösen Geschäften. Dieser ist verläßlich, jener schwindet geschwind, vgl. *Amenemope* 9,16–10,7.

^{12} greift das Thema »Hoffen und Begehren« aus Abschnitt 1 auf ($10^{3.28}11^{7}$), gibt ihm aber im Vorblick auf Abschnitt 4 und 5 eine neue Ausrichtung. ^{12a} Wenn jemand ständig hingehalten und vertröstet wird oder durch widrige Lebensumstände die Erfüllung des Erhofften »sich

13 Wer gute Worte mißachtet, erleidet Schaden,
wer Ehrfurcht hat vor dem Gebot, bleibt unversehrt.

4. Vom rechten und falschen Umgang: 13^{14}–14^{27}

14 Die Lehre des Weisen ist ein Lebensquell,
um den Schlingen des Todes zu entgehen.
15 Rechte Einsicht bringt Gunst,
aber den Verrätern bringt ihr Verhalten den Untergang.

13^{13a} Wörtlich: »Wer das Wort verachtet, bleibt ihm (doch) verpfändet.«
13^{15b} Bringt ... den Untergang, M: »ist steinhart« ist wegen der Paronomasie (*'jtn – jtn*) vorzuziehen.

hinzieht«, hat das für den Betreffenden psycho-traumatische Folgen. Sein »Herz« (wie 4^{23}) wird krank. ^{12b} Erfülltes Verlangen dagegen gibt neue Lebenskraft und neuen Lebensmut. »Lebensbaum« ist dafür ein treffliches Bild ($3^{18}11^{30}15^{4}$).

^{13} Eine grundsätzliche Verpflichtung gegenüber »dem Wort« und »dem Gebot« beschließt Abschnitt 3. Sie erinnert an Dtn 30^{11-14}, zugleich an die Mahnungen (1–9), auf die Worte und Gebote der Eltern, der Weisheit und JHWHs zu hören, sie zu bewahren und nicht zu verachten. Wer dieses Wort der Wegweisung »verachtet« ($1^{7}23^{9}$), bleibt ihm gleichwohl »verpfändet«. Niemand kann, ohne auf Dauer Schaden zu nehmen, aus den bewährten Glaubens- und Lebenstraditionen aussteigen. Wer sie sich zu eigen macht, wird »belohnt« (11^{31}), indem er ihre heilvollen Kräfte erfährt.

13^{14}–14^{27} Die Varianten 13^{14} und 14^{27}, die – formal auffällig – keinen Parallelismus bilden, begrenzen den Abschnitt 4. Er besteht aus vier Unterabschnitten: 13^{14-19} 13^{20}–14^{7} 14^{8-15} 14^{16-27}. Analog zu Abschnitt 2 tritt das soziale Umfeld wieder in den Blick, hier unter dem Aspekt seiner prägenden Einflüsse auf den einzelnen. Die Vielfalt der Lebenssituationen strukturiert der Dichter nach seinem Leitsatz ($1^{7}9^{10}15^{33}$). So entspricht der »Tora des Weisen« (13^{14}) die »JHWH-Furcht« (14^{27}). Im Zentrum (14^{2}) steht der JHWH-Fürchtige. Er wird strukturell gerahmt und charakterisiert durch das Mitgehen mit den Weisen (13^{20}) und das Weggehen von den Toren (14^{7}).

13^{14-19} Formen von »(aus-)weichen« begrenzen die Einheit. ^{14} korrespondiert mit ^{1}. Der »weise Sohn« als Frucht elterlicher Toraunterweisung ($1^{8}3^{1}4^{2}6^{20}7^{2}$) ist der »Weise«, der diese jetzt fortführt. Was er weitergibt, ist »Quelle des Lebens«; das wird 10^{1} vom Mund des Gerechten, 14^{27} von der JHWH-Furcht und 16^{22} von der Einsicht gesagt. Das vierfache Vorkommen verweist auf Einheit und Vollkommenheit. Was der Weise und Gerechte sagt, führt zur Einsicht und JHWH-Furcht und beide ineins lassen Leben gelingen.

^{15} Das rechte Wort, guter Umgang, liebende Zuwendung schaffen eine Atmosphäre des Vertrauens, die Schranken abbaut und Menschen zusammenführt (11^{16}); »Gunst« (3^{4}). Die Art der »Treulosen/Tückischen« ist dagegen »steinhart« (zur Bedeutung Num 24^{21} Jer 49^{19} Mi 6^{2}), unkultiviert (Dtn 21^{4}) und nur auf das

16 Der Kluge tut alles mit Überlegung,
der Tor verbreitet nur Dummheit.
17 Ein gewissenloser Bote richtet Unheil an,
ein zuverlässiger Bote bringt Heilung.
18 Armut und Schande erntet ein Verächter der Zucht,
doch wer Tadel beherzigt, wird geehrt.
19 Ein erfüllter Wunsch tut dem Herzen wohl,
vom Bösen zu lassen ist dem Toren ein Greuel.
20 Wer mit Weisen unterwegs ist, wird weise,
wer mit Toren verkehrt, dem geht es übel.

13[16b] Verbreitet, eher: »breitet aus, kramt aus«.
13[17a] Richtet Unheil an, mit M: »er stürzt ins Unheil.«
13[18a] Erntet, M: Nominalsatz.
13[20a] Eher Imperativ statt Partizip (EÜ).

eigene Interesse aus. Diese Art läßt Leben nicht gelingen [14].

[16] ist Variante zu 12[35] und 15[2]; sie dient der Veranschaulichung von [15]. Rechte Einsicht zeigt sich im bedachtsamen, zielorientierten Denken und Handeln. Das geht den Toren ab. Daher kramt er ständig seine »Narrheit« (12[33]15[2]) hervor, wie ein fliegender Händler seine Ware.

[17] dient der weiteren Veranschaulichung von [15]. Gerade in schwierigen Missionen liegt es am Geschick und Fingerspitzengefühl des Unterhändlers, Einigungsmöglichkeiten auszuloten, die den vitalen Interessen der Beteiligten Rechnung tragen; zu »bringt Heilung« 4[22]12[18]. Wer dagegen aus Opportunismus Konflikte weiter schürt, ist ein »frevlerischer Bote«, der das Schicksal eines Frevlers erleiden wird.

[18] Die chiastisch gefaßte Antithese greift [15] unter dem Aspekt »soziale Reputation« auf. Wer sich dem *mûsār* – der Eltern, der Weisheit, JHWHs – verweigert und den Rat guter Freunde ablehnt, hat als Folgen der verfehlten Lebenshaltung Verarmung und vor allem gesellschaftliche Achtung zu gewahren. Ansehen dagegen genießt, der sich auf Fehler aufmerksam machen läßt, sie eingesteht und korrigiert.

[19] faßt die kleine Einheit zusammen. [19b] appliziert die Binsenweisheit [19a] (vgl. [12b]) auf die »Toren«. Deren Herzenswunsch ist nach 10[23], »Böses zu tun«, vgl. 1[16]4[16] u.ö. Daher ist für sie die bloße Vorstellung »Weichen vom Bösen« ein Graus und mit ihrer Lebensart unvereinbar; denn das ist ein Merkmal des Weisen (14[16]) und Aufrechten (16[17]) und wird durch JHWH-Furcht bewirkt (3[7]16[16]).

13[20]–14[7] Formen von »gehen« am Anfang [20], in der Mitte (14[2]) und am Ende (14[7]) bestimmen die Struktur der Einheit. Zwischen 13[20a] und 14[7a] besteht antithetische Entsprechung, die formal durch den Imperativ betont wird. Im Zentrum steht der JHWH-Spruch 14[2]. Er wird gerahmt durch 14[1] und [3], die in chiastischer Entsprechung zueinander stehen.

[20] Daß Charakter und Persönlichkeit vom sozialen Umfeld nachhaltig geprägt werden, ist altbekannt. Daher die Mahnung[20a], den rechten Umgang zu wählen und sich den Weisen anzuschließen; denn ihre Art zu leben, so ist der Antithese zu entnehmen, läßt Leben gelingen. Eine Aufforderung, in die Schule zu gehen

21 Unglück verfolgt die Sünder,
den Gerechten wird mit Gutem vergolten.
22 Der Gute hinterläßt seinen Enkeln das Erbe,
der Besitz des Sünders wird für den Gerechten aufgespart.
23 In der Hand der Vornehmen ist reichlich Nahrung;
der Arme wird zu Unrecht dahingerafft.
24 Wer die Rute spart, haßt seinen Sohn,
wer ihn liebt, nimmt ihn früh in Zucht.
25 Der Gerechte hat zu essen, bis sein Hunger gestillt ist,
der Bauch der Frevler aber muß darben.
14^{1} Frau Weisheit hat ihr Haus gebaut,
die Torheit reißt es nieder mit eigenen Händen.

13^{23} Wörtlich: »Speise in Fülle (ergibt) der Neubruch der Armen, aber was da ist, wird weggerafft durch Unrecht.«

14^{1} Frau Weisheit, M: »Die Weisen unter den Frauen« oder »die Weisheit der Frauen«.

(Sir $6^{32-36}8^{8f}9^{14-16}$), ist kaum gemeint. ^{20b} versteht man am besten als Begründung der Mahnung.

^{21} knüpft in chiastischer Gegensatzentsprechung an mit Blick auf das Geschick der Sünder (1^{10} u.ö.) und der Gerechten. Das »Böse« heftet sich den Sündern buchstäblich an die Fersen (vgl. Nah 1^{8}). Die unpersönliche Formulierung »wird vergolten« läßt das Handlungssubjekt bewußt in der Schwebe.

^{22} schließt über Stichwort »gut« an. Der »Gute« (wie 12^{2}) wird mit den Gerechten identifiziert. Der Gute lebt Güte und Liebe und verwirklicht darin Gerechtigkeit (11^{25} u.a.). Diese Lebensart ist ein unschätzbares Vermögen, das seine heilswirkenden Kräfte in den Nachkommen entfaltet. Was dem Gerechten an materiellen Dingen fehlt, weil er etwa arm ist, wird ihm »aufgespart« (vgl. 2^{7}!). Daß dafür das Vermögen der Sünder vorgesehen ist, entspricht geläufiger Vorstellung ($21^{18}28^{8}$ Ijob 21^{17} Koh 2^{26}).

^{23} illustriert (nach M) an einem Beispiel, wie der arme Gerechte zu dem kommt, was er für sein Leben braucht. Kraft göttlichen Segens und seiner harten Arbeit trägt gegen alle Erfahrung ein gerade urbar gemachtes Stückchen Land (Jer 4^{3} Hos 10^{12}) überreichen Ertrag, während vorhandene Vermögen infolge unseriöser Geschäfte von heute auf morgen wie »weggeblasen« sind.

^{25} nimmt die Antithese »die Sünder – der Gerechte«^{21} in »der Gerechte – die Frevler« chiastisch auf und schließt über »essen, Speise« unmittelbar an ^{23} an. In Fortführung des Gedankens von $^{21-23}$ wird das unterschiedliche Geschick des Gerechen und der Frevler im Horizont von 10^{3} beleuchtet.

^{24}unterbricht den Zusammenhang $^{20-23.25}$ und gehört als Randglosse vielleicht zu 13^{1}. Wer *mūsār* lehren will, muß *mūsār* vorleben (vgl. 2). Das macht die Autorität des Erziehenden aus und Strafmittel in der Regel überflüssig. Gleichwohl können sie in bestimmten Situationen geboten sein. Jedenfalls sind antiautoritäre Konzepte für den Glossator Ausdruck von Gleichgültigkeit und mangelnder Liebe gegenüber der nachwachsenden Generation.

14^{1-3} bilden den theologischen Kern der Einheit 13^{20}–14^{7}. In ^{1} exponiert

2 Wer geradeaus seinen Weg geht, fürchtet den Herrn,
wer krumme Wege geht, verachtet ihn.
3 Im Mund des Toren ist eine Rute für seinen Rücken,
den Weisen behüten seine Lippen.
4 Wo keine Ochsen sind, bleibt die Krippe leer,
reicher Ertrag kommt durch die Kraft des Stieres.
5 Ein zuverlässiger Zeuge lügt nicht,
aber ein falscher Zeuge flüstert Lügen zu.
6 Der Zuchtlose sucht Weisheit, doch vergebens,
dem Verständigen fällt die Erkenntnis leicht.
7 Tritt einem törichten Mann gegenüber,
und du erfährst keine verständigen Worte.

14[3a] Wörtlich: »Ein Sproß/Reis des Hochmuts/der Überheblichkeit«.
14[7a] Wörtlich: »Geh weg aus dem Gesichtskreis der Toren ...«

M frauliche Weisheit: »die Weisen« unter den Frauen korrespondiert mit den »Weisen«[3]; »die Weisheit« der Frauen ist Gegensatzentsprechung zu »Torheit«[1b]. Die offene Formulierung ermöglicht beide Wiedergaben. Jedenfalls hat die weise Mutter und Hausherrin eine grundlegende gemeinschaftsbildende und -fördernde Stellung in jeder Gesellschaft, die nicht leicht überschätzt werden kann. Wo sie gering geachtet wird, ist Torheit am Werk, die Familien und soziale Bindungen zerstört. [2] Aufbau und Erhalt einer solidaren Gesellschaft ist Ausdruck und Verwirklichung von JHWH-Furcht; zum Weg »geradeaus« 4[25] u.a., zu den »krummen« Pfaden der Frevler 4[14.27] u.a. [3] steht in chiastischer Entsprechung zu [1]. Dem Handeln entspricht das Reden und beiden die innere Einstellung. [3a] wählt dafür die Metapher vom »Reis«, das aus dem Inneren durch den Mund des Toren herauswächst und zu einem Baum von Hochmut wird. Ohne Bild konstatiert die Antithese: Der Weise weiß durch Reden und Schweigen zur rechten Zeit der Gemeinschaft zu dienen. Weises Handeln[1] und weises Reden/Schweigen[3] sind Ausdruck von JHWH-Furcht.

[4] schließt an [1] an. Zu Haus und Hof gehören Ackerbau und Viehzucht. Dafür tragen Bauer und Bäuerin gleichermaßen Verantwortung. Aber, so fügt die wohl sprichwörtliche Redensart hinzu, ohne die Arbeitskraft und Mithilfe der Tiere gäbe es weder Futter, der Trog bliebe leer (*bār*), noch Ertrag in Menge (*rāb*) für den Menschen (Chiasmus der Konsonanten).

[5] appliziert [3] auf Zeugenschaft. Der Falschzeuge wird durch das konkrete Wort »Lüge/Treuebruch« charakterisiert, der Zuverlässige durch den Plural des Abstraktnomens »Zuverlässigkeit/Wahrheit«.

[6] ist eine Umsetzung von [2] in lebenspraktische Erfahrung. Auch der Hochmütige/Spötter sucht Weisheit. Nur: Auf seinen Wegen – »da ist nichts«. Sie zu verlassen ist er jedoch nicht bereit (1[28f] u.a.). Der Einsichtige dagegen hat begriffen, daß JHWH-Furcht zur Erkenntnis führt (1[7]9[10]). Daher sind für ihn Wissen und Erkennen ein Leichtes.

[7] beschließt die kleine Einheit. [7a] steht in antithetischer Entsprechung zu 13[20a]. Die Imperative fordern auf, den

8 Die Weisheit des Klugen gibt ihm Einsicht in seinen Weg,
aber die Dummheit der Toren führt zu Täuschung.
9 In den Zelten der Toren wohnt Schuld,
das Haus der Rechtschaffenen findet Gefallen.
10 Das Herz allein kennt seinen Kummer,
auch in seine Freude mischt sich kein Fremder.
11 Das Haus der Frevler wird zertrümmert,
das Zelt der Redlichen gedeiht.
12 Manch einem scheint sein Weg der rechte,
aber am Ende sind es Wege des Todes.

14[9] Andere Übersetzungsmöglichkeit: »Die Toren verspotten Schuldverpflichtung, aber unter Rechtschaffenen (ist) Wohlgefallen.«

rechten Umgang zu pflegen und sich fernzuhalten von schlechter Gesellschaft. 13[20] faßt dies in einen antithetischen, [7] in einen synthetischen Parallelismus. So folgt in [7b] das, was sich jeder über den Umgang mit einem Toren in der Rückschau sagen muß.

[8–15] Die Varianten [8a.15b] bilden den Rahmen dieser Einheit. [9–14] sind über die Stichwörter »rechtschaffen«[9.11.12], »Herz«[10.13.14], »Freude«[10.13] und »Weg«[8.12.14] eng verzahnt.

[8] nimmt den Gedanken von [7] auf und faßt ihn, auf 13[20] anspielend, in eine Antithese. Die Weisheit des Klugen zeigt sich darin, daß Recht- und Guttun seinen Umgang mit anderen bestimmen, weil ihm das selbst zugute kommt. Die Narrheit des Toren besteht in der Selbsttäuschung, daß die Täuschung anderer für ihn ohne Folgen bliebe.

[9] führt nach M den Gedanken von [8] weiter. In poetischer Personifikation treten »Wohlgefallen«[9b] und »Schuld (verpflichtung)«[9a] als Handlungssubjekte auf. Letztere behandelt die Verursacher, die Toren, »hochmütig, spöttisch«, vgl. 1[26f]3[34], d.h. sie verfährt mit ihnen nach Belieben. Dagegen prägt Wohlgefallen als Wohlergehen die Gemeinschaft der Rechtschaffenen.

[10–14] bilden den Kern der kleinen Einheit. Die Antithesen [11.14] werden durchbrochen von psychologischen Beobachtungen und Reflexionen [10.13], die sich um [12] als Mitte gruppieren.

[10] Der Mensch als soziales Wesen ist zugleich eine Eigenwelt für sich, die nur JHWH genau durchschaut und versteht (15[11]16[2]21[2]24[12]). Die innersten Regungen und Beweggründe sind nur begrenzt mitteilbar und für einen »anderen« (EÜ: Fremden) nur begrenzt verstehbar. Damit unterliegen alle Sentenzen und Urteilssätze dem Vorbehalt der Vorläufigkeit. Bei ihrer Verwendung im Alltag ist daher größte Vorsicht geboten.

[11] Die Antithese, als Erfahrungssatz verwendet, scheitert an der Wirklichkeit. Versteht man sie als Glaubenssatz, gibt sie der Hoffnung Ausdruck, daß gegen jeden Augenschein die »Familie« der Rechtschaffenen eine blühende Zukunft hat, die der Frevler dagegen keine.

[12] schließt an [10] an und führt den Gedanken weiter. »Das gibt es« (*ješ*) am Satzanfang zur Formulierung eines Paradoxons, vgl. 11[24]13[7]16[25]. Was in seinem Innersten vor sich geht, versteht und durchschaut der Mensch oft genug selbst nicht. So ist er z.B. fest davon überzeugt, eine bestimmte Lebensweise oder Partnerbeziehung sei für ihn die einzig richtige, und

13 Auch beim Lachen kann ein Herz leiden,
das Ende der Freude ist Gram.
14 Dem Untreuen werden seine Vergehen vergolten,
dem guten Menschen seine edlen Taten.
15 Der Unerfahrene traut jedem Wort,
der Kluge achtet auf seinen Schritt.
16 Der Weise hat Scheu und meidet das Böse,
der Tor läßt sich gehen und ist vermessen.
17 Der Zornige handelt töricht,
der Ränkeschmied ist verhaßt.
18 Die Unerfahrenen verfallen der Torheit,
die Klugen krönen sich mit Erkenntnis.
Koh 8[14]10[6f] 19 Die Bösen müssen sich bücken vor den Guten
Lk 16[20] und die Frevler an der Tür des Gerechten.

14[14a] Wörtlich: »Von seinen Wegen wird gesättigt, wer abgewichenen Herzens ist.«

doch führt sie in die Katastrophe, allen Warnungen und Ratschlägen zum Trotz. [12] wird 16[25] wiederholt.
[13] Andererseits hat das soziale Umfeld hohe Erwartungen, gleichgültig wie es um jemanden tatsächlich steht. Diesem Erwartungsdruck sind viele Menschen nicht gewachsen und zerbrechen daran.
[14.15] Zwei Antithesen beschließen die Einheit. [14] »Der abgewichenen Herzens ist« bezeichnet, anders als [10.12.13], jemanden, der mit Sinn und Verstand vom rechten Weg, von JHWH abgewichen ist (Ps 44[19]53[4]); sich sättigen an »seinen Wegen« (EÜ: Vergehen) bedeutet nach der Antithese »Nicht-Sättigung« (Jes 55[2]), da auf den Wegen seiner Gottentfremdung nichts ist, das ihn tragen und beglücken könnte – wie den Guten seine guten Taten. [15] weist auf [8] zurück. [15b] ist eine Variante zu [8a]. Die Vertrauensseligkeit des Unerfahrenen (vgl. 1[4]) kann leicht in falsche Bahnen gelenkt werden, während der Kluge seinen Schritt mit Bedacht lenkt.
[16–27] bilden den vierten Unterabschnitt, der konzentrische Elemente aufweist: [18] und [24] stehen in chiastischer Entsprechung; »gut – bös«[19] kehrt in [22] wieder. [20.21] sind über Wortfeld »arm – reich« verbunden.
[16] nimmt die Antithese von [15] chiastisch auf. Der Weise als JHWH-Fürchtiger (3[7]16[16f], vgl. Ijob 1[1] Ps 34[15]) weiß um das Böse auch in sich selbst. Daher überprüft er ständig seine Emotionen und Aktionen, sein Denken und Handeln. Der Tor, stets mit sich zufrieden, läßt ungezügelt seinen Affekten freien Lauf.
[17] gibt zwei Beispiele eines affektenthemmten Toren: den Jähzornigen, der in seinem Anfall Schaden anrichtet, der ihm hernach bitter leidtut, und den heimtückischen Intriganten, der permanent seine Energie zur Schädigung anderer einsetzt.
[18] nimmt auf [15] Bezug. Pflegt der Unerfahrene den falschen Umfang, »erbt« er Torheit. Schließt er sich den Klugen an, »krönt« ihn Erkenntnis.
[19] greift [11] auf. Im synonymen Parallelismus stehen in doppelter Gegensatzentsprechung »Böse – Gute« und »Frevler (Pl.) – Gerechter« (vgl. 2[20]4[14]). Wie [11] ist [19] kein Erfahrungs-,

20 Selbst seinem Nächsten ist der Arme verhaßt,
der Reiche aber hat viele Freunde.
21 Wer seinen Nächsten verachtet, sündigt;
wohl dem, der Erbarmen hat mit den Notleidenden.
22 Gewiß geht in die Irre, wer Böses plant;
Liebe und Treue erlangt, wer Gutes plant.
23 Jede Arbeit bringt Erfolg,
leeres Geschwätz führt nur zu Mangel.
24 Die Krone der Weisen ist ihre Klugheit,
der Kranz der Toren ist ihre Narrheit.
25 Ein verläßlicher Zeuge rettet Leben,
wer Lügen zuflüstert, der täuscht.
26 Der Gottesfürchtige hat feste Zuversicht,
noch seine Söhne haben eine Zuflucht.

14[24a] Ihre Klugheit, eher mit M: »ihr Reichtum.« – Kranz, M: »Torheit« ist zu belassen (vgl. 16[22b]).

14[26] Wörtlich: »In der JHWH-Furcht (liegt) ein starker Vertrauensgrund, eines solchen Kinder haben eine Zuflucht.«

sondern ein Glaubenssatz, Ausdruck offener Hoffnung angesichts einer widersprüchlichen Wirklichkeit auf die sich in der Geschichte durchsetzende Gerechtigkeit JHWHs, vgl. Jes 60[14].

[20.21] bilden ein formal verbundenes Spruchpaar. [21] beschreibt die allbekannte Erfahrung: Geht es einem gut, hat man Freunde zuhauf; gerät man in Not, lassen einen selbst nächste Angehörige im Stich. [22] bewertet dieses Verhalten im Horizont des JHWH-Glaubens als Verstoß gegen das Liebesgebot und damit als sündhaft. Die Seligpreisung gilt daher jedem, der aus Nächstenliebe sich der in Not Geratenen annimmt.

[22] bildet mit [19] einen Rahmen um [20.21]. Die rhetorische Frage [22a] ist Ausdruck der Gewißheit, daß Menschen der Art von [20.21a] fehlgehen und erfolglos bleiben, während diejenigen, die Nächstenliebe tun [21b], Zuverlässigkeit und Treue (der Mitmenschen, JHWHs) erfahren, vgl.Mt 12[46–50].

[23] Verstärkt den Aspekt »tun« mit Hinweis auf die Erfahrung, daß jede gute Arbeit ihr gutes Ergebnis zeitigt (10[22]), während Gerede nichts zustande bringt. Es reicht nicht, von Nächstenliebe zu reden, sie muß konkret geübt werden. Dann entfaltet sie ihre heilvollen Wirkungen.

[24] fügt gegenüber [18] einen weiteren Aspekt hinzu. Die Weisen tragen gleichsam eine Doppelkrone aus Erkenntnis und Reichtum (EÜ: »Klugheit« aus [18]), vgl. 11[10f]. Sie wissen um die Sozialpflichtigkeit des Reichtums und handeln danach. Das gibt ihnen Ansehen und Ehre im Gemeinwesen. Die Toren krönen sich mit Tand und Glamour und stellen so ihre Narrheit zur Schau.

[25] nimmt das Thema »Zeugenschaft« aus [5] auf. Auch hier ist forensischer Hintergrund nicht zwingend. Der wahrhaftige Mensch bewahrt Leben nicht nur vor Gericht, sondern in allen Situationen des Alltags, während der trügerische ohne Skrupel Menschenleben ruiniert.

[26] bildet mit [27] ein Spruchpaar. JHWH ist der feste Grund (22[19] Jer 17[7]), der Glauben ermöglicht und

27 Die Gottesfurcht ist ein Lebensquell,
um den Schlingen des Todes zu entgehen.

5. Affekte – Ihre Steuerung und ihre sozialen Auswirkungen: 14^{28}–15^{32}

28 Viel Volk ist der Glanz des Königs,
wenig Leute sind des Fürsten Untergang.
29 Der Langmütige ist immer der Klügere,
der Jähzornige treibt die Torheit auf die Spitze.

14^{28} Wörtlich: »Die Menge des Volkes (ist) Schmuck des Königs, im Zu-Ende-Gehen des Volkes (ist) Untergang der Herrschaft.«

14^{29b} Andere Möglichkeit: »trägt Narrheit zur Schau« oder: »trägt Narrheit davon«.

Vertrauen bewirkt (Jes 28^{16}). Wer feststeht in diesem Glauben, vererbt ihn wie Abraham (Gen 18^{19}) als kostbares Gut an seine Nachkommen, so daß er für sie zu einem »Schutzort« wird in jeder Not (Ps $71^{5–7}$ u.a.).

^{27} wiederholt mit anderem Subjekt 13^{14} und beschließt Abschnitt 4. »Tora der Weisen« und JHWH-Furcht bilden eine untrennbare Einheit. Lebendige Traditionsvermittlung ist immer auch Vermittlung eines lebendigen Glaubens und umgekehrt. Daß diese Sicht des Dichters erst das Ergebnis eines langen Reflexionsprozesses sei, wie häufig angenommen, ist wenig wahrscheinlich.

14^{28}–15^{32} Abschnitt 5 läßt eine klare Struktur erkennen. Drei separate, gleichwohl vernetzte Segmente bilden eine formale Einheit: 14^{28}–$15^{18.19–27.28–32}$, wobei das letzte mit $10^{1–5}$ und 12^{14}–13^{2} für die Makrostruktur von Teil I bedeutsam ist.

14^{28} Ein Spruch über den König eröffnet den Abschnitt. Der Zustand eines Volkes gibt Aufschluß über die Qualität seiner Führung. Recht, Gerechtigkeit und solidarisches Verhalten lassen es erblühen und gedeihen und verschaffen dem Regenten Ehre und Ansehen. Ein korruptes Regiment führt mit dem Volk sich selbst in den Abgrund. »Menge des Volkes« spielt an auf die Mehrungszusagen (Gen $12^{2}18^{18}$). Was sich unter David und Salomo erfüllt hatte, wurde durch die Schuld der Herrschenden in der Folgezeit verspielt. Im Kontext kündigt ^{28} das Thema von ^{34f} an und weist mit der Abfolge JHWH- $^{26.27}$ Königs- ^{28} Sprüche auf die Strukturbildung in 16^{1ff} voraus.

^{29}–15^{18} Die Einheit wird durch konzentrische und refrainartige Elemente strukturiert. ^{29} und 15^{18} stehen in chiastischer Entsprechung und bilden den äußeren Rahmen. In weiterer Rahmenfunktion stehen ^{33} und 15^{14} sowie 15^{2} und ^{7}. So entstehen fünf kleine Einheiten, die untereinander zahlreiche Entsprechungen aufweisen, vgl. *Fuhs*, 234f.

^{29} exponiert das Thema des Abschnitts: Dispositionen zu Affekten, ihre Steuerung und ihre sozialen Auswirkungen. Der Langmütige weiß seine Affekte und Emotionen zu beherrschen und so soziale Konflikte zu vermeiden. Der Choleriker sieht im nachhinein die Torheit seines Verhaltens ein, hat aber den angerichteten Schaden samt Folgen zu

[30] Ein gelassenes Herz bedeutet Leben für den Leib,
doch Knochenfraß ist die Leidenschaft.
[31] Wer den Geringen bedrückt,
schmäht dessen Schöpfer,
ihn ehrt, wer Erbarmen hat mit dem Bedürftigen.
[32] Durch seine Bosheit wird der Frevler gestürzt,
der Gerechte findet Zuflucht in seiner Redlichkeit.
[33] Im Herzen des Verständigen ruht Weisheit,
im Innern der Toren ist sie nicht bekannt.
[34] Gerechtigkeit erhöht ein Volk,
der Völker Schmach ist die Sünde.
[35] Die Gunst des Königs ruht auf dem klugen Diener,
den schändlichen aber trifft sein Zorn.
15[1] Eine sanfte Antwort dämpft die Erregung,
eine kränkende Rede reizt zum Zorn.

14[32] Andere Möglichkeit: »Trifft ihn Unglück, wird umgestoßen der Frevler, in seinem Sterben birgt sich der Gerechte.«
14[33b] Eher rhetorische Frage: »Im Innern von Toren, kann sie erkannt werden?«

tragen. Beide Typen spielen unter der Bezeichnung »der Schweiger – der Heiße« in der ägyptischen Weisheit eine zentrale Rolle.
[30] deckt die psychosomatischen Zusammenhänge auf. Eine intakte Personmitte bewirkt Lebensmut und körperliches Wohlbefinden. Eifersucht und deren Folgen dagegen zerstören einen Menschen, wie das drastische Bild veranschaulicht, vgl. 12[4].
[31] Eine ausgeglichene Persönlichkeit ist Voraussetzung für die rechte Beziehung zu JHWH wie für rechtes mitmenschliches Verhalten. Den Notleidenden zu helfen, ist nicht allein eine Frage der Humanität, sondern auch des wahren Gottesdienstes, vgl. [21] Ijob 31[15] Mt 25[40] Jak 3[9].
[32] faßt die [29–31] vorgestellten Menschentypen in der Antithese »Frevler-Gerechter« zusammen und lenkt den Blick auf deren Geschick und Verhalten. Trifft den Frevler ein Unglück, wirft ihn das aus der Bahn, da es in seinem Weltbild nicht vorgesehen ist. Der Gerechte dagegen kann selbst im Tod gelassen sein, weiß er sich doch in JHWH geborgen (Ps 31[6] Ijob 27[8f]), vgl. »Nicht-Tod« (12[28]).
[33] korrespondiert mit 15[14]. Wer den positiven Antithesen [29–31] entspricht, ist ein »Gerechter«[32] und ein »Einsichtiger«. Er hat in seinem Personzentrum der Weisheit Raum gegeben. Beim »Toren« kann davon keine Rede sein.
[34.35] Das Spruchpaar nimmt [28] auf. [34] präzisiert: Die wahre Größe eines Volkes besteht darin, daß es nach innen und außen Gerechtigkeit verwirklicht. Jede Form sozialer Diskriminierung, so die Antithese, ist »Sünde«, d.h. verstößt gegen Willen und Weisung JHWHs, vgl. Sach 8[13].
[35] Daß Gerechtigkeit geschieht, hängt von der Leitung ab. Sie hat auf allen Ebenen jede Form von Amtsmißbrauch und Korruption zu vermeiden. »Wohlgefallen« und »Zorn« des Königs verweisen im Kontext auf JHWH.
15[1] bereitet [2–7] mit einer allgemeinen Erfahrung vor. Menschliche Beziehungen bauen auf sprachlicher

^{2} Die Zunge der Weisen verkündet Erkenntnis,
der Mund der Narren sprudelt Torheit hervor.
$5^{21}15^{11}16^{2}17^{3}$ ^{3} An jedem Ort sind die Augen des Herrn,
$21^{8}22^{12}24^{12.18}$ sie wachen über Gute und Böse.
Ps $33^{13-15}139$ Sir 15^{18f} ^{4} Eine sanfte Zunge ist ein Lebensbaum,
eine falsche Zunge bricht das Herz.
^{5} Der Tor verschmäht die Zucht seines Vaters,
wer auf Zurechtweisung achtet, ist klug.
^{6} Im Haus des Gerechten gibt es reichen Vorrat,
was der Frevler erwirbt, wird zerschlagen.
^{7} Die Lippen der Weisen streuen Erkenntnis aus,
das Herz der Toren ist verkehrt.

15^{2} Verkündet, M: »macht gut«.
15^{4} Falsche Zunge, wörtlich: »aber Verkehrung in ihr«.
15^{6} Wörtlich: »Das Haus des Gerechten ist ein großes Vermögen/großer Vorrat, beim Ertrag des Frevlers Verstörung.«

Kommunikation auf. Ein verständnisvolles Wort nimmt das Anliegen des Gegenübers ernst und löst so Konflikte, während ein arrogantes darüber hinweggeht und Streit provoziert.

^{2} korrespondiert mit ^{7}. Die Weisen »wissen meisterlich« (EÜ: verkünden) das rechte Wort zur rechten Zeit gemeinschaftsfördernd einzusetzen. Dagegen richtet der Schwall von Besserwisserei der Toren nur Schaden an.

^{3} Ob gemeinschaftsfördernd oder -schädigend, JHWH durchschaut das Innerste des Menschen. Für die einen ist das beunruhigend, den anderen ist das Trost; zu »Augen JHWHs« vgl. $5^{21}22^{12}24^{18}$, zur Allgegenwart z.B. Ps 33^{13-15} Sir 15^{18f} Hebr 4^{13}, schon *Amenemope* 17,9–12.

^{4} nimmt ^{2} auf. Das rechte Wort schafft Heilung und ist das Mittel dazu; zu Lebensbaum vgl. 3^{11} $11^{30}13^{12}$. Die »Verkehrung« (11^{3}) dessen kann einen Menschen zerstören.

^{5} exponiert den Zusammenhang zwischen rechtem/falschem Verhalten und (Selbst-)Erziehung. Selbstklugheit ist Kennenzeichen des Toren (z.B. $26^{5.12.16}$). Kritische Hinweise und Ratschläge braucht er nicht. Der Kluge dagegen nimmt sie an und setzt sich mit ihnen produktiv auseinander, vgl. *Ptahhotep* 564f.

^{6} nimmt ^{5} chiastisch auf und setzt den Gerechten dem Klugen und dem Frevler den Toren gleich. Das reiche Vorratshaus des Gerechten ist seine Klugheit^{5b}, sein heilendes Wort^{4a}, das Wort seiner Erkenntis^{2a}. Der »Ertrag des Frevlers« ist »Verstörung«, die er bei anderen bewirkt.

^{7} weist als Variante auf ^{2} zurück und faßt $^{3-6}$ zusammen. Gegenüber ^{2} verschärft ^{7} die Aussage. Der Tor ist durch und durch »verkehrt« (vgl. 11^{19}); er verdreht das Rechte und Gute und verkehrt sie ins Gegenteil. Das Verb in ^{7a} kann »ausstreuen« (1^{17}) und »worfeln« ($28^{6.28}$) bedeuten. Im einen Fall bringt der ausgestreute Samen der Erkenntnis reichen Ertrag, im anderen sichten die Weisen den Erkenntnisertrag, trennen die Spreu vom Weizen und fördern so den Erkenntnisfortschritt. Das ist die Überleitung zu $^{8-14}$.

8 Das Opfer der Frevler ist dem Herrn ein Greuel, $^{29}16^{16}17^{1}20^{25}21^{3.27}$
am Gebet der Rechtschaffenen aber hat er Gefallen. 28^{8} Jes 1^{10-17}
9 Ein Greuel ist dem Herrn der Weg des Frevlers, Jer 7^{22f} Hos 6^{6} Am 5^{21-25}
wer aber der Gerechtigkeit nachjagt, den liebt er. Mi 6^{6-8}
10 Schlimme Strafe trifft den,
der den rechten Pfad verläßt,
wer Zurechtweisung haßt, muß sterben.
11 Totenreich und Unterwelt liegen offen vor dem Herrn, $21^{2}24^{12}$ Jer 17^{9f}
wieviel mehr die Herzen der Menschen. Ps 139
12 Ein Zuchtloser liebt es nicht, daß man ihn rügt,
zu weisen Menschen begibt er sich nicht.
13 Ein fröhliches Herz macht das Gesicht heiter,
Kummer im Herzen bedrückt das Gemüt.
14 Das Herz des Verständigen sucht Erkenntnis,
der Mund der Toren ergeht sich in Torheit.

$^{8.9}$ sind über einen doppelten Chiasmus zu einem Spruchpaar verbunden. ^{8} stellt dem »Opfer der Frevler« das »Gebet der Rechtschaffenen« entgegen. JHWHs Wohlgefallen gilt dem, der Gottesdienst und Menschendienst als Einheit versteht und lebt. Davon kann beim Frevler keine Rede sein. Daher ist sein Opfer totes Werk, zu dem JHWH auf äußerste Distanz geht. Der Dichter erinnert an die kultkritischen Worte der Propheten (Am 5^{21-25} u.a.) und Texte der Gebetsfrömmigkeit (Ps 50^{8-14} u.a.), vgl. auch *Merikare* 129 u.a. ^{9} dehnt das Urteil JHWHs auf die ganze Lebensrichtung des Frevlers und des Gerechten aus. Zu »lieben« vgl. $3^{18}8^{17}16^{13}21^{21}$; »Gerechtigkeit« steht in bewußter Entsprechung zu 14^{34}; Abscheu/Wohlgefallen JHWHs $^{8.9}$ korrespondieren mit Wohlgefallen/Zorn des Königs in 14^{35}.

^{10} verdeutlicht, was Distanz JHWHs für den Frevler konkret bedeutet. Sein Weg, der vom rechten ($2^{13}10^{17}$ u.ö.) abweicht und von dem er sich nicht abbringen läßt, führt zum Tod (5^{23} Jes 28^{18f}).

$^{11-17}$ sind durch zwei Stichwortreihen verbunden: »Herz«$^{11.13.14.15}$ und »gut«$^{13.15.16.17}$.

^{11} nimmt das Thema von ^{3} auf. Der Mensch kann die Abgründe seines Herzens nie ganz durchschauen, wohl aber JHWH ($16^{2}17^{3}$ u.a.), da ihm selbst die entferntesten Regionen offen vor Augen liegen, das Totenreich ($1^{18f}2^{18}7^{27}9^{18}$) und die Abgründe der Unterwelt (28^{20} Ijob 26^{6} u.a.).

^{12} läßt ^{5} und die Konsequenz ^{10} anklingen. »Nicht lieben« ist Gegensatzentsprechung zu »lieben«^{9}. Der Hochmütige/Spötter ist unbelehrbar. Er meidet daher den Umgang mit charaktervollen Menschen. Er ist und bleibt ein Rindvieh (12^{1}). Seiner Ausrichtung nach gehört er zu den Frevlern, deren Geschick er teilt.

$^{13.14}$ bilden über die Anapher »Herz« ein Spruchpaar. ^{13} Lebenslust und Lebensfreude prägen das Erscheinungsbild eines Menschen ebenso wie depressive Stimmungs- und Gefühlslage infolge von Gram, Leid und Verbitterung. ^{14} Das »frohe Herz« ist ein »verständiges Herz« (nur noch 18^{15} und 1 Kön 3^{12} in bezug auf Salomo). Der Verständige versteht sich als ein Weiser im Werden; er lernt jeden Tag dazu. Der Tor hält sich für weise; er reproduziert immer denselben Unfug.

15 Der Bedrückte hat lauter böse Tage,
der Frohgemute hat ständig Feiertag.
16 Besser wenig in Gottesfurcht
als reiche Schätze und keine Ruhe.
17 Besser ein Gericht Gemüse, wo Liebe herrscht,
als ein gemästeter Ochse und Haß dabei.
18 Ein hitziger Mensch erregt Zank,
ein langmütiger besänftigt den Streit.
19 Der Weg des Faulen ist wie ein Dornengestrüpp,
der Pfad der Redlichen aber ist gebahnt.
20 Ein kluger Sohn macht dem Vater Freude,
nur ein törichter Mensch verachtet seine Mutter.

[15–18] Die Spruchgruppe korrespondiert sprachlich und thematisch mit 14[29–33].
[15] Wer sich von Schwierigkeiten und Problemen unterkriegen läßt, wird depressiv. Jeder Tag wird zum Horror, auch der gute, weil er als solcher nicht mehr wahrgenommen wird. Wer dagegen positiv denkt, kann selbst schlimmen Tagen etwas Gutes abgewinnen. »Festgelage« ist hypertrophe Metapher.
[16.17] bilden ein Spruchpaar (Anapher »besser«, Epiphora »dabei«). [16] korrespondiert mit 14[31]. Herrschen Willkür und Gewalt (statt EÜ »keine Ruhe«) in der Gesellschaft, gibt auch Reichtum keine Sicherheit und Perspektive. Den Armen und Unterdrückten gibt wenigstens das Vertrauen auf JHWH, daß er sich ihrer annimmt, Hoffnung und Zuversicht in den Wirrnissen der Zeit. Unausgesprochen steht dahinter: Am besten wäre eine Gesellschaft frei von Gewalt und Profitgier, in der JHWH-Furcht jedem sein Auskommen garantiert. [17] Der zweite Besser-als-Spurch veranschaulicht diesen Gedanken an einem kontrastreichen Bild. »Haß-Liebe« spielt an auf [9], der Ochse vielleicht auf [8].
[18] nimmt 14[29] chiastisch auf und beschließt den ersten Unterabschnitt. Zur Charakterisierung der beiden Menschentypen s. dort. [18a] kehrt in leichter Variation 28[25a]29[22a] wieder.
[19–27] Die Einheit ist um [24] als Mitte strukturiert: »Pfad«[19] ← »Pfad des Lebens«[24] → »Leben«[27]. Dreimaliges Stichwort »Freude« verbindet [20–23]; in [25–27] ist »Haus« rahmendes Stichwort. In der Gegenüberstellung konträrer Lebensentwürfe gewinnt »der Pfad des Lebens zur Höhe« sein unverwechselbares Profil.
[19] Der Faule (6[6–11] u.ö.) ist unredlich, da er auf Kosten der Gemeinschaft lebt, aber nichts für sie tut. »Verhau aus Dornengestrüpp« hat zwei Aspekte: Der Faule sieht überall Hindernisse, um seine Faulheit zu rechtfertigen. Zugleich wird JHWH verhindern, daß er auf diesem verkehrten Weg vorankommt. Die Bahn der Redlichen dagegen ist wie ein aufgeschütteter Pfad (Jes 57[14] Jer 18[15], vgl. Jes 40[3]49[11]), der schnurgerade zum Ziel führt, zur Gemeinschaft mit JHWH.
[20] wiederholt, leicht variiert, 10[1]. Beide Verse sind, zusammen mit 13[1], im Bereich 10–15 strukturbildend bedeutsam. Die Wendung »weiser Sohn« begegnet im AT nur noch 1 Kön 5[21] 2 Chr 2[11] in Verbindung mit Salomo.

21 Torheit macht dem Unverständigen Freude,
der einsichtige Mann geht den geraden Weg.
22 Wo es an Beratung fehlt, da scheitern die Pläne,
wo viele Ratgeber sind, gibt es Erfolg.
23 Jeden freut es, wenn er (kluge) Antwort geben kann,
und wie gut ist doch ein Wort zur rechten Zeit.
24 Einen Lebenspfad zur Höhe gibt es für den Klugen,
damit er der Totenwelt drunten entgeht.
25 Das Haus der Stolzen reißt der Herr nieder,
den Grenzstein der Witwe aber macht er fest.
26 Die Pläne des Bösen sind dem Herrn ein Greuel,
aber freundliche Reden gefallen ihm.
27 Wer sich durch Raub bereichert, zerstört sein Haus, Ex 23[8] Dtn 16[9]
wer Bestechung von sich weist, wird lange leben. Jes 1[23]5[23] Ps 15[5]
Koh 7[7]

15[23a] Wörtlich: »Freude (hat) der Mensch an der Antwort seines Mundes.«
15[26a] Pläne des Bösen, eher: »böse Pläne« (vgl. 2[14]6[24] u.a.).
15[26b] Wörtlich: »Rein (sind) Worte der Freundlichkeit« (vgl. 3[17]16[24]).

[21] nimmt 10[23] auf und führt das Thema von [20] weiter. Nach 3[6] u.ö. ermöglicht JHWH dem Einsichtigen, d.h. demjenigen, der aus dem *mûsār* (der Eltern, der Weisheit, JHWHs) lebt, das Geradeausgehen auf dem rechten Weg. Torheit verachtet dies und freut sich am Bösen (10[23a]). »Freude des Verstandlosen« und »Freude des Vaters«[20a] sind daher unüberbrückbare Gegensätze.
[22] greift 11[14] auf, faßt aber die Aussage ganz allgemein. Für alle Lebensbereiche ist der Mensch auf gute Beratung angewiesen, damit er Probleme überwinden und seine Vorhaben erfolgreich durchführen kann.
[23]führt die positive Antithese[22b] in einem synthetischen Parallelismus weiter, indem die wechselseitig positiven Wirkungen herausgestellt werden. Dies mündet [23b] in dem Glücksausruf: »Wie gut, wie hilfreich!«
[24] ist die strukturelle und theologische Mitte der Einheit. Der Spruch entfaltet mit Bezug auf 12[28] Dtn 28[13] seinen Gedanken unter Verwendung antithetischer Elemente in einem einzigen Satz. Der »Einsichtsvolle/Kluge« umfaßt die in den positiven Antithesen[20–27] genannten Menschentypen. Für sie wird der Weg *durchs* Leben zum Weg *des* Lebens (2[19]5[6]10[17]), der »aufwärts« führt, ein Bild für die Lebensgemeinschaft mit JHWH und seiner Weisheit.
[25] Der Weg zur Höhe ist kein Weg individueller Heilssicherung, sondern konkret verwirklichter sozialer Gerechtigkeit. JHWH selbst tritt dafür ein. Er wird das Recht der Schwachen, Schutzlosen und Bedürftigen aufrichten und alle widerrechtlichen Grenzziehungen korrigieren.
[26] Bösem Tun geht böses Planen voraus. Böse Gesinnung und böse Absichten sind mit dem Wesen JHWHs nicht vereinbar. Als Gegensatzentsprechung wählt der Dichter hier »rein« (vgl. [9] »lieben«); der Begriff stammt aus dem Kult und wird im übertragenen Sinne verwandt.
[27] knüpft über Stichwort »Haus« an [25] an. Der chiastisch gebaute Spruch nennt *eine* Form von unrechtmäßi-

28 Der Gerechte überlegt sich im Herzen jede Antwort,
aber der Mund der Frevler sprudelt Schlechtes hervor.
29 Fern ist der Herr den Frevlern,
doch das Gebet der Gerechten hört er.
30 Strahlende Augen erfreuen das Herz,
frohe Kunde labt den Leib.
31 Ein Ohr, das auf heilsame Mahnungen hört,
hält sich unter den Weisen auf.
32 Wer Zucht abweist, verachtet sich selbst;
wer aber auf Mahnungen hört, erwirbt Verstand.

15[28a] Wörtlich: »Das Herz des Gerechten sinnt darauf, recht zu antworten.«

ger Bereicherung: Korruption. Wer sich dem Sumpf von Begünstigung und Vorteilsnahme entzieht, geht auf dem Weg des Lebens; wer nicht, kommt darin um (1[19] u.ö.).

[28–32] sind über die Stichwörter »hören«[29.30.31.32] und »Herz«[28.30.32] zu einer Einheit verbunden. Sie beschließt Abschnitt 5 und zugleich Teil I. Im Rückweis auf 12[14]–13[2] und 10[1–5] faßt sie die grundlegenden Gesichtspunkte zusammen.

[28.29] bilden ein Spruchpaar über die doppelte Stichwortverbindung »Gerechte(r) – Frevler« in chiastischer Anordnung (10[2f]13[21f]). Die Antithese steht in strukturell bedeutsamer Position gleich zweimal. [28] Der Gerechte (= Weise[2a.20], Kluge[24], Einsichtige[14]) ringt um das rechte Wort und sinnt nach (vgl. Ps 1[2]) über den helfenden Rat. Die Frevler dagegen ersinnen heimtückische Pläne und lassen ihnen freien Lauf. [29] Menschen dieser Art hat sich JHWH entzogen (Hos 5[6]), und auf ihre Opfer ([8a]28[9] Jes 1[15]) blickt er mit Abscheu. Dagegen schenkt er seine Nähe denen, die ihn aufrichtig anrufen ([8b] Ps 145[18] u.a.).

[30] »Herz« und »Gebein« umschreiben den ganzen Menschen. Die positive Ausstrahlung eines Menschen steckt an und stimmt froh. Bringt er noch gute Kunde, ist Erquickung und Sättigung in reichem Maß; zu »laben« vgl. 11[25]13[4].

[31] bildet keinen Parallelismus. Der Spruch entfaltet seine Aussage in einem Satz. Er präzisiert die gute Nachricht[30] als »Weisung zum Leben« (EÜ: heilsame Mahnungen). Wer sie in sich aufnimmt, »nächtigt« (19[23] Jes 1[21]), d.h. hat sein Quartier bei den Weisen, ist ein Weiser.

[32] Mit einer Antithese schließt Teil I. [32a] resümiert in Aufnahme von [10b]: Wer *mūsār*, wie er in Fortführung von 1–9 in 10–15 herausgearbeitet wurde, abweist, verachtet »sein Leben« (EÜ: sich selbst). Wer aber die »Weisung zum Leben«[31] hört und beherzigt, erwirbt »Herz«, Sinn und Verstand, hier besser: Personmitte → Persönlichkeit.

Mit viermaligem »hören« und dreimaligem »Herzen« sowie der Wendung »weiser Sohn« in jeweils strukturbedeutsamen Positionen rekontextualisiert der Dichter die narrativen Texte über Salomo. Nur er wird im AT so bezeichnet (vgl. 15[20]). Nur mit ihm wird die Bitte um ein »hörendes und weises Herz« in Verbindung gebracht (1 Kön 3[9]).

Der Dichter verfolgt damit ein doppeltes Ziel. Salomo als das traditionelle Ideal des weisen und JHWH-fürchtigen Königs ist Vorausbild und Verweis auf JHWH, den wahren König, der in Teil II im Zentrum der Darstellung steht. Das zweite Ziel: Ein »weiser Sohn« – wie Salomo –

TEIL II
ENTWURF EINER JHWH-ORIENTIERTEN LEBENS- UND GESELLSCHAFTSORDNUNG: 15^{33}–24^{22}

Überschrift: 15^{33}

33 Gottesfurcht erzieht zur Weisheit,
und Demut geht der Ehre voran.

1. Die Wege des Menschen im Urteil JHWHs, des Königs: 16^{1}–17^{3}

16^{1} Der Mensch entwirft die Pläne im Herzen,
doch vom Herrn kommt die Antwort auf der Zunge.
2 Jeder meint, sein Verhalten sei fehlerlos,
doch der Herr prüft die Geister.

15^{33} Wörtlich: »Furcht JHWHs (ist) *mûsār* der Weisheit; vor Ehre Demut.«
16^{2a} Wörtlich: »Alle Wege eines Menschen sind rein in seinen Augen.«

kann jeder werden, sofern er sein Leben am *mûsār* der Eltern, der Weisheit, JHWHs ausrichtet.

15^{33} Der programmatische Satz fungiert als Überschrift. Formal und inhaltlich ist er $1^{7}9^{10}$ verwandt. Die Wendung »*mûsār* der Weisheit« ist singulär. Sie nimmt »Weisheit und Zucht« von 1^{7} chiastisch auf. 15^{33b} wird 18^{12b} wiederholt und hat in 22^{4} eine Parallele. Beide Sprüche stehen in strukturell bedeutsamer Position. Das seltene Wort für »Demut« (Zef 2^{3} und Sir, wo es als Leitwort eine soziale und religiöse Grundtugend bezeichnet, z.B. Sir 1^{26f} 3^{17-20}) tritt in Parallele zu »JHWH-Furcht«, d.h. der Mut zum Dienst am Mitmenschen ist wahre JHWH-Furcht.

15^{33} eröffnet Teil II. Die Halbversvarianten 15^{33a} und 24^{21a} markieren die Textgrenzen. Signifikante Wiederholungen und Aufnahmen in chiastischer oder paralleler Stellung gliedern die Einheit in fünf Abschnitte: 16^{1}–17^{3} 17^{4}–18^{3} 18^{4}–20^{7} 20^{8}–22^{4} 22^{5}–24^{22}. Angesichts einer sozial zerklüfteten und auseinanderdriftenden Gesellschaft entwirft der Dichter eine Lebens- und Gesellschaftsordnung, die den Armen und Schwachen einen vorrangigen Platz sichert und die durch JHWH, den wahren König, errichtet und garantiert wird.

16^{1}–17^{3} Die Halbversvarianten 16^{2b} und 17^{3b} begrenzen den Abschnitt. Er gliedert sich in zwei Unterabschnitte: 16^{1-15} und ^{16}–17^{3}, vgl. *Fuhs*, 251.

16^{1-15} In Form einer rhetorischen Duplik, die sich an Ps 132 anlehnt und Sach 9^{9b} voraussetzt, führt der Dichter die beiden Reihen von JHWH- und Königssprüchen zu einer Identitätsaussage zusammen. Das geschieht in einem Dreischritt: 1. Vom Gegensatz JHWH – Mensch zum Einklang JHWH – König $^{1-3/10f}$; 2. Von der Hoheit des Schöpfers zu der des Königs $^{4f/12f}$; 3. Von JHWH, dem Herrn über Sühne und Vergebung zum König/Weisen, des Herrn über Leben und Tod $^{6f/14f}$.

$^{1-3}$ exponieren die völlige Verwiesenheit des Menschen auf JHWH. $^{1.2}$ bilden ein Spruchpaar. Es beleuchtet die Begrenztheit des Menschen aus unterschiedlicher Perspektive. Vor schwierigen Fragen und Problemen steht der Mensch oft ratlos da und

3 Befiehl dem Herrn dein Tun an,
so werden deine Pläne gelingen.
4 Alles hat der Herr für seinen Zweck erschaffen,
so auch den Frevler für den Tag des Unheils.
5 Ein Greuel ist dem Herrn jeder Hochmütige;
er bleibt gewiß nicht ungestraft.
6 Durch Liebe und Treue wird Schuld gesühnt,
durch Gottesfurcht weicht man dem Bösen aus.
7 Gefallen dem Herrn die Wege eines Menschen,
so versöhnt er auch seine Feinde mit ihm.

16[3a] Befiehl ... an, wörtlich: »Wälze auf ...«
16[5b] Gewiß, wörtlich: »Hand auf Hand« → die Hand darauf (11[21]).

weiß nicht weiter. Plötzlich die Erleuchtung, der richtige Gedanke, das rechte Wort, die angemessene Tat. Diese Eingebung ist Gabe JHWHs. Zur göttlichen Urheberschaft der rechten Rede vgl. Mt 10[19] par; *Achikar* 115; Lehre des *Ani* 8,9f; *Amenemope* 19,16f; *Anch-Scheschonki* 26,14; Papyrus *Insinger* 31,11. Im Rückgriff auf 14[12] erläutert [2] die Begrenztheit des Menschen an seiner eingeschränkten Selbsterkenntnis. Gegenüber 14[12] (»Es gibt Wege ...«) betont der Dichter hier ein generelles Defizit (»Alle Wege ...«). Allein JHWH »mißt« bzw. »wägt« (Vorweis auf [11]) die Motive und Antriebe des Menschen richtig (21[2]24[12]). Angesichts dieser Grundgegebenheit kann es nur den einen Rat geben [3], sein ganzes Denken und Tun, sich selbst JHWH anheimzugeben. Dann wird bei aller Schwachheit und Begrenztheit gutes Vorhaben auch gelingen (10[22] u.a., vgl. Ps 22[9]37[5]127[1f]).
[4.5] bilden ein Spruchpaar. Es thematisiert die Hoheit JHWHs als Schöpfer. Das Universum hat seinen Ursprung und sein Ziel in JHWH, der nach umfassendem Plan jedes Detail zu seinem Zweck im Ganzen bedacht hat. Die Schöpfung weiß davon und lobt ihren Schöpfer auf die ihr eigene Weise (Ps 19[1–7] u.a.), der Mensch tut dies mit seinem Denken, Sprechen und Handeln. [4b] macht das fest am heiklen Beispiel des Frevlers, der durch sein Tun die Sinnhaftigkeit der Schöpfung und die Gerechtigkeit JHWHs in Frage stellt. Am »Tag des Bösen«, des Gerichts, wird JHWH seinem Treiben ein Ende setzen. Nach [5] ist der Frevler der Überhebliche/Hochmütige, zu dem JHWH auf äußerste Distanz geht. Zur Art seiner Bestrafung vgl. 11[21].
[6.7] Das Spruchpaar thematisiert im Kontrast zu Unheil/Strafe[4f] Sühne und Vergebung. Gottwidrigkeit und Gottesferne sind keine Folgen göttlicher Prädestination, sondern von menschlicher Schuld. Gleichwohl ist die Möglichkeit von Sühne und Vergebung stets gegeben. [6a] drückt dies in Denk- und Sprachmustern priesterlicher Sühnetheologie aus; »wird gesühnt« in Spr nur hier, vgl. Ex 29[33] Num 35[33] Jes 6[7]22[13f]. Das gemeinschaftsgemäße Verhalten des Menschen, das über das Pflichtmäßige den besonderen Einsatz für den Nächsten einschließt (»Liebe und Treue«, vgl. 3[3]20[28] u.a.), schafft die Voraussetzung für die Vergebung eigener Verschulden, die JHWH gemäß seiner »Liebe und Treue« gewährt (z.B. 14[32b] Ex 34[6f]). [6b] bekräftigt den Zusammenhang mit anderen Worten, vgl. [17]3[7]14[16]. In Weiterfüh-

8 Besser wenig und gerecht
als viel Besitz und Unrecht.
9 Des Menschen Herz plant seinen Weg,
doch der Herr lenkt seinen Schritt.
10 Gottesentscheid kommt von den Lippen des Königs,
sein Mund verfehlt sich nicht, wenn er ein Urteil fällt.
11 Rechte Waage und Waagschalen sind Sache des Herrn,
sein Werk sind alle Gewichtssteine im Beutel.
12 Frevlerisches Tun ist Königen ein Greuel;
denn ein Thron steht fest durch Gerechtigkeit.
13 Gerechte Lippen gefallen dem König,
wer aufrichtig redet, den liebt er.

16[8a] Wörtlich: »Besser wenig mit/durch Gerechtigkeit«.
16[13a] Dem König, M: Plural wie [12] trotz Singular beim Verb.

rung von [6] betont [7] das Tun JHWHs. Die Wege eines solchen Menschen krönt er mit Erfolg. Daran erkennen die Feinde das Mit-Sein JHWHs und lassen von ihrer Feindseligkeit ab (z.B. Gen 26[27f] 2 Sam 19[9f]).
[8] verzahnt die JHWH- mit den Königssprüchen. »Recht« und »Gerechtigkeit« sind Leitwörter in [10–12]. Über 15[16] erfolgt eine Gleichsetzung mit JHWH-Furcht. Die Wertschätzung der Armut entspricht der sich in der Spätzeit Israels (Neh 5 Ijob 24) herausbildenden Armentheologie, vgl. Jes 26[6]41[7]49[13] Sach 8 Pss (passim) Mt 5[3] Lk 7[22].
[9] ist eine Variante zu [1] und steht in Rahmenfunktion. Der Spruch exponiert noch einmal die Begrenztheit des Menschen und seine Verwiesenheit auf JHWH, vgl. 19[21]20[24] 21[30].
[10.11] Der theokratische König galt bis ins 20. Jh. als *vicarius dei*. Als solcher ist er unfehlbar. Sein Rechtsspruch gilt einem Gottesentscheid gleich. Diese staatsrechtliche Fiktion ist auch Israel nicht fremd (2 Sam 14[17.20]). Gleichwohl ist das Königtum hier nie wirklich als Heilsmittlerinstanz zwischen JHWH und Volk angesehen worden. [10] reduziert den König auf eine Dienstfunktion: Wie der Prophet JHWHs Wort, so verkündet der König JHWHs Rechtsentscheide. [11] verstärkt diese Perspektive. Staatsrechtlich ist der König Herr über rechtes Maß und Gewicht (2 Sam 14[26]; vgl. die Eichmaße aus *Lachisch*, wohl 8. Jh. v.Chr., mit der Inschrift: *bt lmlk* »königliches Bat«; u.a.). [11] exponiert JHWH als Schöpfer aller (!) Gewichte, d.h. sie sind Bestandteil seiner gesetzten Schöpfungsordnung, und jede Manipulation (Dtn 25[13–16] Lev 19[35f] verboten, Am 8[4f] Mi 6[11] Ez 45[10.12] beklagt) ist Frevel dagegen mit kosmischen Auswirkungen (Am 8[7f]).
[12.13] bilden ein Spruchpaar und zusammen eine Antithese, vgl. *Fuhs*, 257. Freveltun ist mit dem Wesen von Königen unvereinbar, da nach alter Vorstellung ihre Herrschaft (»Thron«) auf Gerechtigkeit gegründet ist (20[8.28]25[5]; vgl. ägyptisch *Ma'at*). Das AT versteht das Gegründetsein vom Thron JHWHs her (Ps 89[15]97[2], vgl. Jes 9[6]). [13] bezieht die Umgebung des Königs mit ein. Hier hat nur Bestand, wer recht und aufrichtig redet, denkt und handelt (22[11]).

14 Des Königs Grimm gleicht Todesboten;
aber ein Weiser kann ihn besänftigen.
Num 6[25] 15 Im leuchtenden Gesicht des Königs liegt Leben,
Ps 31[17]62[2]80[2.8.20] sein Wohlwollen gleicht der Regenwolke im Frühjahr.
89[16]119[135] 16 Weisheit erwerben ist besser als Gold,
Einsicht erwerben vortrefflicher als Silber.
17 Böses zu meiden ist das Ziel der Rechtschaffenen;
wer auf seinen Weg achtet, bewahrt sein Leben.
18 Hoffart kommt vor dem Sturz,
und Hochmut kommt vor dem Fall.

16[16] Wörtlich: »Erwirb Weisheit! Was ist besser als Gold? Das Erwerben von Einsicht (ist) vorzüglicher als Silber.«

[14.15] bilden ebenfalls ein Spruchpaar und zusammen eine Antithese. Nach der inneren Logik von [14] ist der Zorn des Königs, als magisch wirksame Macht verstanden, durch einen Frevel an der Rechts- und Schöpfungsordnung veranlaßt. Ein Weiser (= Gerechter, JHWH-Fürchtiger) kann durch die Kraft seines Wortes die Störung beheben und den Zorn »sühnen/besänftigen« (Rückweis auf [6a]). »Todesboten« ist vielleicht Anspielung auf *Benaja* (1 Kön 2[25.29–34.46]) oder auf die Boten *Jams*, die von der Götterversammlung die Auslieferung *Ba'als* verlangten (KTU 1.2 I 19–37). [15a] Der König ist Bringer des Todes und Quelle des Lebens. Zum »Leuchten des Antlitzes« vgl. 15[30]; als Metapher für JHWHs heilvolle Zuwendung, vgl. Num 6[25] Ps 31[17] u.ö. [15b] nimmt die schöpfungstheologische Perspektive von [11] auf. Zur segenspendenden Rolle des Königs vgl. Ps 72[16f] u.a.

Im Nachgang von [1–15] ist klar: JHWH allein ist der König, der gegen alle feudalen Herrschaftssysteme eine auf Recht und Gerechtigkeit gegründete Gesellschaft aufzurichten vermag, in der dann die Gerechten und Aufrechten das Regiment führen (11[10f] u.ö.).

[16]–17[3] Die Einheit ist konzentrisch um [25] strukturiert. Die Sprüche stehen in synonymer oder antithetischer Entsprechung und sind untereinander durch Stichwortverbindungen und Paronomasien vernetzt. [16] ist eine Art Überschrift. Der Spruch greift auf 3[14f]8[10] zurück. Die zweifache Aufforderung zum Erwerb von Weisheit entspricht 4[5.7]. Besser als kostbarer Besitz sind Weisheit und Einsicht. Nur sie helfen, das Leben zu bestehen.

[17–19] bilden eine Spruchgruppe. [18] ist die Antithese zu [17] und [19] zieht in einem Besser-als-Spruch die Schlußfolgerung.

[17] nimmt die Wegmetaphorik von 15[24] auf und weist damit auf [25] voraus. Wer rechtschaffen auf der »aufgeschütteten« (15[19b]), schnurgeraden »Straße« (das Wort in Spr nur hier) geht, d.h. wer in JHWH-Furcht wandelt [6b], hält sich frei von Verschuldung und bewahrt sein Leben.

[18] Was abseits des Weges geschieht, veranschaulicht die Antithese mit zwei wohl ehemals selbständigen Redensarten. Die überhebliche Einteilung der Menschen in Herren- und Untermenschen, in Auserwählte und Verdammte, Gläubige und Heiden etc. führt zu Bürger-, Glaubens- und Weltkriegen, denen auch die

19 Besser bescheiden sein mit Demütigen,
als Beute teilen mit Stolzen.
20 Wer auf das Wort des Herrn achtet, findet Glück;
wohl dem, der auf ihn vertraut.
21 Wer ein weises Herz hat, den nennt man verständig,
gefällige Rede fördert die Belehrung.
22 Wer Verstand besitzt, dem ist er ein Lebensquell,
die Strafe der Toren ist die Torheit selbst.
23 Das Herz des Weisen macht seinen Mund klug,
es mehrt auf seinen Lippen die Belehrung.
24 Freundliche Worte sind wie Wabenhonig,
süß für den Gaumen, heilsam für den Leib.

16[20] Wörtlich: »Wer auf das Wort achtet, findet Gutes; wer auf JHWH vertraut – glücklich (ist) er.«
16[21b] Gefällige Rede, M: »Süße der Lippen«.
16[22a] Wörtlich: »Eine Quelle des Lebens ist Achtsamkeit für den, der sie besitzt.«

selbsternannten Herrenmenschen zum Opfer fallen.

[19] Der komparativische Spruch erhebt unausgesprochen die Forderung nach gelebter Solidarität mit den »Elenden« (EÜ: Demütigen) im eigenen Volk sowie nach friedlicher Koexistenz mit den anderen Völkern. »Beute teilen« ist Kriegssprache (Ex 15[9] Ri 5[30] 1 Sam 30[22–24], als Metapher Jes 9[2]).

[20–24] Die sorgfältig gestaltete Spruchgruppe schließt über Stichwort »gut« an. Sie thematisiert das rechte Wort, seine Voraussetzungen und seine heilvollen Wirkungen.

[20] hat die Form eines klimaktischen Parallelismus. Der erste Halbvers wird durch den zweiten überboten: absolutes »das Wort« durch JHWH und die Aussage durch den Glückwunsch (13[13]14[21]). »Achthaben auf das Wort« (13[13a] Neh 8[13]) führt zu wahrem Glück (»gut« wie 13[21] Ps 23[6], negiert 17[20]). Dieses besteht in der Gemeinschaft mit JHWH (3[5–10] u.ö.).

[21] Wer in der Gemeinschaft mit JHWH lebt, ist ein »Weiser in Person«. Er versteht es, auch unbequeme Wahrheiten »schmackhaft«, einsichtig und annehmbar zu machen; »Süße« spielt auf [24] an; zu »Lehre« vgl. [23]1[5]4[2]9[9].

[22] »Achtsamkeit« (vgl. [20]), d.h. Einsicht in die Gegebenheiten des Lebens und des rechten Umgangs damit, ist das, was man zum Leben braucht; zu »Quelle des Lebens« vgl. 10[11]13[14]14[27]. Der *mûsār* der Alles- und Besserwisser verstellt den Blick für die Realität und kostet letztlich das Leben.

[23] greift [21] auf. »Herz« und »weise« am Spruchanfang stehen chiastisch zueinander, und [23b] entspricht [21b]. Die Blickrichtung geht von innen nach außen. Von seiner Personmitte gehen die klugen Gedanken aus. Sie formen sich zu klaren Worten, die andere zu überzeugen vermögen.

[24] Die heilsame Wirkung solcher Worte wird mit vier positiven Merkmalen umfassend charakterisiert. Diese Worte zielen auf das Wohl des anderen und fördern die Solidargemeinschaft. Sie finden JHWHs Wohlgefallen (15[26b]).

25 Manch einem scheint sein Weg der rechte,
aber am Ende sind es Wege des Todes.
26 Der Hunger des Arbeiters arbeitet für ihn;
denn sein Mund treibt ihn an.
27 Ein Taugenichts ist ein Ofen voll Unheil,
auf seinen Lippen ist es wie sengendes Feuer.
28 Ein tückischer Mensch erregt Streit,
ein Verleumder entzweit Freunde.
$1^{10-16}3^{27-31}4^{14-17}$ 29 Der Gewalttätige verführt seinen Nächsten,
30^{11-14} er bringt ihn auf einen Weg, der nicht gut ist.
30 Wer mit den Augen zwinkert, sinnt auf Tücke;
wer die Lippen verzieht, hat das Böse schon vollbracht.
31 Graues Haar ist eine prächtige Krone,
auf dem Weg der Gerechtigkeit findet man sie.

16^{27} Taugenichts, eher: »Verleumder« (6^{12}). – Ofen voll Unheil, M: » ... gräbt Böses (aus)« ist beizubehalten.

^{25} wiederholt die für das Denken des Dichters zentrale Aussage von 14^{12}. Sie exponiert mit Verweis auf die Rahmenverse ^{2} und 17^{3} die Begrenztheit und Fehlbarkeit der Urteile und Entscheidungen des Menschen und daher mit Blick auf ^{3} die Dringlichkeit, sich JHWH ganz anheimzugeben.
^{26} stellt von der vitalen Seite her den Zwiespalt heraus, in dem der Mensch lebt. Die Sprache erinnert an Koh. Der leibliche wie der geistige Hunger treibt den Menschen ständig zu seiner Stillung an und ist doch unstillbar (vgl. Koh 6^{7}). Dem unstillbaren Erkenntnisdrang des Menschen steht ein unausschöpfliches Maß an Rätseln und Geheimnissen des Lebens und des Universums gegenüber, so daß er an kein Ende kommt. Damit stehen alle Lehren und Erkenntnisse unter dem Vorbehalt der Vorläufigkeit.
$^{27-29}$ sind über die Anapher »Mann/Mensch« zu einer Spruchgruppe zusammengefaßt. Sie formuliert die Gegensatzentsprechungen zu $^{20-24}$.
^{27} spricht vom »Verleumder« (6^{12}). Nach M »gräbt er Böses aus«, d.h. er holt aus seinem Innern, seiner schlechten Gesinnung, Böses hervor, um es über andere auszuschütten. Die Wirkung ist »sengend« (Ez 21^{3}) wie Feuer; zur Metapher Jak 3^{5f}.
^{28} nennt gleich zwei Typen verfehlter Lebensart: den »Mann der Verkehrtheiten«, der Zwietracht sät und Menschen entzweit ($6^{14.19}$ u.ö.), und den »Ohrenbläser« (EÜ: Verleumder), der »einen Freund abtrennt«; zur Wendung $14^{20}17^{9b}$.
^{29} Der Gipfel der Negativreihe ist der »Gewaltmensch« (1^{10-16} u.ö.). Die Aussicht auf schnellen Gewinn macht manche leicht zu willfährigen Komplizen, die den »unguten Weg« einschlagen.
^{30} ist über die Stichwörter »Lippen«, »Böses«, »Verkehrtheiten« eng mit $^{27-29}$ verbunden. Der Spruch gibt zusammenfassend Hinweise, wie man an äußeren Merkmalen verfehlte Lebenshaltungen identifizieren kann (vgl. $6^{13}10^{10}$ 1 Sam $20^{7.33}$). Der Weise vermag die geheime Zeichensprache zu deuten und so sich und andere vor drohendem Unheil zu bewahren.
^{31}–17^{2} Die kleine Einheit ist konzentrisch strukturiert. Der JHWH-

32 Besser ein Langmütiger als ein Kriegsheld,
besser, wer sich selbst beherrscht,
als wer Städte erobert.
33 Im Bausch des Gewandes schüttelt man das Los,
doch jede Entscheidung kommt allein vom Herrn.
17 1 Besser ein trockenes Stück Brot und Ruhe dabei
als ein Haus voll Braten und dabei Streit.
2 Ein kluger Knecht wird Herr über einen mißratenen Sohn,
und mit den Brüdern teilt er das Erbe.
3 Der Schmelztiegel ist für Silber da, der Ofen für Gold,
die Herzen aber prüft der Herr.

Spruch ^{33} wird gerahmt von den Besser-als-Sprüchen ^{32}17^{1} und diese von den im synthetischen Parallelismus gefaßten Sprüchen ^{31}17^{2}.

^{31} Hohes Alter ist kein Wert an sich. Das erreichen auch Frevler und Sünder. Zur »prächtigen Krone« (4^{9}17^{6}) wird es für ein Leben, das in Weisheit (4^{9}) und Gerechtigkeit ^{31b} geführt wurde.

^{32} fügt den Aspekt »Langmut« (14^{29}) und »Selbstbeherrschung« hinzu und gibt einem solchen Leben den Vorzug vor dem Kriegsheld (21^{22}30^{30}) und Städteeroberer. Nicht Militäraktionen, sondern beharrliches Ringen um Verständigung unter Volksgruppen und Völkern schafft Frieden.

^{33} exponiert in zentraler Position die Souveränität JHWHs über menschliches Planen und Handeln. ^{33a} faßt eine lange und komplexe Geschichte der Losorakelpraxis prägnant zusammen, vgl. *Fuhs*, 262; sie reicht ins NT bis zur Wahl des Apostels Matthias (Apg 1^{26}). Im Losentscheid akzeptiert der Mensch die Grenzen seiner Urteils- und Entscheidungsmöglichkeit. Er überläßt JHWH die letzte Entscheidung, die im Verfahren gleichwohl frei und unverfügbar bleibt.

17^{1} korrespondiert mit 16^{32}. Landläufige Bewertungen erfahren im Horizont des JHWH-Glaubens eine Umwertung (15^{16}). Ging es 16^{32} um Politik, so geht es hier um die Gesellschaft, konkret um die häuslich-nachbarschaftliche Gemeinschaft (15^{17}). Armut (»trockener Bissen« noch 23^{8}28^{21}) in solidarischer Gemeinschaft (16^{8}) ist jedem Reichtum bei sozialer Kälte vorzuziehen. »Schlachtopfer des Streits« (EÜ: Braten und dabei Streit), die Wendung ist singulär, erinnert an kultische Festgelage (7^{14} Dtn 12^{7} 1 Sam 9^{12f} u.a.) sowie an das Opfer des Frevlers (15$^{8.29}$).

^{2} Daß ein privilegierter Sohn mißrät und sein Erbe vertut, kommt vor (11^{29} Lk 15$^{11-16}$). Daß ein Sklave Herr wird, sieht eine feudale Klassengesellschaft nicht vor. Ausnahmen (etwa Josef in Ägypten, vgl. Gen 39^{4f}41^{45}) werden skeptisch bis abschätzig beurteilt (19^{10}30^{22f} Koh 10^{9}). Auch hier die Umwertung. Der Weg der Weisheit steht jedem offen. Wissen und Bildung ermöglichen dem Unterprivilegierten sozialen Aufstieg und Reputation.

^{3} weist zurück auf 16^{2} und beschließt Abschnitt 1. Trotz aller Fortschritte bei der Erkundung der Tiefen der Erde und des Kosmos sowie bei der Entwicklung technischer Verfahren bleiben dem Menschen die letzten Seinsgründe verborgen und damit endgültige Erkenntnisse und abschließende Urteile verwehrt. Sie sind allein JHWH vorbehalten.

2. *Sozialschädigendes Verhalten in Familie und lokalem Umfeld: 17^{4}–18^{3}*

4 Der Übeltäter achtet auf böse Lippen,
der Lügner horcht hin auf eine verderbte Zunge.
5 Wer den Armen verspottet, schmäht dessen Schöpfer,
wer sich über ein Unglück freut,
bleibt nicht ungestraft.
6 Eine Krone der Alten sind Kindeskinder;
der Kinder Ruhm sind ihre Väter.
7 Dem Toren stehen hochtönende Worte nicht an,
noch viel weniger dem Edlen die Sprache der Lüge.

17^{4b} Lügner, M: »Falschheit«.

17^{4}–18^{3} Die korrespondierenden Sprüche $17^{4}18^{3}$ begrenzen die Einheit. Beide sprechen von frevlerischem Reden, beide ergänzen sich in der Sprechrichtung: Aufnahme (17^{4}) – Weitergabe (18^{3}); gemeinsam ist der Wechsel vom konkreten zum Abstraktbegriff beim Subjekt: »Übeltäter« → »Falschheit« (17^{4}) und »Frevler« (M) → »Schande«. Die Einheit ist dreigeteilt: Um den Mittelteil 17^{9-17} gruppieren sich zwei Ringkompositionen 17^{4-8} und ^{18}–18^{3}. Abschnitt 2 wendet sich dem konkreten Alltag zu. Im Umgang miteinander in Familie und sozialem Mitfeld zeigen sich Fehlverhalten und Fehlhaltungen, die insgesamt ein recht düsteres Bild ergeben.

$^{4-8}$ Die kleine Einheit gruppiert ^{4f} und ^{7f} um ^{6} als deren Kern. Zwischen $^{4.7}$ besteht vierfache Stichwortverbindung »Lippe/Zunge«.

^{4} »Übeltäter« und in poetischer Personifikation »Falschheit« sind begierig, Worte des Unheils und des Verderbens in sich aufzusaugen, um perfekter und perfider austeilen zu können; »Unheil« ist schärfster Ausdruck für gott- und menschenwidriges Verhalten ($10^{28}21^{15}30^{20}$ und Pss passim).

^{5} nennt ein Beispiel. ^{5a} verschärft die Aussage von 14^{31a}. Nicht erst tätliche Bedrückung, bereits spöttisches Überlegentun ist eine Mißhandlung der Armen und eine »Kränkung« JHWHs, der auch ihr Schöpfer ist (22^{2}; vgl. *Amenemope* 24,9.13f). ^{5b} ergänzt: Wer meint, sie seien an ihrem Elend selber schuld, und darüber hinweggeht, »wird nicht unschuldig gesprochen«; zur Wendung $11^{21}16^{5}$.

^{6} zeichnet in Anlehnung an 16^{31} das Idealbild einer intakten Generationengemeinschaft. Das Leben in Gerechtigkeit (16^{31}), das in solidarischem Verhalten zu den Angehörigen konkret wird und auch das soziale Mitfeld mit einbezieht, wird von Generation zu Generation weitergegeben und gelebt – zum Ruhm und zur Freude aller.

^{7} Die Realität sieht anders aus. Der »Narr« (noch $^{21}30^{22}$) führt das gewichtige Wort, hinter dem nichts steckt, der »Vornehme/Seriöse« lügt wie gedruckt. Diese Verkehrung der Wertmaßstäbe mit ihren gesellschaftszerstörenden Auswirkungen wird nach Jes 32^{1-8} im kommenden Reich der Gerechtigkeit wieder zurechtgerückt. Der Dichter fordert die Umkehrung hier und jetzt, indem er in Form einer Klimax die Unerträglichkeit solchen Verhaltens herausstellt.

8 Bestechungsgeld ist ein Zauberstein in den Augen des Gebers;
wohin er sich wendet, hat er Erfolg.
9 Wer Fehler zudeckt, sucht Freundschaft;
wer eine Sache weiterträgt, trennt Freunde.
10 Tadel erschüttert einen Verständigen mehr
als hundert Schläge einen Toren.
11 Der Böse trachtet nach Aufruhr,
aber ein strenger Gerichtsbote wird gegen ihn ausgesandt.
12 Lieber einer Bärin begegnen, der man die Jungen geraubt hat,
als einem Toren in seinem Unverstand.
13 Vergilt einer Gutes mit Bösem,
weicht das Unheil nicht von seinem Haus.
14 Wer Streit anfängt, entfesselt eine Wasserflut,
drum halt ein, ehe der Zank ausbricht.

17[14b] Andere Möglichkeit: »Bevor man sich gegenseitig die Zähne zeigt, laß ab vom Streit.«

[8] Schein und Sein fallen auch bei gesellschaftlichem und wirtschaftlichem Erfolg auseinander. Nur selten ist er Ergebnis seriösen Bemühens und ehrlicher Arbeit. Der »Zauberstein«, der »Stein der Gunst«, heißt vielmehr Korruption – ein Grundübel in jeder Gesellschaft.
[9–17] Die Varianten [9.17] begrenzen die Einheit. Sie stellt die in [9b–16] genannten Fehlverhalten in den Bewertungshorizont von »Liebe«[9a] und »Nächstenliebe«[17a].
[9] Nur die Liebe vermag das alltägliche aneinander Versagen und Schuldigwerden zu heilen und neue Wege zueinander zu öffnen. »Liebe (EÜ: Freundschaft) suchen« hat zwei Aspekte: als Betroffener eine Sache nicht aufbauschen und, bei Einsicht des anderen, vergeben und vergessen (1 Petr 4[8] Jak 5[20] 1 Clem 49[5]); als Schuldiger durch tätige Liebe die Sache wiedergutmachen (28[13] 2 Clem 16[4]). Wer dazu nicht bereit ist, entzweit selbst gute Freunde.
[10] Der komparativische Spruch ergänzt: Sollte wegen der Schwere einer Kränkung oder Verletzung beim Verständigen Verhärtung eintreten, reicht ein freundschaftlicher Hinweis, um die Versöhnungsbereitschaft wieder zu wecken. Beim Selbstgerechten bewirken selbst massive Anstöße in großer Zahl nichts.
[11] M: » Widerspenstigkeit trachtet nur nach Bösem« ist EÜ vorzuziehen. Gemeint ist jene unbelehrbare Selbstgerechtigkeit bestimmter Aktivisten, die sich über Gesetze, Beschlüsse oder Regelungen der Gemeinschaft erhebt. »Grausamer Bote« erinnert an 16[14a]. Die bewußt vage Formulierung verstärkt das unheimlich Drohende des herannahenden Gerichts, das letztlich JHWH heraufführt.
[12] identifiziert die vorgenannten Aktivisten mit Toren in ihrer krankhaften Selbstüberschätzung. Was von ihnen zu halten ist, sagt das drastische Bild, vgl. 28[15].
[13] Eine andere Form von unmoralischem und unsozialem Verhalten ist Undank (»Böses« aus [11]), vgl. Jer 18[20] Ps 109[5]. Wer so handelt, ist ein Narr, da die negativen Folgen ihn selbst und seine Familie treffen.
[14] Ein weiteres Übel ist »Zank« und »Streit« (vgl. 15[18]) in der Familie,

15 Wer Schuldige freispricht
und wer Unschuldige verurteilt,
beide sind dem Herrn ein Greuel.
16 Wozu denn Geld in der Hand des Toren?
Etwa um Weisheit zu kaufen,
da ihm doch der Verstand fehlt?
17 Der Freund erweist zu jeder Zeit Liebe,
als Bruder für die Not ist er geboren.
18 Ohne Verstand ist, wer Handschlag leistet,
wer Bürgschaft übernimmt für einen andern.
19 Verbrechen liebt, wer Streit liebt;
wer seine Tür zu hoch macht, will den Einsturz.

17^{15a} Wörtlich: »Wer rechtfertigt einen Frevler und zum Frevler macht einen Gerechten.«

17^{18} Für einen anderen, M: »vor seinem Nächsten«.

unter Nachbarn oder Freunden. Die Auswirkungen veranschaulicht ein eindrückliches Bild. Daher der gute Rat, ^{14b} geht von der Beschreibung in eine Mahnung über, davon abzulassen, ehe man einander die Zähne zeigt.

^{15} hat im Kontext kaum forensische Bedeutung (EÜ). »Böses statt Gutes«^{13} setzt den Akzent. Wer die gemeinsamen Wertmaßstäbe, wie sie der *mūsār* der Eltern, der Weisheit, JHWHs vermittelt, auf den Kopf stellt, sei es aus Nonkonformismus (5^{1ff}), Fundamentalismus (^{11f}) oder Profitgier (1^{11ff} u.ö.), zu dem geht JHWH auf äußerste Distanz.

^{16} wird als Hinweis auf Schule und Schulgeld verstanden. Gemeint ist etwas anderes: Der Tor bildet sich ein, für Geld alles haben zu können, auch Weisheit. Aber der »Kaufpreis«, d.h. die Bedingung für den Weisheitserwerb, ist »Herz« (= Verstand), vgl. $15^{32}18^{15}$ u.a., und genau daran fehlt's.

^{17} weist zurück auf ^{9a} und beschließt den Mittelteil. Der wahre Freund erweist auch und gerade in der Not seine tätige Liebe. Er bzw. sie wird einem zum Bruder, zur Schwester im Geiste (18^{24}; als Ehrenbezeichnung: 2 Sam 1^{26} 1 Kön 9^{13} u.a.; die wahre Verwandtschaft Jesu: Mt 12^{46-50} par).

^{18}–18^{3} bilden die zweite, umfangreichere Ringkomposition. Im Zentrum steht der Mensch von Erkenntnis und Einsicht ^{27}. Die Asymetrie in $^{18-26}$ entsteht dadurch, daß zweimal, $^{21.25}$, im Kontrast zu ^{6} eine gestörte Generationenfolge als mitursächlich für eine verfehlte Lebenshaltung herausgestellt wird.

^{18} Der »Mensch ohne Verstand« ist die Gegensatzentsprechung zum »Menschen von Erkenntnis und Einsicht«^{27}. Der Unverstand wird am Beispiel von Bürgschaftsleistung erläutert, vgl. $6^{1-4}20^{16}27^{13}$.

^{19} Zweimaliges »lieben« nimmt ^{17a} in Gegensatzentsprechung auf. Zugleich ist der »Vergehen Liebende« die Antithese zum »Vergehen Bedeckenden«^{9a}. Wer ständig Streit sucht und entfacht, entzweit die Menschen und schädigt die Gemeinschaft. ^{19b} scheint den Gedanken weiterzuführen mit dem Zitat einer Redensart, die nicht mehr geläufig ist; vielleicht metaphorisch ein Hinweis auf Großmäuligkeit, die menschliche Beziehungen zerstört.

20 Wer ein unaufrichtiges Herz hat, findet kein Glück,
wer sich beim Reden verstellt, stürzt ins Unheil.
21 Wer einen Toren zeugt, dem bringt es Gram;
der Vater eines Narren kann sich nicht freuen.
22 Ein fröhliches Herz tut dem Leib wohl,
ein bedrücktes Gemüt läßt die Glieder verdorren.
23 Bestechung aus dem Gewandbausch nimmt der Frevler an,
um die Pfade des Rechts zu verkehren.
24 Vor dem Blick des Verständigen steht Weisheit,
doch die Augen des Toren schweifen bis ans Ende der Erde.
25 Ein törichter Sohn bereitet seinem Vater Verdruß
und Kummer seiner Mutter, die ihn geboren hat.
26 Schon eine Geldstrafe für den Unschuldigen ist nicht gut,
aber Edle schlagen zu lassen ist gegen das Recht.
27 Wer sich zurückhält beim Reden hat tiefe Einsicht,
wer kühl überlegt, ist ein verständiger Mann.

17[22] Tut dem Leib wohl, wörtlich: »bringt gute Heilung«.

[20] deckt die innere Verfaßtheit des Streitsüchtigen und Verstandlosen auf. Dem »verkehrten Herzen« (= falschem Sein und Denken) entspricht falsches und hinterhältiges Reden und Tun. Menschen dieser Art finden »nichts Gutes«, sie stürzen »ins Böse«, da sie Gutes mit Bösem vergelten[13].
[21] Verhalten und Gesinnung der Genannten stehen in herbem Kontrast (»Gram«) zu den Zielen elterlicher Unterweisung. Ein solches Kind wird als Tor und Narr (das seltene *nābāl* wie [7]) bezeichnet, da es mit der eigenen auch die Zukunft der Eltern (Fortleben in den Nachkommen) zerstört.
[22] erläutert [21] (chiastische Aufnahme von »freuen«). [22a] entspricht 15[13a]. Ein intaktes Generationengefüge wie [6] erfreut die ganze Familie und gibt »gutes Wohlbefinden«. Ein gestörtes dagegen – durch ein Kind wie [20f] – raubt jeden Lebensmut und jede Lebenskraft.
[23] Gipfel verfehlter Lebensart ist der Frevler (Vorweis auf 18[3]). Ihm werden Korruption [8] und Rechtsbeugung zugeordnet. Das beschränkt sich nicht auf den forensischen Bereich. Korruption ist ein Anschlag auf das gesamte Rechtsgefüge einer solidarischen Gesellschaft.
[24] versucht eine Begründung für die konträren Lebensentwürfe in der Gegenüberstellung des Verständigen und des Toren. Jener hat stets das Ziel vor Augen, auf dem Weg der Weisheit voranzukommen, während dieser jedem Trend nachläuft auf der Suche nach Selbstbestätigung und Selbstverwirklichung.
[25] greift [21] auf. Dem Verdruß ist ergänzend die Bitternis (vgl. 10[1]) hinzugefügt.
[26] konkretisiert die Folgen von Rechtsbeugung und Korruption [23] (vgl. 18[5]). Der »Frevler«[23] (logisches Subjekt) bedient sich korrupter Politiker und Gerichte, um den »Gerechten« (EÜ: Unschuldigen) und »ehrbare Leute« (EÜ: Edle), die sich ihm in den Weg stellen, einzuschüchtern, um wieder ungehindert seinen Machenschaften nachgehen zu können.
[27] zeichnet in Anspielung auf den Gerechten und die ehrbaren Leute [26]

28 Auch ein Tor kann als weise gelten, wenn er schweigt,
als einsichtig, wenn er seine Lippen verschließt.
18[1] Der Abtrünnige sucht nach einem Vorwand,
um loszubrechen mit aller Gewalt.
2 Der Tor hat kein Gefallen an Einsicht,
vielmehr daran, sein Herz zur Schau zu stellen.
3 Kommt Frevel, kommt auch Verachtung
und mit der Schandtat die Schmach.

3. Die Tiefen des Menschen – Chaos und Quelle der Weisheit: 18[4]–20[7]

4 Tiefe Wasser sind die Worte aus dem Mund eines Menschen,
ein sprudelnder Bach, eine Quelle der Weisheit.

18[1] Wörtlich: »Eigenem Belieben folgt, wer sich absondert; gegen alles, was nutzt und frommt, bleckt er die Zähne.«
18[3] Frevel, M: »Frevler«.

das Idealbild des gemeinschaftsfördernden Menschen. Hier wird besonders die »tiefe Erkenntnis« (vgl. Dan 1[4]) herausgestellt, die sich im sorgsamen Umgang mit dem Wort zeigt sowie in der rechten Steuerung seiner Emotionen und Affekte. Er bewahrt stets einen kühlen Kopf, vermeidet jedes voreilige, unbedachte oder gar heimtückische Wort. Er läßt die Dinge reifen. Wenn er sich äußert, ist sein Wort klärend und weiterführend.
[28] karikiert im Kontrast mit Ironie und etwas Sarkasmus den selbstgefälligen Toren. Er könnte kurzzeitig den Anschein des Weisen vermitteln, wenn er fertigbrächte, was ganz gegen seine Natur ist: Schweigen. Vgl. *Anch Scheschonki* 23,4: »Schweigen verbirgt Torheit.« Dazu müßte er sich allerdings den Mund »zustopfen« (von den Ohren 21[13]), was ganz lustig aussähe.
18[1] spricht nach M von nonkonformistischen oder fundamentalistischen Aktivisten und Sektierern, die zur Durchsetzung ihrer fixen Ideen sich außerhalb [1a] oder gegen die Gemeinschaft [1b] stellen. Fanatisch ziehen sie gegen jede vernünftige Regelung zu Felde, die dem Ausgleich unterschiedlicher Interessen und damit der Gemeinschaft dient, vgl. 17[11f].
[2] schließt über Lautanklang beim Verb unmittelbar an und benennt den Grund für dieses absonderliche Verhalten. Sie sind eben Toren. Einsichten und Meinungen anderer nehmen sie nicht zur Kenntnis. Erweiterung des eigenen Horizonts ist kein Thema. Statt dessen setzen sie alles daran, sich in der Öffentlichkeit zu produzieren. Selbstgefälligkeit ohne Selbsterkenntnis ist Narrheit, vgl. 12[23b]13[16b]15[14b].
[3] beschließt Abschnitt 2. »Frevler« weist über 17[23] zurück auf »Übeltäter« in 17[4]. Wo der Frevler agiert, geschieht Verhöhnung/Verachtung anderer [3a]. Schande/Schmach sind Komplementärbegriffe und kommen immer gepaart einher. Was der Frevler über die Gesellschaft bringt, das ist er für sie: Schande/Schmach.
18[4]–20[7] Der Mittelabschnitt wird begrenzt von den Varianten 18[4]20[5].

5 Es ist nicht gut, einen Schuldigen zu begünstigen
und den Unschuldigen abzuweisen vor Gericht.
6 Die Lippen des Toren beginnen Streit,
sein Mund schreit nach Schlägen.
7 Dem Toren wird sein Mund zum Verderben;
seine Lippen werden ihm selbst zur Falle.

Lev 19[15] Dtn 1[17] 10[17] 16[19] Jes 5[23] Jer 22[3] Ez 22[12] Hos 5[1] Am 5[7.10]

18[6a] Beginnen Streit, andere Möglichkeit: »geraten in Streit«.

Der Glückwunsch 20[7] beschließt die Einheit. In strukturell bedeutsamer Position steht 18[12] (Rückweis auf 15[33], Vorweis auf 22[4]) mit den korrespondierenden JHWH-Sprüchen 18[10.22] sowie den chiastisch angeordneten Sprüchen 19[11]20[3], die zusammen mit den Varianten 19[12]20[2] in doppelter Rahmenfunktion stehen. Zusammen mit weiteren Beobachtungen (*Fuhs*, 273–276) ergibt sich eine Untergliederung in vier Einheiten: 18[5–22] 18[23]–19[10] 19[11]–20[3] 20[4–7].

Analog zu Teil I laufen auch im Mittelabschnitt von Teil II die strukturellen und thematischen Fäden zusammen und werden zu einer Einheit verknüpft. Auf dem Hintergrund der Abgründigkeit menschlicher Existenz und der Ambivalenz menschlichen Denkens und Handelns wird das Sozialverhalten des Menschen konkret unter verschiedenen Aspekten betrachtet.

18[4] entfaltet seinen Gedanken über zwei Zeilen in einem Satz. Den Tiefen des Menschen, die nur JHWH kennt (16[9]17[3] u.a.), entspringen seine Gedanken, die in Wort und Tat konkret werden. Sie sind ambivalent – »tiefe Wasser« weisen auf die bedrohlichen Chaosfluten hin und zugleich auf das lebenspendende Grundwasser. Erst die Klärung ihrer Gründe, Absichten und Ziele bringt Eindeutigkeit. Sie wird durch zwei weitere Bilder herbeigeführt. Der lebendig sprudelnde Bach steht für das recht-zeitige Wort, das seine heilenden Kräfte entfaltet (10[11a]13[14a] u.ö.). Dieses Wort ist »Quelle der Weisheit«; es hat seinen Ursprung in der Weisheit JHWHs und enthält Weisheit, die es auszuschöpfen gilt (vgl. 20[5]).

[5–22] Der erste Unterabschnitt thematisiert im Kontrast dazu das Wort, das Leben gefährdet und soziale Bindungen zerstört. Das wird am Beispiel der Rechtsfindung in allen Bereichen von Justiz, Politik und Gesellschaft erläutert.

[5] wendet sich gegen Begünstigung und Rechtsbeugung (17[26]), zur Wertung »nicht gut« vgl. 17[15]24[23]28[31]. Das Verb in [5b] kann die Rechtsverweigerung (z.B. Lk 18[1–8]) und die Rechtsverletzung im Sinne eines Fehlurteils (z.B. 1 Kön 21[1–29]) bezeichnen. Der Dichter aktualisiert die alten Verbote falscher Parteilichkeit (Ex 23[1–3.6–8] u.a.) sowie die prophetische Kritik an solcher Praxis (Jes 1[23] u.a.).

[6.7] sind über die chiastische Stellung von »Lippen« und »Mund« zu einem Spruchpaar verbunden. Statt Streit zu schlichten, entfacht der Tor aus Rechthaberei immer neue (Rechts-)Streitigkeiten zum Schaden anderer. »Schläge« (19[29]), konkret oder metaphorisch, treffen die anderen und/oder ihn selbst, vgl. 10[13]26[3]; *Amenemope* 12,5f 9f. [7] verdeutlicht die verderblichen Folgen des Fehlverhaltens für den Toren selbst; zu »Verderben« vgl. 10[14]13[3]21[15], zu »Falle« 13[14]14[27]22[25]29[25].

8 Die Worte des Verleumders sind wie Leckerbissen,
sie gleiten hinab in die Kammern des Leibes.
9 Wer lässig ist bei seiner Arbeit,
ist schon ein Bruder des Mörders.
10 Ein fester Turm ist der Name des Herrn,
dorthin eilt der Gerechte und ist geborgen.
11 Für den Reichen ist sein Vermögen wie eine feste Stadt,
wie eine hohe Mauer - in seiner Einbildung.
12 Vor dem Sturz ist das Herz des Menschen überheblich,
aber der Ehre geht Demut voran.
13 Gibt einer Antwort, bevor er gehört hat,
ist es Torheit und Schande für ihn.
14 Der Geist des Menschen überwindet die Krankheit,
doch einen zerschlagenen Geist,
wer kann den aufrichten?

18[14b] Wer kann ihn aufrichten?, andere Möglichkeit: »wer kann ihn (er)tragen?«

[8] Der »Verleumder« (16[28]26[20.22]) bedient ein menschliches Grundbedürfnis, Schlechtes über andere »wie Leckerbissen« in sich aufzunehmen. Die Auswirkungen sind verhängnisvoll, da der Blick für Sachverhalte und Tatbestände getrübt ist und eine vorurteilsfreie Entscheidung unmöglich gemacht wird.
[9] Der Spruch zielt zunächst auf Nachlässigkeit bei jeder Art von Arbeit oder Geschäft. Im Kontext erhält er spezifische Bedeutung. Unrecht geschieht auch durch Unterlassen. Schlampige Ermittlungen, Verschleppen von Verfahren etc. leisten Fehlentscheidungen zum Schaden Betroffener Vorschub. Wer so handelt, ist in der Tat ein »Bruder des Verderbers« (EÜ: Mörder).
[10] Da die Institutionen des Staates und der Gesellschaft weder Recht noch Sicherheit geben, bleibt dem »Gerechten« (= dem Unschuldigen[5b]) allein die Zuflucht bei JHWH. »Name JHWHs«, in Spr nur hier, verweist auf ein Theologumenon, das die Glaubenstraditionen Israels und des Judentums tief geprägt hat und in der Applikation »Name Jesu Christi« auch im Christentum von hoher Bedeutung ist (z.B. Phil 2[6–11]); zu »Turm von Stärke« vgl. Ps 61[4]. Auch der Gerechte ist den Gefährdungen des Lebens ausgesetzt. Aber seine feste Bindung an JHWH hebt ihn gewissermaßen hoch über die Kalamitäten hinaus.
[11] ist über »hoch, steil sein« mit dem Thema »Sicherheit« unmittelbar angeschlossen. [10.11] bilden die Antithese »wahre und falsche Sicherheit.« Der Reiche kann sich mit allen Sicherungsvorkehrungen umgeben. Das gibt ihm den Eindruck von Sicherheit. Die Pointe: Der Eindruck ist nur eine »Vorstellung«, vgl. Ps 73[7].
[12] faßt [10.11] wertend und schlußfolgernd zusammen. [12a] ist eine Variante von [16a] und [12b] ist gleichlautend mit 15[33b]. Mit der Vorstellung von Sicherheit paart sich die von Überlegenheit, die Vorstellung, für Geld alles haben zu können. Auch das ein Trugbild, wie der Sturz mancher Großtuer zeigt. Wichtiger als jede erkaufte Reputation ist die Einsicht in die Begrenztheit des Menschen und seine Verwiesenheit auf JHWH (2[7f]3[5f]10[25] u.ö.).
[13–15] bilden eine Spruchgruppe (Stichwortverbindung »hören«/»Ohr«, Ge-

15 Das Herz des Verständigen erwirbt sich Erkenntnis,
das Ohr der Weisen sucht Erkenntnis.
16 Geschenke schaffen dem Geber Raum
und geleiten ihn vor die Großen.
17 Recht bekommt in seinem Streitfall der erste,
aber dann kommt der andere und geht der Sache nach.
18 Streitigkeiten beendet das Los;
es entscheidet zwischen Mächtigen.
19 Ein getäuschter Bruder ist verschlossener als eine Festung,
Streitigkeiten sind wie der Sperriegel einer Burg.

18[19a] Ein getäuschter Bruder, eher: »ein Bruder, an dem man sich vergangen hat«.

gensatzentsprechung »Torheit«/»Erkenntnis«[13.14], Epiphora »Erkenntnis«[15]). Sie schließt über »Herz«[12a.15a] unmittelbar an und reflektiert die spezifische Erkenntnis von [12b].

[13] Sie bleibt dem verschlossen, der die tatsächlichen Anliegen und Sorgen seiner Mitmenschen weder wahr- noch ernstnimmt, sie vielmehr zulabert mit seiner Besserwisserei.

[14] Sie kann dem verschlossen bleiben, dessen Personmitte gestört und dessen Gemüt krank ist (Verweis auf die Innensicht von 14[10.13]15[13.5]17[22]). Die rhetorische Frage unterstreicht die Ausweglosigkeit seiner Situation. Ein Mensch mit intakter Personmitte und positiver Lebenseinstellung vermag Rückschläge zu ertragen (»aushalten« wie Jer 20[9] Mal 3[2]), ohne an Gott und der Welt zu verzweifeln und sich selbst aufzugeben.

[15] Um dies zu erreichen, wird der »Verständige«/»Weise« jederzeit seine Kenntnisse bezüglich der Lebensabläufe und -zusammenhänge erweitern und vertiefen.

[16–19] nehmen das Thema Rechtsfindung und rechtliche Auseinandersetzungen von [5–9] auf.

[16] »Gut geschmiert läuft alles besser« – das gilt seit jeher in allen Bereichen des gesellschaftlichen Lebens, Justiz und Kirche nicht ausgenommen (z.B. 1 Kön 21[1–29] Hos 4[2.4] Am 5[5.7–10] u.a.). Wer dazugehören will, muß sich in jeder Hinsicht beflissen, freigebig und gefällig zeigen.

[17] Dem Versuch, wortgewandt und publikumswirksam ein Gericht für die eigene Position zu vereinnahmen, wehrt der Grundsatz: *audiatur et altera pars.* Zur Vermeidung jeder Voreingenommenheit fordert *Sanhedrin* 7b, Kläger und Beklagte gleichzeitig zu hören.

[18] Daß bei unaufklärbaren Sachverhalten der Losentscheid (vgl. 16[33]) gegriffen hätte, ist ohne weiteren Beleg. Vielleicht ist folgendes gemeint: Ein Rechtstitel löst keine Konflikte. Gerade die Mächtigen sollten daher mit Blick auf JHWH und seiner Weisung nach einer für alle Seiten akzeptablen Lösung suchen. Das vermeidet gewalttätige, kriegerische Auseinandersetzungen.

[19] Die Opfer der in [5–9.16–18] genannten Fehlverhalten sind dermaßen verletzt und frustriert, daß sie soziale Kontakte und gemeinschaftsfördernde Aktivitäten meiden. [19b] bekräftigt dies und erhebt unausgesprochen die Mahnung, Rechtsauseinandersetzungen grundsätzlich zu vermeiden und statt dessen gütliche Regelungen zu finden, die den sozialen Frieden wahren (Mt 5[25f] par Lk 12[58f]).

20 Von der Frucht seines Mundes wird ein jeder satt,
vom Ertrag seiner Lippen wird er gesättigt.
21 Tod und Leben stehen in der Macht der Zunge;
wer sie liebevoll gebraucht, genießt ihre Frucht.
22 Wer eine Frau gefunden, hat Glück gefunden
und das Gefallen des Herrn erlangt.
23 Flehentlich redet der Arme,
der Reiche aber antwortet mit Härte.
24 Manche Freunde führen ins Verderben,
manch ein lieber Freund ist anhänglicher als ein Bruder.
19[1] Besser ein Armer, der schuldlos seinen Weg geht,
als einer mit verlogenen Lippen, der ein Tor ist.

18[24a] Andere Möglichkeit: »Ein Mann vieler Freunde geht in die Brüche.«

[20.21] bilden ein Spruchpaar (chiastische Stellung von »Frucht«) und geben ein Resümee. [20] stellt fest: Was der Mensch an Gutem wie Bösem denkt, plant, spricht und tut, ist gleichsam seine Lebensnahrung, von der er zehrt, d.h. deren Auswirkungen und Folgen er zu tragen hat (1[31] u.ö. Jak 3[5]). [21] spitzt diese allgemeine Festellung zu. Das Wort des Menschen hat Anteil an der Macht über Leben und Tod (Sir 37[21]; *Ani* 7,8), die sonst JHWH vorbehalten ist (Dtn 30[15] Jer 21[8] u.a.). Der Mensch trägt daher eine große Verantwortung für sein Wort. »Die sie Liebenden« – nur noch 8[17] in bezug auf die Weisheit – ist wohl Vorweis auf [22]. Wer sie, die Weisheit, liebt, genießt ihre Frucht.

[22] ist eine Transformation der Ich-Rede von 8[35] in die Aussageform. Eine glückliche Hand bei seinen oft weitreichenden Urteilen und Entscheidungen hat der Mensch nur dann, wenn er sich von der Weisheit führen läßt. Das ist JHWH wohlgefällig.

[23]–19[10] Der zweite Unterabschnitt thematisiert unter der Antithese »arm-reich« die sozialen Zerklüftungen in der Gesellschaft.

[23] veranschaulicht die konträre Situation des Armen und des Reichen an deren Ausdrucksverhalten. Auf die »Flehensbitten« (Ps 28[2.6]31[23] u.ö.) des einen antwortet der andere mit Grobheiten. Zu dieser Kontrastaussage gibt es in allen Kulturen zahlreiche Parallelen, aber auch narrative Umsetzungen, z.B. Lazarus in Lk 16[19–3–1]. Die soziale Botschaft der Bibel hat zwar bei Juden und Christen soziale Verantwortung geweckt und manchen Fortschritt gebracht, eine Lösung des Problems steht aber noch aus.

[24] Härte und Gleichgültigkeit praktiziert man nicht nur gegenüber den Armen, sondern auch unter seinesgleichen. Als jedermanns Freund geht man inmitten sog. Freunde in die Brüche, und niemand nimmt Notiz davon. Einen Menschen zu finden, der in der Not zu einem steht, ist ein Segen und ein großes Glück. »Das gibt es«, so die Antithese.

19[1] stellt den Armen (18[23]) dem Toren gegenüber (vgl. 28[6]). Dieser dünkt sich dem Armen überlegen und stößt ihn brüsk zurück (18[23b]). Gleichwohl hat der Arme, sofern er »untadelig/schuldlos« wandelt, einen unüberbietbaren Vorzug. Sein untadeliger Wandel zeigt sich darin, daß er im Rahmen seiner bescheidenen Möglichkeiten großzügig, freigebig und hilfsbereit ist (z.B. Mt 12[41–44] par).

2 Schon unvernünftige Begierde ist nicht gut,
und wer hastig rennt, tritt fehl.
3 Die Torheit verdirbt dem Menschen den Weg,
und dann grollt sein Herz gegen den Herrn.
4 Besitz vermehrt die Zahl der Freunde,
der Arme aber wird von seinem Freund verlassen.
5 Ein falscher Zeuge bleibt nicht ungestraft,
wer Lügen flüstert, wird nicht entrinnen.
6 Viele umschmeicheln den Vornehmen,
und jeder will der Freund eines freigebigen Mannes sein.
7 Vom Armen wollen alle seine Brüder nichts wissen,
erst recht bleiben ihm seine Freunde fern.
[Gute Einsicht ist denen nahe,
die sich um sie kümmern,
ein verständiger Mann findet sie.
Wer viel redet, versündigt sich.]
Wer Worten nachjagt, wird nicht entrinnen.

19^{2a} Andere Möglichkeit: »Nichtwissen in bezug auf das (eigene) Leben ist auch nicht gut.«

19^{6} Umschmeicheln, wörtlich: »das Antlitz streicheln«.

19^{7} Den beiden intakten Halbversen $^{7a.b}$ folgt als ^{7c} ein Textfragment: »Wer Worten nachjagt – nicht sind sie ...« EÜ ergänzt nach G, was nicht ratsam ist.

Sein solidarisches Verhalten ist Ausdruck seiner Demut (15^{33}18^{12}), die ihn ganz auf JHWH vertrauen läßt.

^{2} schließt mit der Wertung »auch nicht gut« unmittelbar an. Überhebliches und selbstgefälliges Gehabe, das ziellos hierhin und dorthin strebt, ist nichts wert. Es führt zu blindem Aktionismus, der zwangsläufig fehlgeht und in die Irre führt.

^{3} Zur Beurteilung aufgrund der Lebenserfahrung tritt die Wertung aus dem JHWH-Glauben. Nicht wenige Menschen suchen unabhängig von JHWH und seiner Weisung ihr Leben zu verwirklichen. Wenn sie mit dieser Haltung, die der Dichter »Narrheit« nennt (vgl. Ps 14^{1} u.a.), ihren Lebensweg verbaut haben, machen sie nicht sich, sondern JHWH für ihr Scheitern verantwortlich, vgl. die schöne Paraphrase zu diesem Spruch Sir 15$^{11-20}$.

^{4} Das Wort für »Armer« bedeutet »machtlos, sozial unterdrückt«. Gerät jemand in die Lage, trennen sich die sog. Freunde (18^{24a}), während der wahre Freund gerade dann zur Seite steht (17^{17}18^{24b}).

$^{5-9}$ bilden eine Spruchgruppe. $^{5.9}$ rahmen die Innensprüche $^{6-8}$.

^{5} Der Lügenzeuge (6^{19}12^{17}14$^{5.25}$) bezeichnet hier die sog. Freunde in ihrer Falschheit, die sie in Wort und Tat bezeugen. Die Sanktionierung ihres Fehlverhaltens ist wieder sehr offen formuliert.

^{6} Wer Einfluß hat oder vortäuscht, ist umschwärmt von einer Meute sog. Freunde. Jeder will seine Gunst erwerben. Das »Antlitz streicheln« sonst nur vom »Antlitz JHWHs bzw. Gottes« gesagt (Ex 32^{11} 1 Sam 13^{12} Jer 26^{19} u.a.). Die Verfremdung der Wendung deckt sarkastisch die Falschheit auf.

^{7} Der Arme dagegen steht allein da.

8 Wer Verstand erwirbt, liebt sich selbst,
wer Einsicht bewahrt, findet sein Glück.
9 Ein falscher Zeuge bleibt nicht ungestraft,
wer Lügen flüstert, geht zugrunde.
10 Wohlleben steht dem Toren nicht an,
noch weniger einem Knecht,
über Fürsten zu herrschen.
11 Einsicht macht den Menschen langmütig,
sein Ruhm ist es, über Verfehlungen hinwegzugehen.
12 Wie das Knurren des Löwen ist der Zorn des Königs,
doch wie Tau auf dem Gras ist seine Gunst.

Seine Angehörigen »hassen ihn« (vgl. Lk 15[25–30]). »Um wieviel mehr« werden sich Nachbarn, Bekannte und sog. Freunde zurückziehen. Der Rest des Verses ist verderbt, eine Auffüllung nach G wenig sinnvoll.

[8] weist einen Weg aus dem törichten und unsozialen Verhalten. »Verstand erwerben« heißt nach 15[32b]: auf Zurechtweisung hören, und nach 15[32a]: *mūsār* annehmen. Beide Sprüche stehen in Gegensatzentsprechung: »Sich-selbst-Verachten« (15[32a]) korrespondiert mit »Sich-selbst-Lieben«[8a].

[9] wiederholt [5]. Gegenüber »wird nicht gerettet« bedeutet »geht zugrunde«, 11[10b]28[28b] auf den Frevler bezogen, eine deutliche Verschärfung.

[10] gibt eine verbreitete Meinung wieder. »Nicht passend für den Toren« wie 17[7]; dort: hochtönende Worte, hier: »Wohlleben«. Mit seinem Reichtum und Einfluß wird er Törichtes und für die Gesellschaft Schädliches tun. In negativer Steigerung stellt [10b] fest: In viel höherem Maße sei es »nicht passend«, daß ein Sklave, der nicht zur Gesellschaft, sondern zum Hausrat gehört, über »Notable« herrsche (vgl. 30[22f] Koh 10[7] Sir 11[5]). Der Dichter hat eine andere Auffassung, vgl. 17[2] mit 11[10f].

19[11]–20[3] Der dritte Unterabschnitt rückt die Ziele elterlicher Unterweisung in den Horizont der JHWH-Königs-Thematik. Die Einheit hat einen doppelten Rahmen (s.o.). Die äußeren Rahmenverse exponieren das Leitbild des Langmütigen als *die* JHWH, dem König, gemäße Lebensform, worauf die inneren Rahmenverse verweisen.

[11] Einsicht in die eigenen Fehler und Schwächen macht gelassen im Umgang mit sich selbst und anderen. Über Verfehlungen anderer kann man »hinweggehen«; der Ausdruck Mi 7[18f] von der Sündenvergebung JHWHs, vgl. Am 7[8]8[2]. Dazu bedarf es der Liebe, die nach 10[12]17[9] Vergehen zudeckt. So ist der Langmütige zugleich der Demütige. Und das ist seine Würde (10[33]18[20]22[4]).

[12] mag höfischer Beamtenklugheit entstammen; hier steht er in rahmender und strategischer Position: Die nachfolgend genannten Verhaltensweisen werden dem Urteil JHWHs unterstellt. Nach Am 3[8] ist das Brüllen des Löwen Metapher für das Zorngericht JHWHs, vgl. Am 1[2]. Sein Wohlgefallen ist dagegen lebensspendend, vgl. 16[15] mit anderem Bild.

13 Ein Unglück für den Vater ist ein törichter Sohn
und wie ein ständig tropfendes Dach das Gezänk einer Frau.
14 Haus und Habe sind das Erbe der Väter,
doch eine verständige Frau kommt vom Herrn.
15 Faulheit versenkt in Schlaf,
ein träger Mensch muß hungern.
16 Wer (Gottes) Gebot bewahrt, bewahrt sein Leben,
wer seine Wege verachtet, muß sterben.
17 Wer Erbarmen hat mit dem Elenden, leiht dem Herrn;
er wird ihm seine Wohltat vergelten.
18 Züchtige deinen Sohn, solange noch Hoffnung ist,
doch laß dich nicht hinreißen, ihn zu töten.

19^{18b} Wörtlich: »Aber dazu, ihn zu töten, erhebe deine Seele (= verlange, begehre) nicht.«

^{13}–20^{1} Die Innenverse exponieren im Wechsel Bedingungen und Auswirkungen gelungener und mißratener Glaubens- und Charakterbildung.
^{13} formuliert ganz aus der Perspektive des Mannes. Der törichte Sohn ($17^{21.25}$) ist das größte Unglück und zugleich eine Serie von Unglücksfällen (Beide Aspekte enthält der Plural). Ein bissiges Bild vergleicht das ständige Nörgeln seiner Frau (die Ursachen?) mit einer ständig triefenden Traufe, vgl. $21^{9.19}$. Nach einem arabischen Sprichwort machen drei Dinge ein Haus unbewohnbar: Das Durchsickern des Regens, das Nörgeln der Frau und die Wanzen (*'eltaqun – 'el-naqun – 'el-baqun*).
^{14} Demgegenüber ist eine verständige, kluge und starke Frau ($12^{4}14^{1}31^{10f}$) ein Gnadengeschenk JHWHs (18^{32} Gen 2–3), das sich allen besitz- und erbrechtlichen Betrachtungen entzieht.
^{15} spricht komplementär vom Mann, und zwar in Gegensatzentsprechung vom Faulen (vgl. 6^{6-11}) unter Verwendung des Abstraktums »Faulheit«. Über »Tiefschlaf« besteht eine Beziehung zum mißratenen Sohn (10^{5b}). Als Konsequenz wird Hunger genannt, der letztlich zum Tode führt.
^{16} ist eine Variante von 13^{13} in chiastischer Aufnahme. »Gebot« steht bewußt absolut; ob Gebot der Eltern, der Weisheit, JHWHs, soll der Leser/Hörer selbst entscheiden. »Seine Wege verachten« ist singulär. Graphisch und lautlich liegt »seine Worte« (mit Vorweis auf JHWH in ^{17}) näher; »wird getötet« – das Passiv auch sonst zur Umschreibung eines Tuns JHWHs, vgl. $10^{21}15^{10}23^{13}$ u.a.
^{17} Kerngebot der Weisung JHWHs ist Barmherzigkeit gegenüber den Armen und Schwachen. Die Vorstellung, daß Wohltaten gleichsam ein Darlehen darstellen, das Gott mit Zinsen zurückgibt, ist weit verbreitet, z.B. Ps 41^{2-4} u.ö. Mt 25^{35-40} u.a.; Papyrus *Insinger*: »Wer dem Armen zu essen gibt, dem rechnet es Gott für Millionen Opfer an« (16,13).
$^{18-20}$ bilden eine Spruchgruppe. Der mißratene, törichte Sohn ^{13} ist nicht nur ein Unglück, sondern Ergebnis einer verfehlten, jedenfalls mißlungenen elterlichen Unterweisung.
^{18} Das zu 13^{24} Gesagte ist hier mitzuhören. Beispiel der Eltern ist nach 2^{1ff} die beste Erziehungsmaßnahme. Kinder lernen spielerisch durch Nachahmen soziales Verhalten und religiöse Orientierung. Zugleich te-

19 Der maßlos Jähzornige muß büßen;
denn willst du schlichten, machst du es noch ärger.
20 Hör auf guten Rat, und nimm Zucht an,
damit du weise wirst für die Zukunft.
21 Viele Pläne faßt das Herz des Menschen,
doch nur der Ratschluß des Herrn hat Bestand.
22 Die Menschen streben nach Gewinn,
doch besser ein Armer als ein Betrüger.
23 Die Gottesfurcht führt zum Leben;
gesättigt geht man zur Ruhe,
von keinem Übel heimgesucht.

19[19b] Andere Möglichkeit: »Vielmehr/Fürwahr du entreißt (ihn) und fährst darin fort.«

19[22a] Wörtlich: »Das Begehren des Menschen bzw. das Begehrenswerte am Menschen (ist) seine Güte.«

sten und überschreiten sie spielend gesetzte Grenzen. Wo es zum Schaden ist, muß Erziehung konsequent und notfalls mit Strafmitteln eingreifen. Nie darf aber Wut, Zorn, Unbeherrschtheit oder Willkür das Maß bestimmen. Angesichts verbreiteter Kindesmißhandlungen bleibt die Warnung [18b] aktuell.

[19] Dem blindwütig Dreinschlagenden ist auf jeden Fall Einhalt zu gebieten. Er ist mit Schadenersatz oder Schmerzensgeld zu belegen (z.B. Ex 21[22]), um Wiederholungstaten zu vermeiden. Im akuten Fall ist dem Täter sein Opfer zu »entreißen«.

[20] Damit es nicht erst so weit kommt, ergeht in direkter Anrede, verstärkt durch die aus 1–9 bekannten Höraufforderung, die Mahnung, auf Rat zu hören (12[15]) und *mûsār* anzunehmen, um fortan zu den Weisen, d.h. hier zu den Langmütigen und Selbstbeherrschten (15[18]16[32] u.a.) zu gehören (vgl. 1 Petr 4[2]).

[21] Die Weisheit eines solchen Menschen besteht darin, aus einer vertrauten Beziehung mit JHWH heraus das eigene Wollen und Planen in Einklang zu bringen mit dem Ratschluß JHWHs, der allein zustande kommt und Bestand hat. Für das geheimnisvolle Ineinander und Gegeneinander von menschlichem Planen und göttlichem Ratschluß gibt die Schrift zahllose Beispiele, die der Hörer/Leser selbst herausfinden soll, z.B. Gen 12[10–20]22[1–19]45[7f] 1 Sam 15[30–37] u.a.

[22] Was den Menschen begehrenswert macht und was er selbst begehrt, ist »seine *ḥæsæd*«, praktizierte Nächstenliebe, die das »wie dich selbst« einschließt (3[3]14[22]16[6] u.a.). [22b] Der komparativische Spruch erläutert dies an der Gegenüberstellung des »Armen« (Rückweis auf [1]) und des »Lügners« (Rückweis auf [9.5], Vorweis auf [28]). Der Arme, der solidarisches Verhalten praktiziert, ist all jenen überlegen, die ständig von Gerechtigkeit und Solidarität reden, aber nichts dergleichen tun.

[23] Das Tun von *ḥæsæd* ist Ausdruck von JHWH-Furcht als adäquate Antwort des Menschen auf JHWHs zuvor erwiesene Liebe und Treue. Insofern ermöglicht JHWH-Furcht Leben und führt zum Leben (3[3–6]10[7]14[26f] u.a.). [23b] illustriert das

24 Greift der Faule mit der Hand in die Schüssel,
bringt er sie nicht einmal zum Mund zurück.
25 Schlägst du den Zuchtlosen,
so wird der Unerfahrene klug;
weist man den Verständigen zurecht,
gewinnt er Einsicht.
26 Wer den Vater mißhandelt, die Mutter wegjagt,
ist ein verkommener, schändlicher Sohn.
27 Gibst du es auf, mein Sohn, auf Mahnung zu hören,
so entziehst du dich den Worten der Einsicht.
28 Ein nichtsnutziger Zeuge verspottet das Recht,
der Mund der Frevler sprudelt Unheil hervor.
29 Für die Zuchtlosen stehen Ruten bereit
und Schläge für den Rücken der Toren.
20^{1} Ein Zuchtloser ist der Wein, ein Lärmer das Bier;
wer sich hierin verfehlt, wird nie weise.

19^{27} M: »Laß ab, mein Sohn, auf Mahnung zu hören! (Das führt) zum Abirren von den Worten der Erkenntnis.«
19^{28b} Sprudelt ... hervor, wörtlich: »er verschlingt.«

Leben in Glück und Sicherheit ($3^{24}10^{3a}$ Dtn 11^{15}, vgl. Lev 26^{6}).
^{24}–20^{1} exponieren eine Reihe von Fehlverhalten, die die Frucht einer verfehlten Erziehung sind.
^{24} apostrophiert mit deutlich ironischen Zügen den Faulen (vgl. ^{15}). Selbst zum Essen ist er noch zu faul.
^{25} Der Hochmütige/Spötter ist unbelehrbar. Auch Strafe ändert daran nichts, wirkt aber vielleicht abschreckend auf den Unentschiedenen. Der Verständige weiß eh, daß er auf Zurechtweisung und auf Ratschläge angewiesen ist.
^{26} Sinn des Elterngebots ist es, den alten Eltern einen sozial gesicherten und würdigen Lebensabend zu garantieren (Dtn 5^{16} par Ex 20^{12} Lev 19^{3}, vgl. Mt 15^{3-9}). Wer in der genannten Weise dagegen verstößt (vgl. Ex $21^{15.17}$ Lev 20^{9} Dtn 27^{16}), ist in der Tat ein »schändlicher und schmählicher Mensch«.
^{27} wendet sich drohend in direkter Anrede an die Menschen verkehrter Lebensart im Sinne von: »Macht nur so weiter ...!« Eine vergleichbare Form der Warnung, die zurät, wovon sie abrät, Koh 11^{9}.
^{28} bezeichnet den Lügenzeugen $^{5.9}$ als »nichtigen → nichtswürdigen« Zeugen, da er seine falsche Lebensart über das Recht stellt. Er ist dem Frevler gleich, für den alles Heil- und Gottlose ein »Leckerbissen« (18^{8}) ist, den er »verschlingt«.
^{29} nimmt ^{25} auf. Der Unerfahrene, der sich nicht belehren läßt, wird zum Toren. Für ihn wie für den Hochmütigen/Spötter sind »Strafgerichte« (in Spr nur hier, vgl. Ex $6^{6}7^{4}$ Num 33^{4} u.a.) vorgesehen, die Verhängnisse JHWHs sind und das »Knurren des Löwen« (20^{2}) bereits anklingen lassen.
20^{1} schließt über »Zuchtloser/Spötter« an. Der Dichter ist kein Eiferer. Mit Humor und Ironie präsentiert er das Bild eines fröhlich lärmenden Haufens von Saufkumpanen (23^{29-35} Sir 31^{25-31}). Wein und Bier, in poeti-

2 Wie das Knurren des Löwen ist der Grimm des Königs;
wer ihn erzürnt, verwirkt sein Leben.
3 Es ehrt den Menschen, vom Streit abzulassen,
jeder Tor aber bricht los.
4 Der Faule pflügt nicht im Herbst;
sucht er in der Erntezeit, so ist nichts da.
5 Ein tiefes Wasser sind die Pläne im Herzen des Menschen,
doch der Verständige schöpft es herauf.
6 Viele Menschen rühmen sich ihrer Güte,
aber wer findet einen, auf den Verlaß ist?
7 Wer als Gerechter unbescholten seinen Weg geht:
Wohl den Kindern, die er hinterläßt.

20[3a] Vom Streit abzulassen, eher: »fernbleiben vom Streit«.

scher Personifikation, haben das Regiment übernommen. Wer sich ihm unterwirft, hat sich von der Weisheit verabschiedet.

[2] bildet mit 19[12] den inneren Rahmen des dritten Unterabschnitts. Der synthetische Parallelismus unterstreicht die Bedrohlichkeit der Lage. Das Bild [2a] geht über zur Feststellung [2b]: Die Fehlverhalten sind »Versündigung am eigenen Leben«, wodurch der JHWH-Bezug sichergestellt ist.

[3] bildet mit 19[11] den äußeren Rahmen. Wer »dem Streit fernbleibt«, ist der Langmütige, der aus Einsicht und Klugheit über die Fehler und Schwächen anderer hinweggeht. Das gibt ihm Ansehen und Ehre. Der Tor dagegen »tobt los« (17[14]18[1]) und macht ein versöhntes Miteinander unmöglich.

[4–7] Der kleine Schlußteil faßt Abschnitt 3 bündig zusammen.

[4] umfaßt nach M sieben Wörter. Sie umfassen den Jahreszyklus nach dem Kalender palästinischer Bauern. Der Spruch ist im Kontext metaphorisch zu verstehen. Wer wie der Faule seinen Lebensacker nicht beizeiten bestellt, *mūsār* der Eltern, der Weisheit, JHWHs nicht aufnimmt und weiterbildet, sucht nach Früchten der Weisheit und Einsicht vergebens.

[5] blickt auf 18[4] zurück. Der »Mensch von Einsicht« dringt durch manches Chaotische und schwer Durchschaubare in sich oder anderen hindurch zur Quelle der Weisheit und vermag daraus zu schöpfen. Das erinnert an eine von *Sokrates* entwickelte Methode, durch geschicktes Befragen die im Unterbewußtsein schlummernden richtigen Antworten zutage zu fördern.

[6] greift das Thema »Nächstenliebe« auf (vgl. 19[22]18[24]). Davon zu reden, was jeder tut, ist das eine. Ein anderes ist es, sie konsequent im Alltag zu verwirklichen. Daher bleibt die Frage nach einem Menschen von »unbedingter Zuverlässigkeit« – der Plural ist Steigerungsplural (13[7]14[5]) – im Raum stehen, wie 31[10] die Frage nach der »Frau von Stärke«.

[7] »Der in seiner Unbescholtenheit wandelnde Gerechte« vervollständigt den Dreiklang rechter und richtiger Lebensart. Von den positiven Kräften solchen Denkens, Redens und Tuns zehren die nachwachsenden Generationen. Ihnen kann man dazu nur gratulieren.

4. Güte und Treue ist JHWH lieber als Opfer: 20^{8}–22^{4}

8 Ein König auf dem Richterstuhl
sondert mit seinem Scharfblick alles Böse aus.
9 Wer kann sagen: Ich habe mein Herz geläutert,
rein bin ich von meiner Sünde?
10 Zweierlei Gewicht und zweierlei Maß,
beide sind dem Herrn ein Greuel.
11 An seinem Treiben läßt schon der Knabe erkennen,
ob sein Tun lauter und redlich sein wird.
12 Das Ohr, das hört, und das Auge, das sieht,
der Herr hat sie beide geschaffen.

$16^{2.33}17^{3}18^{4}19^{21}$
Ps $51^{7}90^{7f}143^{2}$
Ijob $5^{14-16}25^{4-6}$
Koh 7^{20}

20^{8} Sondert ... aus, wörtlich: »worfelt«.

20^{8}–22^{4} Abschnitt 4 hat zwei strukturelle und thematische Schwerpunkte: JHWH, der königliche Richter sowie wahrer und falscher Gottesdienst. Beide verbindet das Thema: die Verwiesenheit des Menschen auf JHWH. Entsprechend gliedert sich die Einheit in drei Unterabschnitte: $20^{8-23.26}$ 20^{24}–21^{2} 21^{3}–22^{4}; zu Einzelheiten vgl. *Fuhs*, 292f.

$20^{8-23.26}$ Der Text wird begrenzt durch die chiastisch aufeinander bezogenen Königssprüche $20^{8.26}$.

^{8} bildet keinen Parallelismus, entwickelt vielmehr seinen Gedanken in einem Satz. Nach Form und Ausdruck ist kein irdischer König gemeint, er wäre völlig überfordert. »Thron des Richtens« (die Wendung nur hier) erinnert an »Thron der Gnade« (Hebr 4^{16}). Dem durchdringenden Blick dieses Königs hält *nichts* Böses stand. Als solches durchschaut und damit gerichtet, wird es geworfelt, so daß es wie Spreu vom Wind verweht wird (Ps 1^{4} Jer 15^{7}, vgl. Jes 16^{5}). Das Bild vom königlichen Richter wird Mt 25^{31-46} auf den Menschensohn übertragen, der sich auf den »Thron seiner Herrlichkeit« setzt.

^{9} Vor dem Weltenrichter (*alles* Böse!) kann sich niemand von Bösem freisprechen. In der rhetorischen Frage beleuchten zwei sich ergänzende Perspektiven diesen Sachverhalt: das Wissen um die Begrenztheit von Selbsterkenntnis und Selbstläuterung (^{24}, vgl. 21^{2} u.ö.) und das Wissen um die eigene Sündhaftigkeit (1 Kön 8^{46} Ps 19^{13} u.ö.). Der Spruch weist voraus auf den zweiten Unterabschnitt.

$^{10-23}$ illustrieren die wurzelhafte Unlauterkeit des Menschen an einer Reihe konkreter Vergehen im alltäglichen Miteinander, die oft gedankenlos und ohne schlechtes Gewissen geschehen. Die chiastisch aufeinander bezogenen Sprüche $^{10.23}$ rahmen die Negativliste.

^{10} Was JHWH ein Greuel ist, steht voran. »Mit zweierlei Maß messen« zum eigenen Vorteil ist nicht nur ein Anschlag auf die Solidargemeinschaft, sondern auch auf die Schöpfungsordnung JHWHs ($11^{1}16^{11}$).

^{11} Bereits das Kleinkind zeigt in seinem Verhalten grundlegende Veranlagungen, Begabungen oder Verhaltensauffälligkeiten. Daher beginnt elterliche Unterweisung unter Berücksichtigung dessen von klein auf ($13^{24}22^{6}$).

^{12} ist im unmittelbaren Anschluß an ^{11} zu verstehen. »Hören« und »Sehen« sind die wichtigsten Vorausset-

13 Liebe nicht den Schlaf, damit du nicht arm wirst;
halte deine Augen offen, und du hast Brot genug.
14 Schlecht, schlecht, sagt der Käufer;
geht er aber weg, so rühmt er sich.
15 Gold gibt es und viele Perlen,
ein kostbarer Schmuck aber sind verständige Lippen.
16 Nimm ihm das Kleid, denn er hat für einen andern gebürgt,
fremder Leute wegen pfände bei ihm!
17 Süß schmeckt dem Menschen das Brot der Lüge,
hernach aber füllt sich sein Mund mit Kieseln.
18 Pläne kommen durch Beratung zustande.
Darum führe den Kampf mit Überlegung!

20[14] *ra' ra'* und *'ozel lō 'āz* – Die Paronomasien geben lautmalend den Kontrast zwischen Entrüstung und klammheimlicher Freude wieder.

20[15] Perlen, eher: Korallen, vgl. zu 3[15]. – Kostbarer Schmuck, wörtlich: »Kostbares Gefäß«.

20[16] Einen anderen, besser: »einen Fremden«. – Pfände bei ihm, wörtlich: »pfände ihn.«

zungen bei der Glaubens- und Gewissensbildung. Gleichwohl liegen Erfolg und Gelingen ganz in der Hand JHWHs (programmatisch 3[1–12]).

[13] Das heißt nicht, JHWH wird's schon richten und die Hände in den Schoß legen. Was der Mensch tun kann, hat er zu tun. Daher die Warnung und Mahnung (vgl. 6[9–11] u.ö.).

[14] führt gleichsam auf einen orientalischen Basar. Mit hintersinnigem Humor konstatiert der Dichter – Horizont ist immer noch Lauterkeit vor JHWH [8f] (!) – die Neigung im Menschen, sein Gegenüber übers Ohr zu hauen und das mit klammheimlichem Vergnügen. Wer dann am Ende wen über den Tisch gezogen hat, bleibt offen.

[15] ist ein klimaktischer Parallelismus. Alle wertvollen Kleinodien übertreffen verständige Lippen. Sie sind das kostbare Gefäß für Erkenntnis und Weisheit (3[14f]8[11]16[16] u.a., vgl. Mt 13[45f]).

[16] Der chiastisch gebaute Spruch hat in 27[13] eine Parallele. Die Aufforderungen sind wohl rhetorischer Art. Gemeint ist: Hüte dich vor Geschäften mit jemandem, der Fremden Bürgschaften gestellt hat. Sein Geld und sein Besitz sind so gut wie verloren, so daß er dir gegenüber zahlungsunfähig sein wird. Da kannst du ihn gleich selbst zum Pfand nehmen.

[17] Der Genuß des durch Lug und Trug erworbenen Gewinns (4[17] u.a.) ist nicht von Dauer (grundlegend 10[2a], vgl. Ijob 20[12–29]). Die Metapher »Kies, Sand« nur noch Klgl 3[16] für das Gericht, das JHWH verfügt.

[18.19] bilden formal ein Spruchpaar. Die Feststellung eines Sachverhaltes geht jeweils in die direkte Anrede einer Mahnung bzw. Warnung über. [18] Jedes Vorhaben bedarf kluger Beratung, um Erfolg zu haben. Steht das Wohl der Gemeinschaft auf dem Spiel, ist die Auseinandersetzung, die nicht kriegerischer Art sein muß, mit »Steuermannskunst« (1[5]) zu einem guten Ende zu führen. [19] Beratung ist wichtig, noch wichtiger die richtige Auswahl der Berater. Daher

19 Geheimnisse verrät, wer als Verleumder umhergeht.
Darum laß dich nicht ein mit einem Schwätzer!
20 Wer seinem Vater flucht und seiner Mutter,
dessen Lampe erlischt zur Zeit der Finsternis.
21 Ein Besitz, schnell errafft am Anfang,
ist nicht gesegnet an seinem Ende.
22 Sag nicht: Ich will das Böse vergelten.
Vertrau auf den Herrn, er wird dir helfen.
23 Ein Greuel ist dem Herrn zweierlei Gewicht,
eine falsche Waage ist nicht recht.
24 Der Herr lenkt die Schritte eines jeden.
Wie könnte der Mensch seinen Weg verstehen?

20[19] Andere Übersetzungsmöglichkeit: »Wer Geheimnisse preisgibt, als Verleumder einhergeht, einfältig mit seinen Lippen umgeht – habe ja keine Gemeinschaft (mit ihnen).«
20[20b] Zur Zeit der Finsternis, wörtlich: »im Augapfel der Finsternis«.
20[24a] Wörtlich: »Von JHWH kommen die Schritte eines Mannes.«

die Warnung vor den genannten Typen, vgl. *Amenemope* 22,13f.
[20] »Der seine Eltern Verfluchende« ist der Gipfel eines mißratenen Sohnes, vgl. »töricht« → »gewalttätig« (19[13.26]). JHWH wird ihm ein schreckliches Ende bereiten, das dem der Frevler entspricht (13[9b]24[20b]) vgl. *Achikar* 138. Zur Metapher »im Augapfel der Finsternis« vgl. 4[19]7[9].
[21] schließt sachgemäß an. Wer mit Fluch [20] oder Gewalt (19[26]) gegen seine Eltern vorgeht, um vorzeitig das »Erbe« (EÜ: Besitz) an sich zu bringen, wird wenig Freude daran haben, da er die Segenskette, die bei ordnungsgemäßer Übergabe weitergeknüpft wird, zerrissen hat. Das gilt *mutatis mutandis* von jedem unrechtmäßig erworbenen Besitz.
[22] warnt die Opfer der in [10–21] genannten Fehlverhalten vor jeder Form von Rache und Vergeltung, so verständlich das sein mag (z.B. Ps 41[11]137[8f]). Selbst der Wunsch nach göttlicher Rache (z.B. Dtn 32[35.41]) soll nicht laut werden. Statt dessen der gute Rat, Errettung aus der Not und gesellschaftliche Rehabilitierung JHWH anzuvertrauen, der, so die Verheißung, dazu verhelfen wird; schon *Ani*: »Beeile dich nicht, den anzugreifen, der dich angegriffen hat. Überlasse ihn der Gottheit, melde ihn täglich (im Gebet) dem Gott ...« (8,14f); vgl. *Amenemope* 22,1–8. Zur weitergehenden Forderung vgl. 25[21f].
[23] steht in chiastischer Entsprechung zu [10] und beschließt die Negativliste [10–23]. Falschem Maß und falschen Gewichten fügt [23b] die »falsche Waage« hinzu. Sie entspricht nicht der Ordnung (JHWHs).
[24] schließt als JHWH-Spruch unmittelbar an. Gleichwohl weist er voraus und bildet mit dem korrespondierenden 21[2] den Rahmen des zweiten Unterabschnitts. Durch seine ungewöhnliche Position werden beide Einheiten miteinander verzahnt. [24a] exponiert die Verwiesenheit des Menschen auf JHWH (16[1.9]17[3]19[21] u.a.), [24b] seine Begrenztheit. Jeder Schritt des Menschen ist ein Glied in

25 Eine Falle ist es, unbedacht zu rufen: Geweiht!,
und erst nach dem Gelübde zu überlegen.
26 Ein weiser König sondert die Frevler aus
und vergilt ihnen ihre Untat.
27 Der Herr wacht über den Atem des Menschen,
er durchforscht alle Kammern des Leibes.
28 Güte und Treue behüten den König,
er stützt seinen Thron durch Güte.
29 Der Ruhm der Jungen ist ihre Kraft,
die Zier der Alten ihr graues Haar.
30 Blutige Striemen läutern den Bösen
und Schläge die Kammern des Leibes.

20[26b] Wörtlich: » ... und wendet über sie zurück das Rad«, d.h. hin und her.
20[27a] Der Herr wacht, wörtlich: »Eine Leuchte JHWHs ist ...«
20[30a] Den Bösen, eher: »das Böse«.

einer Kette von Gründen und Folgen, die er weder nach rückwärts noch nach vorwärts überschauen kann (das gilt auch für 14[8]). Selbst Weise unterliegen Fehleinschätzungen (14[12]16[25] u.a.). Daher gilt es, in Eigenverantwortung und in enger Bindung an JHWH Schritte zu tun, die sein Wohlgefallen finden (Ps 37[23]).
[25] veranschaulicht das am Beispiel des Gelübdes. Auch ein aus Not unbedacht und voreilig abgelegtes bindet den Menschen (Dtn 23[22–24]). Mit der Deklaration »Heilig«, vgl. »Korban« (Mt 15[5] Mk 7[11]), geht die so bezeichnete Person oder Sache in den Besitz der Gottheit über und ist tabu. Das gerät zur Falle, wenn man über das Gelobte nicht verfügen kann oder es unverhältnismäßig schädigt (Ri 11[29–40]). Das ist dann kein Schritt, den JHWH lenkt.
[26] weist zurück auf [8] und beschließt den ersten Unterabschnitt. Der richtende ist hier der »weise« König. Das Böse [8] wird konkret in den »Frevlern«. Zu »worfeln« s. [8], zu »Rad« vgl. Jes 28[27f]. Das weisheitliche Bild wird durch das prophetische Gerichtsbild ergänzt und überboten, vgl. Hab 3[3–15], wo neben den Völkern, über die der Dreschwagen geht, ausdrücklich das »Haus des Frevlers« genannt wird.
[27] führt den zweiten Unterabschnitt weiter und exponiert die Verwiesenheit des Menschen unter dem Aspekt »Schöpfer-Geschöpf«. Der »Odem« (vgl. Gen 2[7]) – das Wort in Spr nur hier – wird eine »Leuchte JHWHs« genannt, d.h. das Leben des Menschen in seiner abgründigen Rätselhaftigkeit (18[4]20[5]21[1]) ist JHWH offenbar; im Lichte des von JHWH geschenkten Odems kann der Mensch Erkenntnis und Einsicht gewinnen (vgl. Ijob 32[8]).
[28] Frucht der Erkenntnis ist die Einsicht, daß »Güte/Liebe« und »Treue/Wahrheit«, die wie Schutzwesen den Thron dieses Königs umgeben, das Verhältnis JHWHs zu den Menschen wie das Verhältnis der Menschen untereinander bestimmen (3[3f]).
[29.30] wenden sich letzterem zu. [29] hebt ab auf ein intaktes Generationengefüge (17[6]) und stellt in abbreviatorischer Form die Vorzüge der beiden in ihren Grenzen stets fließenden Lebensalter gegenüber, die in pro-

21[1] Wie ein Wasserbach ist das Herz des Königs
in der Hand des Herrn;
er lenkt es, wohin er will.
[2] Jeder meint, sein Verhalten sei richtig,
doch der Herr prüft die Herzen.
[3] Gerechtigkeit üben und Recht
ist dem Herrn lieber als Schlachtopfer.
[4] Hoffart der Augen, Übermut des Herzens –
die Leuchte der Frevler versagt.

Hos 6[6] Jes 1[11–14] Mi 6[6–8] 1 Sam 15[22] Ps 50[7f] Mt 9[13]12[7]

21[1] Wasserbach, wörtlich: »Wassergräben« bzw. » -kanäle«.
21[4] Übersetzungsvorschlag: »Hochmütige Augen und maßloses Herz – der Neubruch der Frevler ist Sünde.«

duktiver und kreativer Symbiose die Ganzheit eines geglückten Lebens umschreiben. [30] Das voranschreitende Leben hinterläßt Spuren. Nicht verheilte Wunden und Narben weisen auf bittere Erfahrungen von Schicksalsschlägen hin. Sie aber tragen bei zur *Katharsis*, zur Klärung und Läuterung, zur gereiften Frucht eines sinnerfüllten Lebens, vgl. *Berakot* 5b.

21[1] setzt im synthetischen Parallelismus JHWH und König unmittelbar in Beziehung: JHWH in der Erscheinungsform seiner irdischen Herrschaft, die er durch die jeweiligen Repräsentanten ausübt. Zur Veranschaulichung dient das Fruchtbarwerden trockenen Landes durch künstliche Bewässerung. Diese Technik ist in Palästina nicht bekannt, wohl aber in Südarabien, Mesopotamien und Ägypten. Damit ist der weltumspannende Rahmen der Herrschaft JHWHs abgesteckt.

[2] steht in abschließender Rahmenfunktion und in chiastischer Entsprechung zu 20[24]. Mit Blick auf die Parallele 16[2] wird die Begrenztheit des Menschen (14[12] = 16[25] u.a.) und seine Verwiesenheit auf JHWH herausgehoben, der die Herzen prüft (15[11]17[3]24[12] u.a.).

[3]–22[4] Der dritte Unterabschnitt wird von drei Sprüchen ([3.21]22[4]) strukturiert, die über mehrfache Stichwortverbindungen in paralleler oder chiastischer Position vernetzt sind, vgl. *Fuhs* 293. Das Überwiegen von Abstraktnomina signalisiert eine grundsätzliche, den Abschnitt 4 zusammenfassende Aussage: Das Tun von »Recht und Gerechtigkeit«[3], präzisiert als Tun von »Gerechtigkeit und Liebe/Güte«[21], ist »Armut im Geiste« und entspricht der »JHWH-Furcht« (22[4]), als deren positive Folgen in doppelter Dreiheit »Leben – Gerechtigkeit – Ansehen/Ehre«[21b] und »Reichtum – Ansehen/Ehre – Leben« (22[4]) genannt werden, insofern JHWH dieses Tun als wahren Gottesdienst anderen Formen seiner Verehrung vorzieht[3].

[3] erinnert die prophetische Kultkritik. Auch hier geht es nicht um die Alternative Kult – Ethos, sondern um deren Einheit im Tun von Recht und Gerechtigkeit; »lieber ... als« ist eine Variante der Besser-als-Sprüche.

[4–20] Eine Reihe von Beispielen zeigt das Auseinanderdriften von Ethos und Kult im Alltag. Die Antithese »Gerechte(r) – Frevler« tritt wieder in den Vordergrund.

[4] konkretisiert [3] vom äußersten Gegensatz her: »Neubruch der Frevler«

5 Die Pläne des Fleißigen bringen Gewinn,
doch der hastige Mensch hat nur Mangel.
6 Wer Schätze erwirbt mit verlogener Zunge,
jagt nach dem Wind, er gerät in die Schlingen des Todes.
7 Gewalttat reißt die Frevler hinweg,
denn sie weigern sich, das Rechte zu tun.
8 Der Weg des Unehrlichen ist gewunden,
aber das Tun des Lauteren ist gerade.
9 Besser in einer Ecke des Daches wohnen
als eine zänkische Frau im gemeinsamen Haus.
10 Das Verlangen des Frevlers geht nach dem Bösen,
sein Nächster findet bei ihm kein Erbarmen.
11 Muß der Zuchtlose büßen,
so wird der Unerfahrene weise,
belehrt man den Weisen, so nimmt er Einsicht an.

21[6] Wörtlich: »Das Beischaffen von Schätzen durch lügenhafte Zunge (ist) Windhauch (für) diejenigen, die den Tod suchen.«
21[7a] Wörtlich: »Die Gewalttätigkeit der Frevler zerrt sie nach ...«
21[8] Des Unehrlichen, eher: »des Schuldbelasteten«.

meint: Alles, was der Frevler an Neuem beginnt, ist von seinem Ansatz wie von seinem Ergebnis her »Sünde«, gott- und menschenwidriges Tun. Die ethische Metapher wird verfremdet; sie steht nicht für einen neuen Lebenswandel (Hos 10[12] Jer 4[3]), sondern für die Fortsetzung des verfehlten Tuns.

[5] konfrontiert den Fleißigen, dessen überlegtes und stetiges Tun zum Erfolg führt, anders als 10[4]12[24.27]13[4], hier dem »Hastigen«, dessen blinder Eifer nichts zu Wege bringt (»nur Mangel« vgl. 14[23]).

[6] Durch Lug und Trug erworbener Reichtum (10[2], vgl. 4[17] u.a.) täuscht Sicherheit und Bestand vor und ist doch nur »Windhauch« (13[11a]). Das Streben danach gleicht der Suche nach dem Tod.

[7] begründet und verdeutlicht [6]. Die erforderliche Gewalttätigkeit tritt in poetischer Personifikation gegen diejenigen auf, die sie ausüben (11[6] u.ö.). Das von den Frevlern gesponnene Netz der Gewalt »zerrt« (Hab 1[15]) sie in sich hinein, da sie »Rechttun« (Mi 6[8]) verweigern.

[8] Der chiastisch gebaute Spruch stellt dem »Schuldbelasteten« den »Reinen« (16[2]20[11]) entgegen. Der eine geht gemäß 4[25–27] u.a., der andere geht mit krummen Touren Recht und Gerechtigkeit aus dem Weg.

[9] Häuslicher Friede ([19], vgl. 19[13]27[15]) hat in hohem Maße mit Rechttun, Güte und Liebe zu tun. Nicht ohne Humor bedient der Dichter ein typisches Männerklischee. Zu einem friedlichen Miteinander gehören bekanntlich zwei.

[10] weitet den Blick auf das soziale Mitfeld aus. Die Paronomasie *rāʿ* »das Böse« und *reʿēhû* »sein Nächster« (= Nachbar, Bekannter) verdeutlicht, daß die Gier des »Frevlers« ([4.7]) keine mitmenschlichen Regungen kennt.

[11] Eine besondere Spezies des Frevlers ist der unbelehrbare »Hochmütige/Spötter«. Der Spruch hat eine sachgleiche Parallele in 19[25]; zur Auslegung s. dort.

12 Der Gerechte handelt klug am Haus des Frevlers,
wenn er die Frevler ins Unheil stürzt.
13 Wer sein Ohr verschließt vor dem Schreien des Armen,
wird selbst nicht erhört, wenn er um Hilfe ruft.
14 Eine heimliche Gabe besänftigt den Zorn,
ein Geschenk aus dem Gewandbausch den heftigen Grimm.
15 Der Gerechte freut sich, wenn Recht geschieht,
doch den Übeltäter versetzt das in Schrecken.
16 Wer abirrt vom Weg der Einsicht,
wird bald in der Versammlung der Totengeister ruhen.
17 Der Not verfällt, wer Vergnügen liebt,
wer Wein und Salböl liebt, wird nicht reich.
18 Für den Gerechten dient der Frevler als Lösegeld,
anstelle des Redlichen der Treulose.

21[12] Klug handelt, eher: »acht hat auf« bzw. »aufmerksam hinblickt auf«.

[12] Daß die Gerechten zum Wohl des Gemeinwesens das Regiment übernehmen (11[10f]), hofft der Dichter. Daß sie dies mit Gewalt tun (EÜ), liegt ihm fern. Er setzt ganz auf die moralische Kraft ihrer Rechtschaffenheit. Allerdings sagt er nach M: »Ein Gerechter (ist), der acht hat ...« Es gibt einen Gerechten, der das Geschlecht der Frevler im Auge behält und es an den Folgen seines Freveltuns scheitern läßt: JHWH. Das Verb mit Subjekt JHWH noch 22[12] Ijob 12[9]; JHWH als der »erhabene Gerechte« Ijob 34[17].

[13] Barmherzigkeit ist ein Wesensmerkmal JHWHs (Ex 34[6] u.a.) und daher Grundbedingung eines JHWH-gemäßen Lebens (3[3f]19[17] u.a. Mt 5[7]). Wer sich gegenüber Hilfsbedürftigen taub stellt (das Ohr »verstopfen« 17[28]), kann in der Not keine Hilfe erwarten; vgl. Papyrus *Insinger*: »Wer den Schwachen in der Not allein läßt, wird in lautes Klagen ausbrechen, wenn er selbst nicht mehr beschützt wird« (33,16).

[14] Wo es gang und gäbe ist, Angelegenheiten nicht nach Recht und Gesetz, sondern durch Bestechung zu regeln (15[27]17[8.23]18[16]), lassen sich auch ungünstige behördliche Bescheide und drohende Zwangsmaßnahmen entsprechend abwenden.

[15] Leuten dieser Art, die hier in Antithese zum Gerechten »Übeltäter« genannt werden, ist Unrechttun zur zweiten Natur geworden. Rechttun ist ihnen bis ins Mark zuwider, während es dem Gerechten eine Freude ist, da er sich im Einklang weiß mit dem Willen JHWHs[3].

[16] bezeichnet die genannten Typen verfehlter Lebensart als solche, die »vom Weg der Einsicht abirren« (7[25]14[22a]). Ihr selbstgewählter Irrweg führt sie geradewegs hinab in die Versammlung der altkanaanäischen Unterweltgottheiten (2[18]5[5]7[27]9[18]), die hier Metapher sind für einen unzeitigen Tod.

[17] Gegenüber [13] ist von selbstverschuldeter Armut die Rede. Wer ständig über seine Verhältnisse lebt, weil er zu den Reichen und Mächtigen gehören will, ruiniert sich selbst.

[18] erinnert an 11[8]16[4]. Gemeint ist hier: Der Gerechte wie die Rechtschaffenen (EÜ Singular) werden aus Not und Bedrängnis, die Frevler

[19] Besser in der Wüste hausen
als Ärger mit einer zänkischen Frau.
[20] Ein kostbarer Schatz ist in der Wohnung des Weisen,
aber ein törichter Mensch vergeudet ihn.
[21] Wer nach Gerechtigkeit und Güte strebt,
findet Leben und Ehre.
[22] Der Weise ersteigt die Stadt der Mächtigen
und stürzt das Bollwerk, auf das sie vertraut.
[23] Wer seinen Mund und seine Zunge behütet,
der behütet sein Leben vor Drangsal.

21[20a] Wörtlich: »Ein Schatz, kostbarer als Salböl, (ist) in der Wohnung der Weisen.«

21[21b] Leben und Ehre, mit M: »Leben, Gerechtigkeit und Ehre«.

und Abtrünnige über sie gebracht haben, befreit, während diese ihre Selbstherrlichkeit einbüßen und gleichsam als Sühngeld bzw. Sühnmittel (EÜ »Lösegeld«) für die angehäufte Schuld mit Leib und Leben haften. *Raschi* erinnert an *Haman* und *Mordechai* (Est 7[19]).

[19] beschließt rahmend die Negativliste. Gegenüber [9] bedeutet der Besser-als-Spruch eine Steigerung. Der Zerrüttung des häuslichen Friedens ist eine kümmerliche Existenz in der Einöde vorzuziehen. In beiden Fällen dürfte es sich um Redensarten handeln, die der Dichter augenzwinkernd verwendet.

[20–22] bilden den Kern des dritten Unterabschnitts. Der Kernsatz [21] korrespondiert mit [3] und 22[4]. Er wird gerahmt von zwei Sprüchen, die über Stichwort »der Weise« eng verbunden sind.

[20] Um welchen Schatz es sich handelt, den der Weise besitzt, bleibt zunächst offen. Gegenüber kostbarem Salböl [17] ist er »begehrenswerter« [3]. Während der Tor ihn in seiner Torheit vernichtet, weiß der Weise ihn zu hüten und zu bewahren.

[21] Der Schatz ist »Gerechtigkeit und Güte/Liebe«. Sie allein ermöglichen solidarisches und sinnerfülltes Leben, ein Leben in Ansehen und Ehre (vor den Menschen und vor JHWH).

[22] spricht in Kriegsmetaphern wie [12.31]26[4] u.a. Gemeint ist der alltägliche Kampf zwischen den Gerechten und Frevlern. Ein Kampf, der auf allen Ebenen des politischen und gesellschaftlichen Lebens offen oder verdeckt, meist mit ungleichen Waffen geführt wird. In diesem Kampf verkörpern die Gerechten und alle, die zu ihnen gezählt werden, aus dem JHWH-Glauben eine moralische Macht, an der jede Macht und Gewalt der Frevler samt ihrem Anhang letztlich scheitern werden [31], vgl. 18[10f] Koh 9[13–18]. Daß die Gerechten, Weisen, JHWH-Fürchtigen etc. ihre moralische Kraft mit Steuermannskunst, d.h. mit Ausübung legitimer Macht verbinden, hat der Dichter bereits 1[5] herausgestellt, vgl. 11[10f] u.a.

[23.24] bilden formal ein Spruchpaar und zusammen eine Antithese. [23] Die Waffe der Weisen und Gerechten ist die Kraft ihres Wortes wie auch die Macht ihres Schweigens. Das schützt nicht vor jeder Bedrängnis, wohl aber vor etlichen Nachstellungen (»Bedrängnis« im Plural nur

24 Der Freche und Stolze,
einen Zuchtlosen nennt man ihn,
er handelt in maßlosem Übermut.
25 Den Faulen bringt sein Begehren um,
denn zu arbeiten weigern sich seine Hände;
26 den ganzen Tag begehrt er voll Gier,
der Gerechte aber gibt, ohne zu geizen.
27 Das Opfer der Frevler ist (dem Herrn) ein Greuel,
zumal wenn es in schlechter Absicht dargebracht wird.
28 Ein falscher Zeuge geht zugrunde,
wer aber zu hören versteht, redet erfolgreich.
29 Der Frevler zeigt Trotz in seiner Miene,
der Redliche ordnet seine Wege.
30 Keine Weisheit gibt es, keine Einsicht,
keinen Rat gegenüber dem Herrn.

21[24] Übersetzungsvorschlag: »Der maßlos Stolze, Spötter sein Name, handelt in der Maßlosigkeit seiner Anmaßung.«
21[26a] Wörtlich: »Immerzu begehrt man Begehren.«
21[28b] Erfolgreich, wörtlich: »für Dauer, gültig«.
21[29b] Andere Übersetzungsmöglichkeit: »Der Rechtschaffene – er geht in Geradheit seinen Weg.«

hier). [24] Zu den Truppen der Frevler gehört der in seiner Anmaßung maßlose »Hochmütige/Spötter«. Er hat sich von Gott und Moral verabschiedet und orientiert sein Handeln an seiner Rücksichtslosigkeit.
[25] Ein weiteres Kontingent stellt der »Faule«. Er verkörpert auf seine Weise Maßlosigkeit. Selbst voller Wünsche und Begierden regt er zu ihrer Erfüllung keinen Finger, verlangt das vielmehr von anderen. Solange sich Dumme finden, geht das gut, auf Dauer gewiß nicht.
[26] schließt mit der *figura etymologica* des Stichworts »begehren« unmittelbar an: »Immerzu begehrt man Begehren.« Was es auch sei, es ist etwas für sich selbst. In Antithese steht die Großzügigkeit des Gerechten, die stets auf das Für-Andere gerichtet ist.
[27] nimmt [3] auf. Da der Frevler weder Gott noch dem Menschen dient, ist sein Opfer ein Greuel (Jes 1[10–18] u.a.). Was den Greuel überbietet, ist der Mißbrauch kultischer Handlungen zur Bemäntelung von Untaten.
[28] In diesen Zusammenhang gehört der »Lügenzeuge« (6[19]19[5.9] u.a.), insofern er wahrheitswidrig beim Eid die Autorität JHWHs bemüht. Was dagegen der »hörende« Mensch, der horchende und gehorchende (1 Kön 3[9]), sagt, hat Bestand – vor Gott und den Menschen.
[29] knüpft mit der Gegensatzentsprechung »frevlerischer Mensch« (11[7]) an. In Antithese steht der »Rechtschaffene«. Beide verbindet ihre Entschlossenheit, das gesteckte Ziel zu erreichen. Darin unterscheiden sie sich diametral. Der eine zieht seine Verbrechen finster entschlossen durch. Der andere geht in Geradheit auf das Ziel zu, das [3.21]22[4] beschreiben.
[30] besagt mit Blick auf das Leitthema »Einheit von Gottes- und Menschendienst«: Die »Weisheit dieser Welt« (1 Kor 1[20]3[19]) in all ihren

31 Das Roß wird gerüstet für den Tag der Schlacht,
doch der Sieg steht beim Herrn.
22 1 Guter Ruf ist kostbarer als großer Reichtum,
hohes Ansehen besser als Silber und Gold.
2 Reiche und Arme begegnen einander,
doch der Herr hat sie alle erschaffen.
3 Der Kluge sieht das Unheil und verbirgt sich,
die Unerfahrenen laufen weiter und müssen es büßen.
4 Der Lohn für Demut und Gottesfurcht
ist Reichtum, Ehre und Leben.

22^{4a} Demut und Gottesfurcht, eher: »Demut, d.h. JHWH-Furcht, ist ...«

Spielarten, Formen und Bestrebungen (z.B. 1^{2-6}) gilt vor JHWH nichts, es sei denn er habe sie, vermittelt durch seine Weisheit, den Menschen gegeben (2^{5f} u.a.), so daß sie ihn und seine Weisheit zum Ziel hat ($1^{7}8^{32-35}9^{1-6.10}15^{33}$).

^{31} Daher können sich die Frevler formieren und ihre Truppen aufbieten. In dieser permanenten Auseinandersetzung wird JHWH seinen Gerechten immer wieder und letztendlich den Sieg verleihen.

$22^{1.4}$ sind über Stichwort »Reichtum« und die Entsprechung »Anmut/Ansehen« sowie »Ehre/Ansehen« eng verbunden. ^{1} Der zweifach komparativische Spruch ist eine Variante des synonymen Parallelismus. In chiastischer Anordnung stehen: Name – großer Reichtum x Silber und Gold – Ansehen. Bei aller Wertschätzung wohlerworbenen Reichtums, Bestand über den Tod hinaus haben allein Name und Ansehen, die man durch Tun von Gerechtigkeit und Güte erworben hat (3^{3f} u.ö. Koh 7^{1} Sir 41^{1-13} sowie *Abot* 4,17).

^{2} schließt über Stichwort »reich« an und hat in 29^{13} eine Parallele. ^{2a} konstatiert das Faktum einer sozial zerklüfteten Klassengesellschaft. Entgegen der staatsideologischen Fiktion (z.B. 2 Sam 7^{1-29}) hält der Dichter feudale Herrschaftssysteme mit ihren diskriminierenden Gegensätzen nicht für gott- bzw. JHWH-gegeben. JHWH hat den Menschen als sein Gleichbild geschaffen (Gen 1^{26f}). In dieser Würde sind alle Menschen gleich. Diese Glaubenserkenntnis verändert Gesinnung und Verhalten der Menschen grundlegend hin auf eine geschwisterliche Gesellschaft. (Dtn $14^{28f}15^{1-18}$ u.a., vgl. Apg $2^{43-47}4^{32-37}$).

^{3} hat in 27^{12} eine Parallele. Das beharrliche Eintreten für diese JHWH-Botschaft ist gefährlich (vgl. Elija, Jesus, Gandhi, Martin Luther King u.v.a.); es blauäugig zu tun, ist lebensgefährlich ^{3b}. Der Kluge ist weder feige noch tollkühn. In richtiger Einschätzung der Lage zieht er sich notfalls zurück und wartet auf eine geeignetere Gelegenheit. Er weiß aber auch, wann das Unheil unausweichlich wird und stellt sich ihm, vgl. die Paronomasie *rā'āh rā'āh* »er sieht das Unheil«.

^{4} Lohn des ungeteilten Dienstes am Menschen, der Ausdruck von JHWH-Furcht ist und wahrer Gottesdienst bedeutet (21^{3}), ist die Trias der genannten Heilsgüter. Gegenüber 21^{21b} wird statt Gerechtigkeit Reichtum genannt. Das ist eine Anspielung auf die Zusage JHWHs an Salomo (1 Kön 3^{12-14}). Über das erbetene »hörende Herz« (vgl. 21^{28b}) hinaus wurden ihm »Reichtum, Ehre und langes Leben« zugesichert.

5. Der falsche und der rechte Weg: 22[5]–24[22]
Überschrift: 22[5]

5 Dornen und Schlingen liegen auf dem Weg des Falschen;
wer sein Leben behütet, bleibt ihnen fern.

Zehn Worte über rechtes und falsches Sozialverhalten: 22[6–16]

6 Erzieh den Knaben für seinen Lebensweg,
dann weicht er auch im Alter nicht davon ab.
7 Der Reiche hat die Armen in seiner Gewalt,
der Schuldner ist seines Gläubigers Knecht.

22[5] Dornen und Schlingen, andere Möglichkeit: »dornige Fallen«, »Schlingen aus Dornen«, »Fangstricke«.
22[6] Erzieh, eher: »einweihen« (Dtn 20[5] u.a.) bzw. »eingewöhnen«.

22[5] ist eine Art Überschrift über den Schlußabschnitt von Teil II. Sie nimmt das Thema der zwei Wege aus 4[10–19] auf und weist voraus auf 24[21f], wo es in anderer Formulierung wiederkehrt. Der in die Anrede transformierte JHWH-Königs-Spruch beschließt Teil II und weist zurück auf die JHWH-Königs-Thematik in 16[1ff]. Im Nahkontext ist [5] die vorausgestellte Begründung der Aufforderung in [6]. Metaphorisch wird der Weg des Falschen in seiner Gefährlichkeit für andere wie für den Falschen selbst herausgestellt. »Wer sein Leben behütet« (13[13]16[17]), hält sich davon fern.
22[6]–24[22] Die Struktur der komplexen Einheit ist leicht zu durchschauen. Der Aufforderung in [6], den jungen Menschen »einzuweihen« in seinen Lebensweg, folgt in [17] mit Wechsel der Sprecherposition die Ausführung in Form einer Lebenslehre, die sich gleichermaßen an junge Menschen wie an Erziehende wendet. Dazwischen stehen zehn Sprüche, die zentrale Aspekte richtigen und falschen Sozialverhaltens herausstellen. Der Dichter faßt seinen an der Armentheologie orientierten Gesellschaftsentwurf in einer Art 10 + 30 Punkte zusammen. Die Zehn-Zahl erinnert die zehn Instruktionen (1–9) und damit den Dekalog, während die Dreißig auf die dreißig »Häuser« (= Kapitel) der Lehre des *Amenemope* verweist, mit der unter Beiziehung anderer Stoffe eine produktive Auseinandersetzung erfolgt.
[6] Den Weg des Falschen in seiner Gefährlichkeit zu durchschauen, bedarf der frühzeitigen Einweihung, Eingewöhnung durch die Eltern, die aufgefordert werden, dies »gemäß seines (sc. des Kindes) Weges« zu tun, d.h. unter Berücksichtigung seiner Veranlagung und Begabung. Die bewußt offene Formulierung läßt alle Aspekte von *mūsār* als eines ganzheitlichen, interaktiven Aneignungsprozesses anklingen.
[7] schlägt das Thema »reich – arm« an, das im folgenden einen deutlichen Schwerpunkt bildet ([9.16.22f]23[4f.6.10f]24[11f]). [7a] Da die Reichen die Mächtigen sind, hat ein Reicher jeweils eine Vielzahl von Armen in seiner Gewalt. Die konvergierenden Strukturen von Bereicherung und Verelendung sind komplex. [7b] nennt

8 Wer Unrecht sät, erntet Unheil,
der Stecken seines Übermuts versagt.
9 Wer ein gütiges Auge hat, wird gesegnet,
weil er den Armen von seinem Brot gibt.
10 Vertreib den Zuchtlosen, so schwindet der Zank,
Streiten und Schimpfen hören auf.
11 Wer die Lauterkeit des Herzens liebt -
wegen seiner gefälligen Rede wird der König sein Freund.
12 Die Augen des Herrn behüten den Einsichtigen,
das Gerede des Verräters bringt er zu Fall.
13 Der Faule sagt: Ein Löwe ist draußen,
mitten auf der Straße käme ich ums Leben.

22[8] Versagt, mit M: »hat ein Ende«.
22[12a] Dem Einsichtigen, wörtlich: »Erkenntnis«.

ein Beispiel, die Schuldknechtschaft. Zum Überleben muß der Arme Anleihen zu erheblichem Zins aufnehmen, die ihn ausweglos immer tiefer in die Verschuldung treiben, bis er schließlich sich selbst und/oder Familienangehörige verpfänden muß.
[8] Dieser Zustand muß geändert werden (11[10f]21[22]22[2] u.a.). [8a] Das in seiner negativen Variante (vgl. Ijob 4[8] Hos 10[13]) zitierte Sprichwort kennt auch eine positive (11[18]12[14] u.a.) und eine neutrale Fassung (Gal 6[7]). »Unheil« (in Spr nur hier) meint die Tyrannisierung insbesondere der Armen mit dem »Stecken seines leidenschaftlichen Übermuts«, von dem [8b] lapidar feststellt, daß es mit ihm ein Ende hat.
[9] setzt einen positiven Akzent: die Hinwendung zu den Armen als Beispiel für soziale Wärme und soziales Engagement. Hungrige zu speisen, gilt als ein JHWH besonders wohlgefälliges Werk, vgl. Jes 58[7.10] Ez 18[7.16] Mt 25[35] Lk 14[13f]; bereits *Ani* 8,3f.
[10] Der unbelehrbare »Hochmütige/Spötter« entfacht Zwietracht und Streit zum Schaden der Gemeinschaft. Er muß daher entfernt werden.
[11] Der Mensch lauterer Gesinnung dagegen in seiner Lebensganzheit (»Herz – Lippen« für innen und außen) rückt in die Nähe des »Königs« als dessen Freund und Vertrauter (2 Sam 15[32.37]). Daß JHWH gemeint ist, zeigt die Verbindung mit [12], der Rückweis auf 16[13] sowie G, die [11a] »Herr« als Subjekt einfügt.
[12] faßt in einem Tun JHWHs die antithetisch zueinander stehenden Sprüche [10.11] in einer einzigen Antithese zusammen. In enger Anlehnung an 15[3f] exponiert [12a] JHWH als Hüter nicht nur des Einsichtigen (EÜ), sondern der Erkenntnis selbst. Weil das so ist, war es schon immer so, daß er die Worte der Verräter umstürzte. Und was seit alters gilt, das gilt auch fort. Zum ungewöhnlichen Anschluß [12b] in Erzählform, vgl. 11[8b].
[13] Das »Gerede« der Verräter gibt den Anschluß für das Gerede des Faulen, das sarkastisch in einem fingierten Selbstzitat laut wird. Um faule Ausreden ist der Faule nie verlegen, wenn es gilt, die Faulheit zu bemänteln und der Gemeinschaft zur Last zu fallen. Aber nicht draußen lauern die Gefahren. Die eigene Faulheit bedroht das Leben des Faulen.

14 Der Mund fremder Frauen ist eine tiefe Grube;
wem der Herr zürnt, der fällt hinein.
15 Steckt Torheit im Herzen des Knaben,
die Rute der Zucht vertreibt sie daraus.
16 Wer den Armen bedrückt, macht ihn reich,
wer dem Reichen gibt, macht ihn arm.

Dreißig Worte der Weisung: 22^{17}–24^{22}

17 Worte von Weisen:
Neige mir dein Ohr zu, und hör auf meine Worte,
nimm dir meine Lehren zu Herzen!

22^{14a} Fremder Frauen, eher: »der Fremden«, vgl. G: »des Gesetzesbrechers«.
22^{16} Wörtlich: »Wer den Armen bedrückt, um sich zu bereichern, wer dem Reichen gibt – nur Mangel.«
22^{17} EÜ versteht nach G u.a. »Worte der Weisen« als Überschrift; M: »Neige dein Ohr und höre die Worte der Weisen, und dein Herz richte auf meine Erkenntnis« ist zu belassen.

^{14} nimmt das Thema »fremde Frau, Ausländerin« auf ($2^{16-19}5^{3-6}7^{5-27}$); zu Einzelheiten s. dort.
^{14a} ist 23^{27} zu einem synonymen Parallelismus ausgestaltet. Was JHWH erzürnt und zum Sturz ins Verderben führt, ist Abfall von ihm und Hinwendung zur Fruchtbarkeitsgöttin (gleich welcher Denomination, vgl. 7^{6}) und konkret zu einer ihrer Kultdienerinnen.
^{15} bezeichnet die genannten Arten verfehlter Lebensart als »Torheit«. Sie ist nur durch eine konsequente Glaubens- und Gewissensbildung durch elterliche Unterweisung von klein auf zu vermeiden ^{6}. »Stab des *mûsār*« ist Gegenbild zum »Stecken« des Unterdrückers in ^{8} und zum »Zepter des Despoten« (Jes $9^{3}14^{5f}$ Ps 125^{3}) und entspricht dem »Stock seines Wortes« (in Parallele: »Hauch seines Mundes«), mit dem nach Jes 11^{4} der kommende Herrscher den Gewalttätigen schlägt.
^{16} weist zurück auf ^{7}. Der Spruch stellt zwei konträre Verhaltensweisen gegenüber dem Armen und dem Reichen unter *ein* Bewertungsurteil: »nur Mangel« (= Verlust). Arme auszupressen, um sich zu bereichern, macht keinen Sinn. Was ist da zu holen, das lohnt? Einem Reichen Reichtümer hinterherzuwerfen, um einer Gunst willen, ist ebenso ohne Sinn. Der erwünschte Effekt bleibt aus.
22^{17}–24^{22} Die Einheit folgt in ihrer formalen Gliederung der Lehre *Amenemopes*. An einen Prolog (22^{17-21}) schließen sich dreißig unterschiedlich umfangreiche Sentenzen lehrhafter Art an; ein Epilog fehlt kontextgemäß. Strukturbedeutsame Textsignale teilen die gegliederte Einheit in drei Abschnitte: 22^{17}–23^{11} 23^{12-35} 24^{1-22}. Die JHWH-Sprüche $22^{19}24^{21f}$ bilden einen zusätzlichen Rahmen, vgl. *Fuhs*, 313–318. Nur im ersten Abschnitt setzt sich der Dichter direkt mit *Amenemope* auseinander, während er für die beiden anderen Quellen verschiedener Herkunft benutzt.
$^{17-21}$ *Prolog*: Auf eine doppelte Hör- und Beherzigungsaufforderung ^{17}

18 Schön ist es, wenn du sie in deinem Innern bewahrst;
sie mögen fest wie ein Zeltpflock auf deinen Lippen haften.
19 Damit dein Vertrauen auf dem Herrn steht,
lehre ich dich heute seinen Weg.
20 Habe ich nicht dreißig Sätze für dich aufgeschrieben
als wissenswerte Ratschläge,
21 um dir verläßliche Worte mitzuteilen,
damit du deinem Auftraggeber antworten kannst?
22 Beraube den Schwachen nicht,
denn er ist ja so schwach,
zertritt den Armen nicht am Tor!

22[18b] Zeltpflock auf deinen Lippen, wörtlich: »Sie fügen sich auf deinen Lippen zusammen.«
22[19b] Seinen Weg, wörtlich: »gerade dir«.
22[21] Wörtlich: »Damit du gemäß der Wahrheit Worte der Zuverlässigkeit kundtun und Worte zuverlässig/wahrheitsgetreu übermitteln kannst demjenigen, der dich gesandt hat.

folgt eine Begründung [18], an die sich eine doppelte Zweckbestimmung anschließt [19.21], die für die Niederschrift der »Lebenslehre« [20] maßgebend ist.
[17] Die »Lebenslehre« eröffnet mit der Aufforderung, Ohr (4[20]5[1]) und Herz (3[1]4[20f]6[21]), außen und innen, sich ganz dem zu Empfangenden zu öffnen, vgl. *Amenemope* 3,9f. Das sind »die Worte der Weisen.« Der Dichter weiß sich einer alten Tradition verbunden, die er zu Wort kommen läßt. Zugleich ist es »meine Erkenntnis«, die er weitergibt, d.h. die Schlußfolgerungen, zu denen er gelangt ist.
[18] hebt auf die Nützlichkeit der Worte ab. Sofern man sie aufbewahrt (»in deinem Bauch«, vgl. 20[27]), stehen sie jederzeit als Hilfen zur Verfügung. »Zeltpflock auf deinen Lippen« verweist metaphorisch auf den »Schweiger« (*Amenemope* 3,14–16), von dem hier nicht die Rede ist.
[19] Ziel und Zweck der Lebenslehre ist die Stärkung des Vertrauens auf JHWH (3[5]16[20f] u.ö.). Der Dichter wendet sich mit Emphase direkt an den Leser/Hörer: »Ich gebe dir bekannt, ja, gerade dir.«
[20.21] Die Emphase wird in der rhetorischen Frage aufgenommen. »Dreißig (Sentenzen) an Ratschlägen und Erkenntnis« besagt: Was auf den Prolog folgt, hat jeweils eine jenseits von Belehrung liegende Bewährungssituation im alltäglichen Leben vor Augen: Vertrauen auf JHWH [19] und, nach der zweiten Zweckbestimmung [21], in allen Bereichen des täglichen Lebens das rechte Wort zur rechten Zeit bereit zu haben und im Auftrag in rechter Weise zu vermitteln. Zu dieser mehr praktisch orientierten Bestimmung vgl. *Amenemope* 1,5f; 3,9–11; 27,7f. Aber die Häufung der Worte für »Wahrheit« und »Treue, Zuverlässigkeit« zeigt, daß auch hier die Lehrsituation eindeutig transzendiert ist. Es geht nicht um Ausbildung, etwa zum Beamten, es geht um Bewährung im Glauben und im Leben. Insoweit ist die Zusammenstellung vollständig und vollkommen, wofür die in Ägypten heilige Zahl 30 steht.
[22]–23[11] bilden (mit dem Prolog) den ersten Abschnitt. Nur in diesem Bereich finden sich die engen Verbindungen zu *Amenemope*.

23 Denn der Herr führt den Rechtsstreit für sie
und raubt denen das Leben, die sie berauben.
24 Befreunde dich nicht mit dem Jähzornigen,
verkehre nicht mit einem Hitzkopf,
25 damit du dich nicht an seine Pfade gewöhnst
und dir eine Schlinge legst für dein Leben.
26 Sei nicht unter denen, die sich durch Handschlag verpflichten,
die Bürgschaft leisten für Schulden;
27 wenn du nicht zahlen kannst,
nimmt man dein Bett unter dir weg.
28 Verschieb nicht die alte Grenze,
die deine Väter gesetzt haben.
29 Siehst du einen, der gewandt ist in seinem Beruf:
vor Königen wird er dienen.
[Nicht wird er vor Niedrigen dienen.]

[22.23] *1. Sentenz*, vgl. *Amenemope* 4,4f. Dem »Geringen« und »Elenden« (22[2.9.16], vgl. 10[15] u.ö.) seine bescheidene Existenz zu nehmen und im Torgericht Freiheit und Menschenwürde zu rauben ist nicht nur menschenverachtend, sondern Frevel gegenüber JHWH, den er nicht hinnehmen wird. Daher folgt auf die doppelte Warnung als Begründung eine Art Gerichtsankündigung. JHWH selbst wird den Rechtsstreit führen und den Räubern rauben, was sie anderen geraubt haben.
[24.25] *2. Sentenz*, vgl. *Amenemope* 11,13f. Dem »Heißen« und dem »wahren Schweiger«, nach ägyptischen Weisheitslehren Inbegriff verfehlter Lebensart und Ideal wahren Menschseins, entsprechen nur bedingt der »Mann von Zornesglut« (vgl. 15[18] u.a.) bzw. der »Jähzornige« (vgl. 14[17.29] u.a.) und der »Langmütige« (vgl. 15[18] u.a.) bzw. der »Mann kühlen Geistes« (vgl. 17[27]). Dafür ist das Menschenbild Ägyptens und Israels zu verschieden. Ein Grund, weshalb der Dichter hier und im folgenden manches übergeht, das spezifisch ägyptisches Kolorit trägt. Die Warnung vor den unberechenbaren Hitzköpfen wird mit Ansteckungsgefahr und den entsprechenden Folgen begründet.
[26.27] *3. Sentenz*. Das Rechtsinstitut »Bürgschaft« ist im Ägypten der vordemotischen Zeit unbekannt, wohl aber in Mesopotamien. Spr warnt mehrfach davor (6[1–5]11[5] u.ö.), hier mit der Einschränkung, daß die Eigenkapitaldecke groß genug sein muß, damit nicht passiert, was [27b] drastisch veranschaulicht.
[28] *4. Sentenz*, vgl. *Amenemope* 7,12; 8,9. Althergebrachte Grenzen nicht zu verschieben, bedarf keiner Begründung. Grenzsteine sind in allen Kulturen tabu, ihre Verrückung gilt als Frevel. JHWH, der Besitzer des Landes, hat jeder Familie in Israel ihren »Erbteil« zugesprochen. Jeder Eingriff in diese Regelung bedeutet daher einen Angriff auf JHWH, vgl. 15[25].
[29] *5. Sentenz*. Die zu eigener Beobachtung anregende Frage (26[12]29[20]) hat hier mehr feststellenden Charakter. Der Geschickte und Tüchtige und daher Erfolgreiche wird im Kontrast zu [28] als nachahmenswertes Beispiel herausgestellt. Er ist für eine herausgehobene Stellung am Hof geeignet, vgl. *Amenemope* 27,14–17. [29c] ist keine Glosse (EÜ). Die Nach-

23 1 Wenn du zu Tisch sitzt bei einem Herrscher,
so achte nur auf das, was vor dir steht.
2 Setz ein Messer an deine Kehle,
wenn du ein gieriger Mensch bist.
3 Sei nicht begierig auf seine Leckerbissen;
sie sind eine trügerische Speise.
4 Müh dich nicht ab, um Reichtum zu erwerben
und dabei deine Einsicht aufzugeben.
5 Flüchtig ist er; schaust du nach ihm, ist er weg;
plötzlich macht er sich Flügel
und fliegt wie ein Adler zum Himmel.
6 Iß nicht das Brot des Geizigen,
sei nicht begierig auf seine Leckerbissen!
7 Denn sie schmecken in der Kehle wie etwas Ekliges.
Er sagt zu dir: Iß und trink!,
doch sein Herz ist dir nicht zugetan.
8 Den Bissen, den du gegessen hast, mußt du erbrechen,
und deine freundlichen Worte hast du vergeudet.

23[6] Des Geizigen, eher: »des Bösartigen, Hinterhältigen«.

teile niederer Arbeit unter der Knute von Despoten (»Finstere«) sind im Alltag nur allzu offensichtlich.

23[1–3] *6. Sentenz*. Sie besteht aus zwei Mahnungen und einer Warnung, die betont am Schluß steht. Zu dauerhaftem Erfolg gehört neben Können und Tüchtigkeit gutes Benehmen. So zielt die erste Mahnung auf Bescheidenheit, vgl. *Amenemope* 23,17: »Schau auf den Napf, der vor dir steht.« Die zweite mahnt mit einem drastischen Bild zur Zügelung der Gier. Insbesondere wird davor gewarnt, sich gleich auf das Beste zu stürzen. Fehlverhalten der genannten Art offenbart den wahren Charakter und macht jeden Erfolg zunichte.

[4.5] *7. Sentenz*. Sie exponiert Flüchtigkeit und Vergänglichkeit jeden Reichtums, nicht nur des unrechtmäßig erworbenen (10[15]18[10b] mit 10[22]28[20]). Ihn statt Einsicht zu erwerben, macht keinen Sinn, wie das eindrucksvolle Bild veranschaulicht. Auf die umfangreiche Parallele *Amenemope* 9,9–10,15 nimmt der Dichter nur mit wenigen Worten Bezug, da er den Schwerpunkt anders setzt. Auch das Bild wandelt er ab. Das zeigt nebenbei, daß er den ganzen Text vor Augen hatte.

[6–8] *8. Sentenz*. Sie nimmt die Situation von [1–3] auf und rückt das Verhalten des Gastgebers mit seinen negativen Folgen für den Gast in den Blick. Sich zu bestimmten Banketts und Empfängen zu drängen, um dazuzugehören und beachtet zu werden, ist Dummheit. Der prominente Gastgeber zeigt keinerlei Interesse. Arbeits- und Geschäftsessen dagegen sind kaum zu vermeiden. Das joviale Verhalten des Gastgebers täuscht darüber hinweg, daß zum Nachteil des Gastes ein Handel beschlossen oder ein Geschäft mit jemand anderem längst getätigt ist. Zu *Amenemope* 14,5–10.14.17–18 hat die Sentenz nur geringe Anklänge; vor allem ist der Kontext ein ande-

9 Rede nicht vor den Ohren eines Törichten; 9^{7f}15^{5a}17^{10}26^{4}27^{22}
denn er mißachtet deine klugen Worte. Sir 22^{9f}
10 Verschieb nicht die alte Grenze,
dring nicht in die Felder der Waisen vor!
11 Denn ihr Anwalt ist mächtig, Ex 22^{21} Dtn 10^{18}
er wird ihre Sache gegen dich führen. Jes 1^{17} Jer 7^{6}22^{3}
12 Öffne dein Herz für die Zucht, Ps 68^{6}146^{9}
dein Ohr für verständige Reden!
13 Erspar dem Knaben die Züchtigung nicht;
wenn du ihn schlägst mit dem Stock,
wird er nicht sterben.
14 Du schlägst ihn mit dem Stock,
bewahrst aber sein Leben vor der Unterwelt.

rer. Das zeigt die Freiheit des Dichters gegenüber seiner Vorlage.

^{9} *9. Sentenz.* Einen Toren, der alles besser weiß, zu belehren, ist sinnlos, selbst wenn es »in die Ohren«, d.h. höchst eindringlich geschieht, vgl. 9^{7f} u.ö. Sir 22^{9f}.

$^{10.11}$ *10. Sentenz.* ^{10a} nimmt die Mahnung 22^{28} in ihrem ersten Teil wörtlich auf. Die besonders schutzbedürftigen Waisen ihrer Lebensgrundlage zu berauben (22^{22f}) ist in höchstem Maße verwerflich. Daher wird JHWH als *gōʾēl* »Löser, Anwalt« (→ Erlöser) für sie eintreten (Ex 22^{21} Dtn 10^{18} u.ö.). Bei *Amenemope* übernimmt der Mondgott *Thot* eine ähnliche Schutzfunktion (7,19).

$^{12-35}$ Der zweite Abschnitt gliedert sich in vier Unterabschnitte: a: $^{12-18}$; b: $^{19-21}$; c: $^{22-25}$; d: $^{26-28}$. Strukturell korrespondieren a + c in der Abfolge: Aufruf, Begründung, Konkretion und b + d in der Abfolge: Aufruf, Konkretion, und zwar des einzuschlagenden Lebensweges von seinem Gegenteil her. Die Konkretionen begründen die Gehorsamsforderung. Das entspricht einem im AO, insbesondere in Ägypten verbreiteten Motiv der Schulliteratur. Eine nicht mehr bekannte Quelle aus dem Bereich ägyptischer Schulmiszellen bildet den traditionsgeschichtlichen Hintergrund von $^{12-28}$. Mesopotamischer Herkunft ist die Anrede »mein Sohn« sowie das Zitat $^{13-14}$. Zusammen mit dem selbständigen Gedicht $^{29-35}$ bildet die Einheit $^{12-35}$ eine wohldurchdachte Komposition.

^{12} *11. Sentenz.* Der Aufruf, Herz und Ohr, außen und innen, sich ganz dem *mūsār* und den »Worten der Erkenntnis« zu öffnen, nimmt die Mahnung von 22^{17} chiastisch auf. Sollen elterliche Unterweisung und darauf aufbauende Ausbildung Erfolg haben, bedarf es der ganzen Bereitschaft des Angesprochenen.

$^{13.14}$ *12. Sentenz.* Zwischen den Sentenzen 11 und 12 verläuft ein Bruch. Der zu Erziehende ^{12} wird zum Erzieher $^{13-14}$. Zugleich haben $^{13-14}$ im Kontext begründende Funktion. Dieselbe Textsituation ist in *Achikar* 80–83 gegeben, vgl. *Fuhs*, 328. Der Dichter faßt den Stoff von dort in ein Zitat zusammen, das den Aufruf ^{12} begründet. Durch ein im Hintergrund stehendes Sprichwort werden Strafmittel im Rahmen der Erziehung pädagogisch und moralisch legitimiert, sofern sie der Lebensbewahrung ^{14b} dienen. Gegenüber dem Tod als Alternative sind sie das kleinere Übel.

15 Mein Sohn, wenn dein Herz weise ist,
so freut sich auch mein eigenes Herz.
16 Mein Inneres ist voll Jubel,
wenn deine Lippen reden, was recht ist.
17 Dein Herz ereifere sich nicht wegen der Sünder,
sondern eifere stets nach Gottesfurcht!
18 Denn sicher gibt es eine Zukunft,
deine Hoffnung wird nicht zerschlagen.
19 Höre, mein Sohn, und sei weise,
lenk dein Herz auf geraden Weg!
20 Gesell dich nicht zu den Weinsäufern,
zu solchen, die im Fleischgenuß schlemmen;
21 denn Säufer und Schlemmer werden arm,
Schläfrigkeit kleidet in Lumpen.
22 Hör auf deinen Vater, der dich gezeugt hat,
verachte deine Mutter nicht, wenn sie alt wird.
23 Erwirb dir Wahrheit, und verkauf sie nicht mehr:
Weisheit, Zucht und Einsicht!
24 Laut jubelt der Vater des Gerechten;
wer einen weisen Sohn hat, kann sich über ihn freuen.

[15.16] *13. Sentenz.* Beide Sprüche bilden einen Chiasmus: dein Herz – mein Herz x meine Nieren – deine Lippen. Mit der Aufnahme von »Herz« und der Weiterführung »hören« → »reden« steht die Sentenz im Begründungszusammenhang mit [12]. Die Anrede »mein Sohn« unterstreicht ihre Selbständigkeit gegenüber [13.14]. Der Weg mag mühsam und manchmal schmerzhaft sein, aber das Ziel, »weise« und »rechtschaffen«, ist voller Freude und lohnt jede Mühe, vgl. 10[1]15[20].

[17.18] *14. Sentenz.* Sie schließt über Stichwort »Herz« an und gibt eine abschließende Begründung zu [12] und zugleich Antwort auf eine große Anfechtung. Die Alternative ist offenkundig nicht Tod und Unterwelt. Vielmehr haben Sünder und Frevler Erfolg (Mal 2[17]–3[5.13–21] Ps 37 u.a.). Der gute Rat: sich davon nicht irritieren zu lassen und mit Blick auf das (gute) Ende um so konsequenter die Lebensgemeinschaft mit JHWH zu suchen.

[19–21] *15. Sentenz.* Die Hoffnung aus dem Glauben wird untermauert mit weisheitlicher Erfahrung. Erneute Höraufforderung (vgl. 22[17]), Anrede, betont vorangestelltes Du unterstreichen: Was andere tun, kann dahinstehen, du, konzentriere dich ganz auf den rechten Weg. Zur Begründung dienen die Negativstereotypen ägyptischer Schulliteratur als warnende Beispiele.

[22–25] *16. Sentenz.* Der Höraufruf fordert Gehorsam des Erwachsenen gegenüber seinen alten Eltern ein (15[20]19[26] Sir 3[11–13]), verdankt er ihnen doch, was er jetzt ist. [23] führt mit Sprecherwechsel nach der beliebten Rede-in-Rede-Technik ein fingiertes Redezitat der Eltern ein, das alles bündelt, was sie vermittelt haben: Weisheit, *mūsār*, Einsicht. Daher die Aufforderung, dies für alle Zukunft in »Wahrheit/Zuverlässigkeit« zu leben. [24] wechselt die Anrede zur dritten Person. Es handelt sich wohl um ein Zitat zur weiteren Begründung

25 Deine Eltern mögen sich freuen;
jubeln möge die Mutter, die dich gebar.
26 Gib mir dein Herz, mein Sohn,
deine Augen mögen an meinen Wegen Gefallen finden;
27 denn die Ehebrecherin ist eine tiefe Grube,
die fremde Frau ein enger Brunnen.
28 Ja, wie ein Räuber lauert sie auf
und mehrt die Verräter unter den Menschen.
29 Wer hat Ach? Wer hat Weh?
Wer Gezänk? Wer Klage?
Wer hat Wunden wegen nichts?
Wer trübe Augen?
30 Jene, die bis in die Nacht beim Wein sitzen,
die kommen, um den Mischwein zu probieren.
31 Schau nicht nach dem Wein,
wie er rötlich schimmert,
wie er funkelt im Becher:
Er trinkt sich so leicht!

der Gehorsamsforderung: »Höre auf deinen Vater ..., schon das Sprichwort sagt: »Laut jubelt der Vater des Gerechten ...«. [25] ist dann die Anwendung des Sprichworts auf die konkrete Situation des Angeredeten. Die Gehorsamsforderung bezieht sich also auf den weisen Lebensvollzug. Auch hier steht dabei die Freude im Vordergrund (vgl. [15.16]).

[26–28] *17. Sentenz.* Die Eröffnung [26] erinnert an [12.15.19]; Anrede »mein Sohn« wie [15.19]; Stichwort »Herz« aus [12.15.19]. Das Hören ([12.19.22], vgl. 22[17]) wird ergänzt durch das Sehen. Die Forderung nach Ganzübereignung bedeutet gegenüber den Gehorsamsforderungen eine deutliche Steigerung. Sie bezieht sich auf »meine Wege«, die in Antithese zum verderblichen Weg stehen, der [27f] anschaulich dargestellt wird. Vermutlich läßt der Dichter die Weisheit zu Wort kommen; »meine Wege« sind die von 8[32]. Hinzu kommt eine strukturelle Beobachtung: Die 10 Sentenzen zu solidarischem Verhalten (Abschnitt 1) schließen mit dem Hinweis auf JHWH als Anwalt von Recht, Gerechtigkeit und Liebe. Die 7 Sentenzen zu Erziehung und Ausbildung schließen mit einem Wort der Weisheit als Verkörperung von Wahrheit, *mūsār* und Einsicht. [27f] Der verfehlte Weg wird in Aufnahme bereits bekannter Metaphern veranschaulicht mit dem Fazit [28b], daß der Anteil an Gemeinschaftsschädigern wächst.

[29–35] *18. Sentenz.* Das humorig-ernste Gedicht über den notorischen Säufer trägt burleske Züge. Es greift [20f] auf, ohne daß es daraus entstanden ist. Seine Struktur ist konzentrisch, vgl. *Fuhs*, 316. So wird der Teufelskreis sichtbar, in den Abhängigkeit führt und aus dem es kein Entrinnen gibt.

[29] Die Symptome sind derart typisch, daß sie in rhetorische Fragen gefaßt werden können. Statt Klage (EÜ) eher: »dumpfes Brüten«; das Wort sonst positiv »andächtiges Nachsinnen« (Ps 77[7.13] u.a.).

[30] Gemeint sind nicht die fröhlichen Zecher, sondern Alkoholiker, die sich von früh bis spät (Jes 5[11]) in Kaschemmen (Hld 2[4]) vollaufen lassen.

[31] Der Wein – ein Göttertrank, seine faszinierende Wirkung in zahllosen

32 Zuletzt beißt er wie eine Schlange,
verspritzt Gift gleich einer Viper.
33 Deine Augen sehen seltsame Dinge,
dein Herz redet wirres Zeug.
34 Du bist wie einer, der auf hoher See schläft,
der einschläft über dem Steuer des Schiffes.
35 Man hat mich geschlagen, doch es tat mir nicht weh,
man hat mich gehauen, aber ich habe nichts gespürt.
Wann wache ich auf?
Von neuem will ich zum Wein greifen.
24[1] Sei nicht neidisch auf böse Menschen,
such keinen Umgang mit ihnen!
2 Denn ihr Herz sinnt auf Gewalttat,
Unheil reden ihre Lippen.

23[34b] Wörtlich: »der sich bettet auf der Spitze der Rahe.«

Liedern besungen. [31a2.b] könnten Zitate solcher Lieder sein, [31c] ist gewiß eines (Hld 7[10]). Wer mit den Verlockungen nicht umgehen kann, sollte ihn ganz meiden. So wird man die Mahnung zu verstehen haben.
[32] Denn was so herrlich schimmert, so leicht sich trinkt, so geschmeidig über Gaumen und Rachen ins Innere läuft, wird für solche Leute zu einer tödlichen Gefahr.
[33] Die Folgen ständigen Alkoholmißbrauchs sind Wahrnehmungs- und Bewußtseinsstörungen, die im Delirium enden.
[34] veranschaulicht diesen Zustand mit zwei gleichmäßig aufgebauten Bildern, wozu zweimaliges »wie ein sich Bettender« gehört. Der Betrunkene (Jes 28[7]) ist wie ein Ertrunkener, hinabgesunken ins Meeresinnere, eingetaucht in die Abgründe des Todes; »im Herzen des Meeres« wie Jona 2[4]. An diesen Punkt hat er sich selbst gebracht. In polarer Entsprechung steht »an/auf der Spitze ...«. Gemeint ist die »Rahe« (nicht wie EÜ nach G: »das Steuer«). Sich dort zu betten, ist ebenso halsbrecherisch wie töricht: hin und her geworfen, ohne Halt, jeden Augenblick von Absturz bedroht. Aber so ähnlich fühlt sich der Volltrunkene.
[35] beschließt das Gedicht mit einem fingierten Selbstzitat des Säufers. Er bringt nicht die Kraft auf, sein Leben in die Hand zu nehmen und seine Situation zu verändern. Ihm bleibt nur noch der Suff. Der dämpft für kurze Zeit die Schmerzen der Wunden, die das Leben schlägt. Sobald die Wirkung nachläßt, auf zum nächsten Besäufnis!
24[1–22] Der dritte Abschnitt hat – wie die beiden anderen – einen klaren Aufbau. [1–2] und [19–20] korrespondieren formal und inhaltlich; sie bilden den Rahmen. [3–4] und [5–6] sowie [7] und [8–9] bilden Spruchgruppen, die einander chiastisch zugeordnet sind. [15–16] und [17–18] sind mit [19–20] inhaltlich sowie durch die doppelte Antithese »Gerechter – Frevler« verbunden. Den Kern bilden [11–12] und [13–14], die einander bedingen.
[1–2] *19. Sentenz*, vgl. [19]23[17] Ps 37[1.7] mit unterschiedlichen Begründungen. Die Warnung zielt auf die Neigung, sich vom Erfolg der »Menschen von Bosheit« blenden zu lassen, sowie auf die aufkeimende Versuchung, es ihnen gleichzutun. Aber hinter der

3 Durch Weisheit wird ein Haus gebaut,
durch Umsicht gewinnt es Bestand.
4 Durch Klugheit werden die Kammern gefüllt
mit allerlei wertvollen, köstlichen Gütern.
5 Der Weise ist dem Starken überlegen,
ein verständiger Mensch dem robusten.
6 Denn durch Überlegung gewinnst du den Kampf,
viele Ratgeber verhelfen zum Sieg.
7 Zu hoch hängt dem Toren die Weisheit,
am Tor tut er den Mund nicht auf.
8 Wer stets darauf aus ist, Böses zu tun,
den nennt man einen Ränkeschmied.
9 Das Trachten des Toren ist Sünde,
der Zuchtlose ist den Menschen ein Greuel.

24^{5} Wörtlich: »Ein weiser Mensch besteht aus Kraft, und ein Mensch von Erkenntnis zeigt Stärke.«

24^{9} Des Toren, M: »der Torheit« ist zu belassen.

attraktiven Fassade verbirgt sich nur Gewalttat und Mühsal – gegenüber anderen und nicht zuletzt gegenüber sich selbst (21^{7}).

$^{3-4}$ *20. Sentenz.* Die beiden Sprüche sind über die Trias »Weisheit, Einsicht, Erkenntnis« fest verbunden (3^{19f}). JHWH hat die Grundgegebenheiten menschlichen Lebens und menschlicher Gemeinschaft geschaffen. In den Menschen hat er schöpferische Kräfte gelegt, die er braucht, sein Lebenshaus in seinem sozialen Mitfeld aufzubauen und möglichst stattlich zum Wohle aller zu gestalten (14^{1}).

$^{5-6}$ *21. Sentenz.* ^{5} Der Mensch von Weisheit und Erkenntnis verfügt auch über die Kraft und Stärke, das als richtig Erkannte umzusetzen. ^{6} Die Begründung geht in die Anrede über und ist eine Kombination aus 20^{18b} und 11^{14b}. Da $^{3-4}$ vom Bau des Lebenshauses sprechen und $^{5-6}$ im Sinne einer Erläuterung anschließen (Stichwortverbindung »Erkenntnis« und »weise«), ist Kampf ^{6a} metaphorisch als Lebenskampf zu verstehen, zumal »Steuermannskunst« (EÜ: Überlegung) im Zusammenhang mit Lebensführung steht (1^{5}). Daß dieser »Kampf« nur im lebendigen Austausch mit Angehörigen, Freunden und Bekannten zu bestehen ist, versteht sich für den klugen Menschen von selbst.

^{7} *22. Sentenz.* Die in $^{3-6}$ genannten Befähigungen des weisen Menschen, nach 8^{14-21} Gaben der personhaften Weisheit, sind für den Toren »zu kostbar«. Er weiß sie nicht zu schätzen und kann mit ihnen nichts anfangen. Daher hat er bei aller Geschwätzigkeit ($10^{14b}12^{16a}$ u.a.) nichts Substantielles für die Gemeinschaft beizutragen.

$^{8.9}$ *23. Sentenz.* ^{8} charakterisiert den bösen Menschen von ^{1} als »Meister von Anschlägen« ($12^{2}14^{7}$). Er tritt ^{9a} in Parallele zum »Sinnen der Torheit« (EÜ: der Toren) und ^{9b} zum »Hochmütigen/Spötter«. Diese Weisen verfehlter Lebensart rufen bei allen aufrechten Menschen Abscheu hervor. Von JHWH ist indirekt die Rede, insofern die Fehlverhalten als »Sünde« bezeichnet werden.

10 Zeigst du dich lässig am Tag der Bedrängnis,
so wird auch deine Kraft bedrängt.
11 Befrei jene, die man zum Tod schleppt;
die zur Hinrichtung wanken, rette sie doch!
12 Wolltest du sagen: Gott weiß von uns nichts; –
hat er, der die Herzen prüft, keine Kenntnis?
Hat er, der über dich wacht, kein Wissen?
Ja, er vergilt jedem Menschen,
wie sein Tun es verdient.
13 Iß Honig, mein Sohn, denn er ist gut,
Wabenhonig ist süß für den Gaumen.
2[5]3[13–18]4[22]8[9.17.35] 16[20]19[8]22[21]31[10] 14 Wisse: Genauso ist die Weisheit für dich.
Findest du sie, dann gibt es eine Zukunft,
deine Hoffnung wird nicht zerschlagen.
15 Belaure nicht frevlerisch die Wohnung des Gerechten,
zerstöre sein Ruhelager nicht!
16 Denn siebenmal fällt der Gerechte
und steht wieder auf,
doch die Frevler stürzen ins Unglück.

24[10] In [10a] vermutlich Textausfall durch Haplographie: »Zeigst du dich nachlässig [am guten Tag], dann (wird) am Tag der Enge (= Bedrängnis) eng deine Kraft.«

[10] *24. Sentenz.* Zum Text s. Anm. Der wiederhergestellte Spruch ist chiastisch gebaut mit Paronomasie »Enge/Not« – »eng« in [10b]. Nachlässigkeit in Haltung und Lebensführung hat unmittelbare Auswirkungen auf das eigene Geschick und das der Gemeinschaft.

[11.12] *25. Sentenz.* [11] Der im synonymen Parallelismus chiastisch gebaute Spruch mit den beiden Imperativen auf den Außenpositionen – der zweite durch das *'im* der Schwurformel noch verstärkt – fordert kategorisch: Wo immer ein Mensch von Gewalt, Terror und Tod bedroht wird, ist es Pflicht des Weisen und Einsichtigen, unverzüglich einzugreifen (vgl. Lk 10[25–37]). [12] Die Forderung gründet im Willen JHWHs, der nicht ausdrücklich (auch nicht »Gott« EÜ) genannt wird. Vor dem, »der die Herzen prüft« (vgl. 15[3f] u.ö.), haben Ausflüchte keine Chance. Es gilt allein: Du, was hast du (nicht) getan (vgl. Mt 25[31–46])? Alles weitere hat der Angesprochene dann »ihm« zu überlassen.

[13.14] *26. Sentenz.* Sie steht in enger Beziehung zu [11.12]. Es geht um das Leben und die Zukunft des Menschen. [13.14a] bilden einen Vergleich. In direkter Anrede ergeht die Aufforderung, gleich Honig die Weisheit in sich aufzunehmen, vgl. 16[24]; von der Tora: Ps 19[11]119[103] Ez 3[3]. [14bc] entspricht 23[18], so daß JHWH-Furcht und Weisheit zusammentreten. Finden von Weisheit ist Ziel menschlichen Strebens und verheißt gelingendes Leben (2[5] u.ö.).

[15.16] *27. Sentenz.* Die letzten vier Sentenzen werden durch die Antithese »Gerechter – Frevler« bestimmt sowie durch vier Imperative (drei negative, ein positiver), die auf eine Ganzaussage abzielen: Belauere nicht! – Freu dich nicht! – Erhitz dich nicht! – Fürchte JHWH! [15] Auf die doppelte Warnung folgt [16] eine

17 Freu dich nicht über den Sturz deines Feindes,
dein Herz juble nicht, wenn er strauchelt,
18 damit nicht der Herr es sieht und mißbilligt
und seinen Zorn von ihm abwendet.
19 Erhitz dich nicht wegen der Übeltäter,
ereifere dich nicht wegen der Frevler!
20 Denn für den Bösen gibt es keine Zukunft,
die Lampe der Frevler erlischt.
21 Fürchte den Herrn, mein Sohn, und den König;
mit diesen beiden überwirf dich nicht!
22 Denn plötzlich geht von ihnen Verderben aus,
und unvermutet kommt Unheil von beiden.

24[21b] Wörtlich: »Mit Andersdenkenden habe keinen Umgang!«
24[22] bezieht sich auf die »Andersdenkenden«[21b], nicht auf JHWH, den König (EÜ).

zweiseitige Begründung. Ziel des lauernden Anschlags ist die Lebenssphäre des Gerechten; »Aue« (3[33]21[20]; EÜ: Wohnung) und »Lagerplatz« (Jes 35[7]65[10] Jer 50[6]) entstammen der Hirtenmetaphorik (Ps 23[2]) und verweisen auf den besonderen Schutz JHWHs. Mit seiner Hilfe überwindet der Gerechte alle Widrigkeiten und Anfechtungen des Lebens, während die Frevler in ihr selbstverursachtes Unheil unwiderruflich hineinstürzen.
[17.18] *28. Sentenz.* [17] schließt über »straucheln« und »fallen« unmittelbar an. Schadenfreude ist Ausdruck anmaßender, selbstgerechter Verurteilung anderer und als solche Kennzeichen des Frevlers (Ps 35[15f]). [18] ist Begründung und Warnung zugleich. [18a] auch der persönliche Feind (»dein«) ist und bleibt Mensch, Mitmensch und Geschöpf JHWHs. Ihm allein steht ein Urteil und mögliche Bestrafung zu (14[12]16[2]17[3] u.ö.). [18b] Die vorschnelle Identifizierung von »Feind« und »Frevler«[16b] führt zu weitreichenden Spekulationen, vgl. bereits *Berakot* 55b; *Nedarim* 40a; *Avot* 4,24. Der von mir als Feind und als mit verdienter Strafe belegter Frevler eingestufte Mensch kann im Urteil JHWHs ein Gerechter sein, den ein momentanes Unglück trifft. In jedem Fall ist Schadenfreude fehl am Platz, vielmehr mitmenschliche Solidarität gefordert, vgl. 25[21].
[19.20] *29. Sentenz.* [19] nimmt 24[1a]23[17a] auf; [19b] mit demselben Verb, das Verb [19a] nur noch Ps 37[1.7]. Die »Übeltäter« (17[4] u.a.) wie »der Böse« werden mit den »Frevlern« gleichgesetzt. Erregung über die Existenz schlimmer Menschen ist wie die Schadenfreude eine Anmaßung, die JHWH letztlich ins Unrecht setzt. [20] geht nach [18] nicht noch einmal darauf ein. [20a] stellt fest, daß Menschen dieser Art ohne Zukunft sind, [20b] veranschaulicht das mit dem von 13[9b]21[4b] her bekannten Bild.
[21.22] *30. Sentenz.* Sie ist Höhepunkt und Abschluß der dreißig Sätze und zugleich ein prägnantes Resümee von Teil II. Die JHWH-Königs-Thematik lenkt zurück auf 16[1ff]. JHWH allein ist König für Israel und für alle Menschen, die ihn auf dem Weg seiner Weisheit suchen. Daher der Aufruf: »Fürchte JHWH, mein Sohn, und zwar als König«, der ganz persönlich erfolgt. Gemeint ist:

Einschub: »Auch diese von Weisen«: 24[23–34]

23 Auch folgende Sprichwörter stammen von Weisen:
Im Gericht auf die Person sehen ist nicht recht.
24 Wer zum Schuldigen sagt: Unschuldig bist du!,
den verfluchen die Menschen,
verwünschen die Leute.
25 Denen aber, die entscheiden, wie es recht ist,
geht es gut;
über sie kommt Segen und Glück.
26 Einen Kuß auf die Lippen gibt,
wer richtig antwortet.
27 Nimm draußen deine Arbeit auf
und bestell dein Feld,
danach gründe deinen Hausstand!
28 Tritt gegen deinen Nächsten nicht als falscher Zeuge auf,
betrüge nicht mit deinen Worten!

24[24] Menschen, Leute, wörtlich: »Völker«, »Völkerschaften«.
24[28b] EÜ nach G, M formuliert eine rhetorische Frage: »Willst du täuschen mit deinen Lippen?«

JHWH, den König, in Wort und Tat, in der Verwirklichung von Recht, Gerechtigkeit und Liebe zu bekennen. Dazu folgt [21b] die Warnung, sich mit »Andersgesinnten« zu vermischen, die [22] zweifach begründet wird. [22a] ist klar: »Plötzlich erhebt sich ihr Unglück«, d.h. kommt über sie (1[26f]6[15]7[22]). [22b] bleibt unsicher; am besten noch mit *Delitzsch*: »Und ihrer Jahre Untergang – wer weiß ihn?«
24[23–34] Die literarische Aufnahme von »auch diese« aus 25[1] erweist neben anderen Beobachtungen [23–34] als sekundären Einschub. G ist wenig hilfreich. Sie ordnet die Stoffe nach eigenen Gesichtspunkten an. So hat sie 30[1–14] diesem Einschub noch vorgeschaltet. Eine strukturierte Anordnung ist in [23–34] trotz gegenteiliger Bemühungen nicht zu erkennen. [23a] fungiert als eine Art Überschrift. [23b] exponiert in einem Urteilssatz in Anlehnung an 28[21] Begünstigung vor Gericht. Dieser wird [24.25] antithetisch entfaltet, wobei die forensische Perspektive auf alle Bereiche des Lebens ausgeweitet wird. Den Unrechten zum Gerechten machen stößt weltweit auf Ablehnung; »Flüche« (11[26]), »Verwünschungen« (22[14]25[23]). Ebenso allgemein bleibt die Zusage von Glück und Wohlergehen an diejenigen, die recht entscheiden. Ein Hinweis auf JHWH ist nicht gegeben.
[26] ist ein selbständiger Vergleichsspruch. Angenehm wie ein Kuß auf die Lippen (die Wendung nur hier) sind klare und aufrichtige Antworten für einen Ratsuchenden.
[27] dürfte eine sprichwörtliche Redensart mit ländlichem Bildhintergrund sein. Sie besteht aus drei Mahnungen in obligatorischer Reihenfolge, die einer Begründung nicht bedürfen und die eine Lebensganzheit hinsichtlich ihrer Planung und Durchführung umschreiben, vgl. *Ptahhotep* 197f; *Ani* 6,1–3.
[28] spricht in lockerer Anlehnung an [23b–25] vom »Willkürzeugen« bzw. vom »Zeugen ohne Grund«, der nicht notwendig ein Falschzeuge sein muß (EÜ). Es ist vielmehr jener

29 Sag nicht: Wie er mir getan hat,
so will ich auch ihm tun,
einem jedem will ich vergelten,
wie es seine Taten verdienen.
30 Am Acker eines Faulen ging ich vorüber,
am Weinberg eines unverständigen Menschen:
31 Sieh da, er war ganz überwuchert von Disteln,
seine Fläche mit Unkraut bedeckt,
seine Steinmauer eingerissen.
32 Ich sah es und machte mir meine Gedanken,
ich betrachtete es und zog die Lehre daraus:
33 Noch ein wenig schlafen,
noch ein wenig schlummern,
noch ein wenig die Arme verschränken, um auszuruhen.
34 Da kommt schon die Armut wie ein Strolch über dich,
die Not wie ein zudringlicher Bettler.

Teil III
Die gesellschaftliche Realität im Spiegel der Weisheit JHWHs: 25[1]–29[27]

Überschrift: 25[1]

25[1] Auch das sind Sprichwörter Salomos,
die die Männer Hiskijas, des Königs von Juda, sammelten.

25[1] G: »Dies sind erprobte/bewährte Anweisungen Salomos, die die Freunde des Hiskija, des Königs von Juda, niedergeschrieben haben.«

berüchtigte Typ von Zeuge, der immer alles ganz genau gesehen und gehört hat, dessen Zeugnis aber in der Regel wertlos und irreführend ist. Die rhetorische Frage [28b] hat die Funktion einer Begründung.

[29] wendet sich gegen jede Form von Selbstjustiz, da sie die Grundlagen jeder Gemeinschaft zerstört, vgl. 20[22]. Die Berufung auf das Talionsrecht (Ex 21[23–25] u.a.) scheidet aus, da es nur im Falle der Existenzbedrohung der Gemeinde greift. [29c] entspricht [12b]. Gleichwohl fehlt ein Bezug auf JHWH.

[30–34] Der Text ist aus verschiedenen Stoffen und Motiven zusammengesetzt. In der Form eines fingierten Erfahrungsberichtes greift er das beliebte Thema »Faulheit« auf. [30] In thetischer Vorabbewertung wird der »Faule« dem »Verstandlosen« gleichgesetzt. Diese wird durch Augenschein und Reflexion entfaltet und begründet [31.32]. Daraus zieht der Beobachter für sich die Lehre, die weiterzugeben er für nützlich hält. [33.34] Diese ist ein nahezu wörtliches Zitat von 6[10f]; zu Text und Auslegung s.dort.

25[1] Neben David und Salomo (1[1]10[1]) tritt als dritte Autorität Hiskija in den Blick. Seine Leute hätten das Nachfolgende »fortgerückt«, d.h.

1. Soziale Strukturen in einer substaatlichen Gesellschaft: 25^{1}–27^{27}
Soziale Unterschiede und soziale Konflikte 25$^{2-27}$

2 Gottes Ehre ist es, eine Sache zu verhüllen,
des Königs Ehre ist es, eine Sache zu erforschen.
3 Der Himmel so hoch und die Erde so tief
und das Herz des Königs: sie sind nicht zu erforschen.

25^{2} Des Königs Ehre, wörtlich: »die Ehre der Könige«.

aus anderen Büchern entnommen und neu zusammengestellt. Diese Angabe wird zu weitreichenden historischen Erwägungen verwertet. Dem Dichter geht es um die geschichtstheologische Verbindung, die von dtr Redaktoren zwischen Salomo und Hiskija gezogen wird. Er habe das Vermächtnis der Weisheit Salomos bewahrt und weitergetragen, insofern er den »Tag der Not« (2 Kön 19^{3}) als Tag göttlicher Strafe erkannt und sein ganzes Vertrauen auf JHWH gesetzt habe (2 Kön 18^{5}). Mit der Bemühung der drei Autoritäten verfolgt der Dichter ein dreifaches Ziel: 1. Die Synthese von Weisheit und JHWH-Furcht muß jede Generation für ihre Zeit neu bestimmen und verwirklichen. 2. Bestimmte Grundwerte sind für eine solidare Gesellschaft unverzichtbar und daher von bleibender Aktualität. 3. Für Israel ergibt sich ein Traditionskontinuum von David zurück in die Väterzeit, von Salomo über Hiskija bis in das Heute des Dichters und jeder nachfahrenden Generation.

25^{1}–29^{27} In Teil III wendet sich der Dichter den konkreten gesellschaftlichen Verhältnissen seiner Zeit zu. Er tut dies in zwei Schritten. 25–27 entwirft er ein differenziertes Bild der sozialen Strukturen und Lebensformen, die er 28–29 im Horizont des JHWH-Glaubens bewertet.

25^{2}–27^{27} Der Dichter bietet keine Gesellschaftsanalyse im modernen Verständnis. Er läßt die Wirklichkeit in ihrer verwirrenden Fülle und Widersprüchlichkeit sowie in ihrer Ausdrucksvielfalt zu Wort kommen. Dies alles faßt er in eine wohlstrukturierte, kunstvolle Komposition. Sie besteht aus sechs Einheiten: 25$^{2-27}$ 26$^{1-12}$ 26$^{13-16}$ 26$^{17-28}$ 27$^{1-22}$ 27$^{23-.27}$.

25$^{2-27}$ Der Text ist sorgfältig gestaltet. Nach seinen strukturbedeutsamen Signalen gliedert er sich in Einleitung $^{2-5}$, Teil 1 $^{6-15}$, Teil 2A $^{16-20}$, Teil 2B $^{21-27}$, vgl. *Fuhs*, 341–350.

$^{2-5}$ Die Einleitung nimmt die JHWH-Königs-Thematik von 24^{21} auf und verfremdet sie signifikant. Sie spricht von »Gott(heit)« und »Königen«. Gemeint ist Monarchie als Staatsform in ihrer umgreifenden Weltordnungsfunktion.

$^{2-3}$ Das erste Spruchpaar exponiert und begründet die Hierarchie: über allen und allem die Gottheit. Selbst für den Monarchen, der ihr nahesteht, bleibt ihr Wesen verborgen, vgl. *Amenemope* 22,5 = 23,8; Papyrus *Insinger* 32,18. Seine Sache ist es, »unter der Sonne« (Koh 1^{3} u.ö.) die in der Schöpfung verborgenen Ordnungen zu entdecken und auf Grund dessen richtige Entscheidungen zu treffen zum Wohl von Staat und Gesellschaft. Den Untertanen dagegen erscheint der Monarch wie ein Gott. Der Merismus »Himmel – Erde«, verstärkt durch »hoch – tief«, veranschaulicht seine Unzugänglichkeit für sie.

4 Scheidet man die Schlacken vom Silber,
gelingt dem Feinschmied das Gefäß.
5 Scheidet man den Frevler vom König,
erlangt dessen Thron Bestand durch Gerechtigkeit.
6 Rühme dich nicht vor dem König,
und stell dich nicht an den Platz der Großen;
7 denn besser, man sagt zu dir: Rück hier herauf,
als daß man dich nach unten setzt wegen eines Vornehmen.
Was deine Augen sahen,
8 bring es nicht übereilt als Streitfall vor;
denn was willst du später tun,
wenn dein Nächster dich bloßstellt?

25[7c.8] [7c] ist die erste Zeile von [8]: »Was deine Augen gesehen haben, bring es nicht übereilt vor Gericht.« [8b] liegt ein Anakoluth vor: »damit nicht (EÜ: denn) ... Was willst du tun...?«

[4–5] Königsherrschaft begründet und repräsentiert normative Weltordnung, sofern gegeben ist, was das Spruchpaar in einem Vergleich fordert. Zum Gelingen eines Kunstwerkes braucht es ein von Schlacken gereinigtes Edelmetall (17[3]27[21], vgl. Jes 1[22.25] Mal 3[3]). Ein von Frevlern freies Königtum ist Voraussetzung für ein Regiment, das Recht und Gerechtigkeit verwirklicht.
Das Königtum in Israel ist Vergangenheit (Gott statt JHWH), die Königsherrschaft JHWHs eine offene Hoffnung. Realität ist eine Fremdherrschaft mit Formen von Willkür und Gewalt (Frevler). Unterhalb dieser gilt es, das eigene und das soziale Leben nach der Wegweisung JHWHs und seiner Weisheit zu gestalten.
[6–15] Teil 1 thematisiert in einer Serie von drei Mahn- [6–10] und fünf Aussagesprüchen [11–15] rechtes und falsches Verhalten in einer höfischen Gesellschaft.
[6–7b] Der Mahnspruch besteht aus zwei Warnungen in chiastischer Anordnung [6], die ein Besser-als-Spruch begründet [7ab]. In der in ihren internen Grenzen fließenden Hierarchie am Hof unterhalb des Königs will jeder vorankommen, um der Nächste beim König zu sein. Das ist vom System her erwünscht, birgt aber Gefahren. In diesem gnadenlosen Konkurrenzkampf ist nur erfolgreich, wer im rechten Augenblick den richtigen Schritt nach vorne tut. Der Mahnspruch gilt für alle vergleichbaren Situationen. Jesus hat ihn transformiert in eine Beispielerzählung (Lk 14[7–11]), vgl. den Rangstreit unter seinen Jüngern (Mt 18[1–5] par), den er ad absurdum führt, indem er den letzten Platz zum ersten im Reiche Gottes erklärt (Mk 10[35–45]).
[7c–10] Die beiden Mahnsprüche [7c.8] und [9.10] sind eng miteinander verzahnt. Der Anschluß an [6–7b] ergibt sich daraus, daß Erfolg in Rechtsstreitigkeiten ein Sprungbrett für die politische Karriere sein kann (z.B. 2 Sam 15[2–7]).
[7c.8] Gewarnt wird davor, auf bloßen Verdacht hin jemandem ein rechtsförmliches Verfahren anzuhängen. Die Begründung bricht ab (»damit nicht ...«) und geht in eine direkte Frage über. Im komplementären Mahnwort geht die Warnung [9] da-

9 Trag deinen Streit mit deinem Nächsten aus,
doch verrate nicht das Geheimnis eines andern,
10 sonst wird dich schmähen, wer es hört,
und dein Geschwätz wird auf dich zurückfallen.
11 Wie goldene Äpfel auf silbernen Schalen
ist ein Wort, gesprochen zur rechten Zeit.
12 Wie ein goldener Ring und Schmuck aus Feingold
ist ein weiser Mahner für ein Ohr, das zuhört.
10,20 13,17 22,21 26,6 13 Wie kühlender Schnee an einem Sommertag
ist ein verläßlicher Bote für den, der ihn sendet;
er erquickt die Seele seines Herrn.
14 Aufziehende Wolken mit Wind, doch kein Regen,
so ist ein Mann, der Versprechungen macht
und nicht hält.
15 Mit Geduld wird ein Vorgesetzter umgestimmt,
sanfte Zunge bricht Knochen.

25,10 Andere Möglichkeit: »Damit nicht der Hörende (=Richter) dich schuldig spricht und deine Anklage zurückkehrt (= an dir hängen bleibt).«
25,11 Äpfel: doch wohl Granatäpfel (1 Kön 7,18.20). – Schalen, eher: Schau- bzw. Prunkstücke.
25,13c dürfte erläuternde Glosse sein.

hin, stets das persönliche Interesse in einer Sache und die Verantwortlichkeit gegenüber anderen sorgfältig auseinanderzuhalten, damit die negativen Folgen 10 nicht eintreten.
11–15 Die Sprüche unterschiedlicher Herkunft sind im Kontext von 2–10 zu verstehen.
11–12 Die beiden Vergleichssprüche bilden ein Spruchpaar. Vergleichsgegenstand sind 11a wohl goldene Granatäpfel als aufgesetzte Verzierung oder als goldene Ziselierung auf silbernen Prunkstücken. So kostbar sei das »gesprochene Wort«. Die Wendung meint »Wort der Entscheidung«, im Kontext: den unter Würdigung aller Umstände getroffenen Gerichtsentscheid. Vergleichsgegenstand in 12a ist kostbarer Schmuck. Kontextlos mag der »weise Mahner« der Weisheitslehrer, der gute Freund u.ä. sein, hier ist präzise der »weise Richter« gemeint, und 11.12 zeichnen ein Bild intakter Rechtsprechung, vgl. 5.
13.14 bilden über die gemeinsame Wettermetaphorik ein Spruchpaar und zusammen eine Antithese. Vergleichsgegenstand in 13a sind eisgekühlte Getränke oder Speisen in der Sommerhitze, damals ein exklusiver Luxus für gehobene Kreise. Einer solchen Wohltat entspricht der loyale, kluge und verhandlungssichere Gesandte. 14 Widerpart ist der Karrierist. Um voranzukommen verspricht er allen alles. Aber alles ist nur heiße Luft.
15 führt die beiden thematischen Linien – kluges Beachten höfischer Hackordnung und Vermeiden bzw. Lösen von Konflikten – zusammen und weitet mit Blick auf 16–27 die Perspektive aus. Beharrlichkeit und langer Atem ermöglichen es Untergebenen, ihr Anliegen bei Behörden – Vorgesetzten (EÜ), Richtern, u.a. – durchzusetzen, vgl. Lk 11,3–8 und: »Geduld bricht Eisen.«
16–27 Der zweite Teil gliedert sich formal in zwei Sektionen mit paralleler

16 Findest du Honig, iß nur, soviel dir bekommt,
sonst wirst du ihn satt und erbrichst ihn.
17 Mach dich rar im Haus deines Nächsten,
sonst wird er dich satt und verabscheut dich.
18 Keule und Schwert und scharfer Pfeil:
das ist einer, der falsch aussagt
gegen seinen Nächsten.
19 Schlechter Zahn und stolpernder Fuß:
der Verräter am Tag der Not.
20 Essig auf Laugensalz –
(so ist,) wer Lieder singt vor einem mißmutigen Herzen.
[Wie die Motte am Kleid, der Wurm im Holz,
so nagt der Kummer am Herzen des Menschen.]
21 Hat dein Feind Hunger, gib ihm zu essen,
hat er Durst, gib ihm zu trinken;

25[18] Keule, wörtlich: »ein Zerschmetterer«.

25[19] Schlechter Zahn, wörtlich: »ein brüchiger/zerbröckelnder Zahn«.

25[20] M ist nicht gestört (EÜ), sondern bietet ein geschicktes Wortspiel: »Ausziehen eines Kleides am Tag der Kälte, Essig auf eine Wunde, Singen von Liedern zu einem traurigen Herzen.«

Abfolge von Mahn- und Aussagesprüchen [16–20.21–27]. Es tritt die Alltagswelt mit ihren Problemen und Konflikten unter Gleichrangigen in den Blick.

[16.17] bilden ein Spruchpaar. [16] Die Eigenaussage des Mahnwortes, daß sich die Heilkräfte des Honigs (5[3]16[29]24[13]) in ihr Gegenteil verkehren, wenn man zuviel davon ißt, dient jetzt als drastisches Vergleichsbild für [17] Auch der liebste Mensch geht einem auf die Nerven, wenn er ständig auf der Matte steht. Gute Nachbarschaft oder Freundschaft bedarf der Zurückhaltung und des rechten Augenmaßes. Daher die Mahnung, seinen »Fuß kostbar« zu machen.

[18] eröffnet eine Serie von Vergleichssprüchen, die bis [20] reicht. Sie sind durch zahlreiche Stichwortverbindungen und Paronomasien miteinander verbunden. [18b] spricht in einer an Ex 20[16] erinnernden Formulierung vom Falschzeugen (17[4]19[5] u.ö.). Es geht um Rechtsstreitigkeiten unter Nachbarn, die in der Versammlung am Tor entschieden werden. Die gemeinschaftszersetzende Art seines Tuns veranschaulicht [18a]: Er ist wie »ein Zerschmetterer mit Schwert und spitzem Pfeil«, vgl. 26[18].

[19] Gleich gefährlich ist der »Treulose/Verräter«. Zusagen und Versprechen sog. guter Freunde zerbröckeln wie ein fauler Zahn, wenn man sie in der Not beansprucht. Hilfe kommt, wenn überhaupt, zögerlich und schleppend daher.

[20] Zum Text s. Anm. Ein gutes Wort richtet ein bekümmertes Herz auf (12[25]), aber nur das rechte Wort zur rechten Zeit. Gutgemeinte Lieder zur Unzeit, zeitigen verheerende Folgen und sind sichere Anzeichen für mangelndes Einfühlungsvermögen und fehlende Klugheit.

[21–27] behandeln wie [16–20] Konfliktsituationen des Alltags.

[21.22] Der Mahnspruch faßt zusammen

22 so sammelst du glühende Kohlen auf sein Haupt,
und der Herr wird es dir vergelten.
23 Der Nordwind bringt Regen,
eine heimtückische Zunge zornige Gesichter.
24 Besser in einer Ecke des Daches wohnen
als eine zänkische Frau im gemeinsamen Haus.
25 Kühles Wasser für eine durstige Kehle
ist eine gute Nachricht aus fernem Land.
26 Ein getrübter Brunnen, ein verschütteter Quell
ist ein Gerechter, der vor dem Frevler wankt.

und überbietet, was bislang zum rechten Verhalten gegenüber dem Mitmenschen gesagt wurde – Unrecht nicht nachzutragen (10[12] 17[9]19[12]), keine Rache zu nehmen oder Vergeltung zu üben (20[22]24[29]), keine Schadenfreude zu empfinden (24[17f]) – durch positive Verhaltensregeln gegenüber dem Feind. »Hunger« und »Durst«, Grundbedürfnisse des Menschen, zu stillen heißt, dem Feind als Nächsten in jeder Notsituation beizustehen, vgl. Ex 23[4f] Jer 15[11] Ijob 31[29f]; bereits *Amenemope* 5,1–6; Papyrus *Insinger* 23,6. Die Bergpredigt nimmt ausdrücklich auf [21] Bezug (Mt 5[47]), und in Röm 12[20f] dient er als Beleg dafür, wie Böses durch Gutes überwunden werden kann. Für [22a] bietet die Auslegung die ganze Palette realer oder bildhafter Vorstellungen von Gericht, Strafe, Scham oder Umkehr an oder verweist auf einen ägyptischen Bußritus. [22b] spricht im Kontrast zu [2] dezidiert von JHWH, der praktizierte Nächstenliebe in der Zuspitzung der Feindesliebe als ihm gegenüber gemäßes Verhalten ansieht.

[23.24] Trotz formaler Unterschiede bilden die beiden Vergleichssprüche ein Spruchpaar. [23] ist ein schönes Beispiel für Anspielung und Rätsel (1[6]), die zu lösen schwierig sind. Im Chiasmus entsprechen einander »Nordwind« und »heimtückische Zunge« über je eine Wortwurzel in der Bedeutung »verbergen« bei den Näherbestimmungen: »(Regen) verbergender Wind« – »(Wahrheit) verbergende Zunge.« Zudem kann die Verbform von »entfernen« und »hervorbringen« hergeleitet werden: Wie der Nordwind den Regen »entfernt« (nicht: bringt EÜ) und damit Unheil »bringt«, so »bringt« die heimtückische Zunge Unheil »hervor«, das die Gesichter der Betroffenen widerspiegeln. [24] entspricht fast wörtlich 21[9], erfährt aber von [23a] her eine Steigerung, insofern der Betroffene zusätzlich dem unheilvollen Nordwind (Jer 1[14f]4[6]6[1] u.ö.) ausgesetzt ist.

[25] korrespondiert mit [13], ist aber allgemeiner gefaßt. »Gute Nachricht« im AT nur noch 15[30]. Ihre wohltuende Wirkung veranschaulicht [25a].

[26] Schließt mit der Gegensatzentsprechung an; zu ungenießbar gemachtem Wasser vgl. Jer 18[4] Ez 32[2]34[18] Mal 1[14]. Die Antithese »Gerechter – Frevler« weist zurück auf [5]. Sie wird hier durch das Verhalten des Gerechten aufgehoben: Der Gerechte wird zum Frevler; statt Recht und Gerechtigkeit herrschen Willkür und Gewalt. Auch das gibt es. Nicht ohne Grund hat der Dichter immer wieder auf die Begrenztheit des Menschen in seinem Erkennen, Wollen und Handeln hingewiesen (16[2.25] u.ö.).

27 Zu viel Honig essen ist nicht gut:
Ebenso spare mit ehrenden Worten!
28 Eine Stadt mit eingerissener Mauer ist ein Mann,
der sich nicht beherrscht.

Der Tor in der Gemeinschaft – »nicht passend«: 26[1–12]

26[1] Wie Schnee im Sommer und Regen zur Erntezeit, Sir 10[18]14[3]15[9]41[17]
so unpassend ist Ehre für einen Toren.
2 Wie der Spatz wegflattert und die Schwalbe davonfliegt,
so ist ein unverdienter Fluch; er trifft nicht ein.

25[27] EÜ ändert nach G, Übersetzungsvorschlag: »Im Honig-Essen sich übernehmen ist nicht gut, aber auf Schwerfallendes forschend einzugehen ist Ehre« (*Delitzsch*).

[27] Zuviel des Guten ist ungesund. [27a] weist auf [16] zurück. [27b] ist unsicher (Anm.). Folgt man dem Vorschlag, ist [27] ein antithetischer Parallelismus, dessen zweites Glied mit [2] eine Inklusion bildet. Dort ist es Sache von Königen, den Dingen auf den Grund zu gehen, was ihnen zur Ehre gereicht. Hier ist jeder angesprochen. Die Dinge in die Hand zu nehmen und Lösungen zu finden ist alles andere als Honiglecken, gereicht aber zur Ehre.
[28] steht außerhalb der klar strukturierten Komposition [2–27]. Der Vergleichsspruch wirkt wie ein nachgetragener Kommentar zu [15].
26[1–12] Das kleine Weisheitsgedicht hat eine einfache Struktur: [1–3] Einleitung; [4–5] Teil 1; [6–11] Teil 2; [12] Schluß. Durchgehend (außer [3.11]) finden komplexe weisheitliche Termini Verwendung, die eine Beziehung zwischen zwei Opponenten herstellen. Die Beschreibung ist ausgeführt oder elliptisch, so daß die Beziehung hinzugedacht werden muß. Durch Wort- und Lautanklänge sowie durch chiastische Zuordnungen entsteht ein kunstvoll vernetztes Ganzes, in dessen Mitte der »Tor« steht, und zwar der Tor in seinen vielfältigen Beziehungen zu seinem sozialen Mitfeld.

[1–3] Die Einleitung bildet eine strukturelle, sprachliche und thematische Einheit.
[1] verwendet drei Topoi mit interner Opposition. Die Bewertung »nicht passend« (17[2]19[10] u.a.), vgl. »nicht gut« (17[26]18[5] u.ö.), verweist auf eine umfassende Welt- und Lebensordnung in harmonischem Einklang. Gleichwohl ist sie eine Ordnung in ständigem Werden und Wandel, die Zeit und Ort sowie Kontingenz von Situation und Kontext berücksichtigt. Daher ist sie im Horizont der Wegweisung JHWHs immer neu in die Verhältnisse der Zeit zu konkretisieren. »Ehre« für einen Toren ist nicht in Ordnung. Ehre verweist auf 25[2.7] und steht für den Platz, den jemand in der Gesellschaft einnimmt. Der Tor hat jedenfalls darin keinen Platz.
[2] ist über den Chiasmus »nicht passend – gewichtig / Ehre x leicht – nicht kommt« mit [1] und über die Tiermetaphorik mit [3] verbunden. Die Rede ist elliptisch. Die interne Opposition ist nur durch einen Pol vertreten, den anderen muß man ergänzen. [2] ist komplementäre Aussage zu [1]: Wie dieses die Harmonie der Ordnung stört, so auch, wenn Übles einem guten Menschen (»unver-

3 Dem Pferd die Peitsche, dem Esel den Zaum,
dem Rücken der Toren den Stock.
4 Antworte dem Toren nicht,
wie es seine Dummheit verdient,
damit nicht auch du ihm gleich wirst.
5 Antworte dem Toren,
wie es seine Dummheit verdient,
damit er sich nicht einbildet, ein Weiser zu sein.
6 Die Füße haut sich ab, Schaden muß leiden,
wer Botschaft sendet durch einen Toren.
7 Schlaff wie die Schenkel des Lahmen
ist ein Weisheitsspruch im Mund der Toren.
8 Den Stein bindet in der Schleuder fest,
wer einem Toren Ehre erweist.
9 Ein Dornzweig geriet in die Hand eines Betrunkenen:
ein Weisheitsspruch in den Mund der Toren.
10 Ein Schütze, der alle verwundet –
ein Tor und ein Betrunkener, wenn sie vorübergehen.

26[4.5] Wie es seine Dummheit verdient, M: »nach/gemäß seiner Torheit« mit verschiedener Nuance bei den Präpositionen in [4] und [5].
26[5] Schaden muß leiden, wörtlich: »Gewalt muß trinken«.
26[7a] Wörtlich: »Schlaff hängen die Schenkel von einem Lahmen …«
26[10] bleibt unsicher, andere Übersetzungsmöglichkeit: »Ein Bogenschütze, der alle verwundet, ist einer, der einen Toren und einen Betrunkenen, die vorübergehen, einstellt.«

dient«) geschieht. In »nicht kommt« steckt die Warnung, daß JHWH, der im Fluch bemüht wird, den ungeziemenden Aktivitäten des Menschen Grenzen setzt.
[3] unterdrückt in elliptischer Rede die Bewertung, die aber leicht zu ergänzen ist: Stock für den Tor – das paßt. Als untaugliches Glied der Gesellschaft hat er allenfalls bei den »unvernünftigen« Tieren Platz, die fremdgeleitet und unter Zwang ihren Dienst verrichten.
[4.5] Die beiden Mahnworte gehen formal und sprachlich eng zusammen und bilden ein Spruchpaar mit einem internen kontradiktorischen Gegensatz (Wegen des vermeintlichen Widerspruchs war die Kanonizität von Spr in der rabbinischen Diskussion lange umstritten). Das Spruchpaar macht ein Dilemma sichtbar, in dem der Weise steckt. [5] hebt den weisheitlichen Grundsatz von [4] auf. Umstände und Bedingungen werden nicht genannt. Damit werden die Grenzen von Weisheit als Wissen um das jeweils Angemessene deutlich. Und gerade der Weise steht in der Gefahr, sich an diesem Punkt zum Tor zu machen, wenn er sie nicht akzeptiert.
[6–11] sind eng mit [1–3] verbunden. [6–10] sind strukturell homogen. Die verwendeten Topoi bilden einfache Gegensätze: Etwas Gutes ist »unpassend« für eine schlechte Person, den Tor. Die z.T. massiven Vergleichsbilder verstärken die Bewertung. [7b.9b] stimmen überein. Sie verdeutlichen

11 Wie ein Hund, der zurückkehrt zu dem,
was er erbrochen hat,
so ist ein Tor, der seine Dummheit wiederholt.
12 Siehst du jemand, der sich selbst für weise hält –
mehr Hoffnung gibt es für den Toren als für ihn.

Die Falschheit des Faulen: 26[13–16]

13 Der Faule sagt: Ein Löwe ist auf dem Weg,
ein Raubtier ist auf den Straßen.
14 Die Tür dreht sich in ihrer Angel
und der Faule in seinem Bett.
15 Greift der Faule mit der Hand in die Schüssel,
ist er zu träg, sie zum Mund zurückzubringen.
16 Der Faule hält sich selbst für weiser
als sieben, die klug antworten können.

das Problem von [4.5] und geben den hermeneutischen Schlüssel für das ganze Gedicht. Die Kenntnis von noch so vielen Weisheitssprüchen garantiert nicht ihre weise Anwendung. [11] ist in gleicher Weise Vorbereitung für [12] wie [3] für [4]. Die hoffnungslose Art des Toren zeigt sich in seiner ständigen Rückkehr zu seiner Torheit nach Art eines Hundes.
[12] Der komparativische Spruch faßt das Gedicht refrainartig zusammen. Die Aussageform geht in die Anrede über. Die Satzfrage fordert auf, sich nach solchen umzuschauen, die sich für weise halten. Die eigene Person ist dabei nicht ausgenommen. Die Art des Toren ist hoffnungslos. Aber, so die paradoxe Formulierung, es gibt noch eine Steigerung dazu: »weise in den eigenen Augen«. Diese ideomatische Phrase bringt einen ironischen Zug herein. Während man auf andere schaut, geht die eigene Selbstwahrnehmung fehl. Die permanente Fehleinschätzung mit ihren negativen Auswirkungen auf das alltägliche Miteinander macht den Tor zu einem untauglichen Glied der Gesellschaft.

26[13–16] Ist vom Tor die Rede, darf der Faule nicht fehlen. Nach 6[6–11] nimmt sich das kleine Gedicht des Themas ausführlicher an. Der narrative Stil des ersten Gedichts ist hier nicht gegeben. Das zweite entspricht formal eher [1–12] mit der Wiederholung des Stichwortes in jedem Spruch. Zudem bildet [16] mit [12] eine Art Refrain. Beide Verse entsprechen sich in der komparativischen Form sowie thematisch in der Wiederholung der Wendung »weise in den eigenen Augen.« Einen ironischen Zug erhält das Gedicht durch die Wiederholung von *šûb* (hif.) in der Bedeutung »zurückbringen«[15] und »zurückgeben/antworten«[16] sowie durch das Wortspiel *ṭmn* »verstecken« (die Hand in der Schüssel) und *tᶜm* »Geschmack, Empfindung, Verstand«. Der Faule »versteckt« seine Hand in der Schüssel. Weil er sie nicht bis zum Mund zurückbringt, kann er den Geschmack der Speise nicht schmecken. Gleichzeitig reklamiert er einen »Geschmack« für Weisheit, der den der sieben Urzeitweisen als Verkörperung der vollkommenen Weisheit (9[1]) übersteigt. Bei allen

Vermeidung von Nachbarschaftskonflikten: 26[17–28]

17 Einen vorbeilaufenden Hund packt bei den Ohren,
wer sich in einen Streit mischt, der ihn nichts angeht.
18 Wie ein Verrückter, der Brandpfeile schleudert,
Pfeile und tödliche Waffen,
19 so ist einer, der seinen Nächsten täuscht
und dazu sagt: Ich mach doch nur Spaß.
20 Ist kein Holz mehr da, erlischt das Feuer;
wo kein Verleumder ist, legt sich der Streit.
21 Wie Kohlen die Glut und Holz das Feuer,
so schürt ein zänkischer Mensch den Streit.
22 Die Worte des Verleumders sind wie Leckerbissen,
sie gleiten hinab in die Kammern des Leibes.
23 Silberglasur über Tongeschirr –
glatte Lippen und ein böses Herz.
24 Mit seinen Reden verstellt sich der Gehässige,
doch in seinem Herzen ist er voll Tücke.
25 Klingt seine Stimme auch freundlich, trau ihm nicht,
denn sieben Greuel sind in seinem Herzen.

26[18] Tödliche Waffen, M: »Tod« ist prägnanter.
26[23a] Silberglasur, wörtlich: »Silberschlacken« (vgl. 25[4]). Die Beziehung zwischen *ksp sjgjm* und ugart. *spsg* (Glasur) ist nicht gegeben (*Fuhs*, 356).
26[23b] glatte Lippen, wörtlich: »brennende Lippen« (vgl. 16[27b]).

Unterschieden: In falscher Selbstwahrnehmung und mangelnder Selbsterkenntnis ist der Faule dem Tor gleich.
26[17–28] Das Gedicht hat eine homogene Struktur. Es besteht aus vier Einheiten (Strophen) zu je drei Sprüchen.
[17–19] bilden die Einleitung. Sie greift zwei Themen aus 25 auf, die in enger Beziehung zueinander stehen: »Streit« (25[7c–10]) und »Verletzung durch Worte« (25[18]). [17] spricht nicht vom gebotenen Eingreifen bei akuter Gefahr, sondern vom Aufdringlichen, der sich ständig in die Angelegenheiten seiner Nachbarn einmischt und sich dann über die Reaktionen wundert, da er es doch nur gut meint. [18.19] Schlimmer noch ist derjenige, der durch Lug und Trug seinen Nachbarn ins Unglück stürzt und angesichts dessen erklärt: »Es war nicht so gemeint.«
[20–22] entfalten die beiden Themen am Beispiel des »Verleumders«, der [21b] als »Streitsüchtiger« präzisiert wird. Zur Veranschaulichung dienen evidente Vorgänge des Alltagslebens. Die Wiederholung von 18[8] unterstreicht: Das Verwerfliche ist nicht allein sein Tun, sondern daß er es mit Vergnügen tut. Hinzu komnmt, daß viele dieses Vergnügen teilen.
[23–25] sind bestimmt vom Kontrast »außen – innen«, »Schein« und »Sein«. Im Vergleichsbild [23a] steckt eine doppelte Täuschung: Was wie Silber aussieht, ist Schlacke, und die verdeckt den Ton darunter. Der Hinweis auf die Vielschichtigkeit menschlicher Falschheit, der das eigene Ich einbezieht, möchte zu klugem Umgang mit dieser Wirklich-

26 Hüllt sich sein Haß auch in Heuchelei,
seine Schlechtigkeit wird bloßgestellt in der Volksversammlung.
27 Wer eine Grube gräbt, fällt selbst hinein,
wer einen Stein hochwälzt, auf den rollt er zurück.
28 Eine verlogene Zunge führt zum Zusammenbruch,
ein heuchlerischer Mund verursacht den Sturz.

Der gute Freund und Lebensbegleiter: 27^1–22

27^1 Rühme dich nicht des morgigen Tages,
denn du weißt nicht, was der Tag gebiert.
2 Rühmen soll dich ein anderer, nicht dein eigener Mund,
ein Fremder, nicht deine eigenen Lippen.

26^28 ist schwierig; Vorschlag: »Lügnerische Zunge haßt die, welche sie zermalmt, und schmeichlerischer Mund gibt den Stoß zum Falle« (*Delitzsch*).
27^1 Der Tag, wörtlich: »ein Tag«.

keit anregen. Daher ist es kein Stilbruch, wenn 25 in die direkte Anrede der Mahnung übergeht, vgl. 12.
26–28 bilden die Konklusion. »Haß« verbindet 26 und 28 mit 24. Die Emphase liegt auf dem »Aufdecken« dessen, was an Heuchelei und Falschheit zum Schaden anderer geschieht. Ob »Volksversammlung« Gerichtsverhandlung oder allgemein Öffentlichkeit meint, kann offenbleiben. 27 ist Zitat zweier sprichwörtlicher Redensarten; zu 27a vgl. Ps 7^16f u.a.; *Anch-Scheschonki* 26,21; zu 27b z.B. *Anch-Scheschonki* 22,5: »Wer am Stein rüttelt, dem fällt er auf den Fuß.« Beide Redensarten besagen lediglich: »Wer sich in Gefahr begibt, kommt darin um« und mahnen inklusiv zu kluger Vorsicht. Im Kontext stehen sie aber dafür, daß Übeltäter jeder Art ihrer angemessenen Strafe zugeführt werden, indem die Tatfolgen sie einholen. Das ist dann keine aus der Wirklichkeit abgeleitete Gesetzmäßigkeit, sondern Ausdruck eines Urverlangens nach Gerechtigkeit, das letztlich nur JHWH erfüllen kann.
27^1–22 Nach dem stringenten Aufweis der Zwiespältigkeit im menschlichen Verhalten wendet sich der Dichter in direkter Anrede an den Leser/Hörer. Er lädt ein, sich den Spiegel vorzuhalten, das eigene Verhalten wahrzunehmen und zu kontrollieren und dabei Rat und Hilfe eines guten Freundes zu schätzen. Er lockert die Form der Darstellung, um ein zwangloses Gespräch zu ermöglichen. 1.2 und 21.22 bilden den Rahmen. Die Anordnung der Sprüche ist eher assoziativ. Über Stichwörter, Paronomasien oder thematische Gemeinsamkeiten sind sie jeweils zu Spruchpaaren zusammengefaßt; zu Einzelheiten vgl. *Fuhs*, 360f.
1.2 Der Mensch hat keine Verfügung über die Zeit, nicht einmal über *einen* Tag. Wie ein Unbekannter tritt er dem Menschen entgegen. Um wieviel weniger weiß er, was der morgige Tag bringt (*Amenemope* 19,13). Zu tun, als wüßte man es, ist Torheit (Sir 11^19 u.a. Lk 12^16–21 Jak 4^13–15). Herr der Zeit ist allein Gott, denn »nur er kennt den morgigen Tag« (*Ptahhotep*). Dem Menschen ist sie im jeweiligen Zeitausschnitt ge-

3 Schwer ist der Stein, und eine Last ist der Sand,
doch der Ärger mit einem Toren ist schwerer als beide.
4 Mag der Zorn grausam sein
und überschäumend die Wut,
wer aber besteht vor der Eifersucht?
5 Besser offener Tadel als Liebe,
die sich nicht zeigt.
6 Treu gemeint sind die Schläge eines Freundes,
doch trügerisch die Küsse eines Feindes.
7 Der Satte tritt Honig mit Füßen,
doch dem Hungrigen schmeckt alles Bittere süß.
8 Wie ein Vogel, der aus seinem Nest flüchtet,
so ist ein Mensch, der aus seiner Heimat fliehen muß.
9 Salböl und Weihrauch erfreuen das Herz,
die Herzlichkeit eines Freundes erfreut
mehr als duftendes Holz.

27^{6} Trügerisch, eher: »überschwenglich.«
27^{8} Der ... fliehen muß, wörtlich: »der ... seinen Platz verläßt«.
27^{9b} Wörtlich: »Und die Süßigkeiten eines Freundes (sind) mehr als eigene Beratung.«

schenkt. Diesen bestmöglich zu nutzen, ist Lebenskunst, die bei »anderen« (EÜ: Fremder) die nötige Anerkennung findet.

[3–4] sind durch Ausdrücke für Emotionen zu einem Spruchpaar verbunden. Die Vergleichsbilder [3a] stehen für schwere seelische Belastungen unterschiedlicher Art. An ihnen läßt sich grundsätzlich etwas ändern, am Tor aber nicht. Das macht den Umgang mit ihm unerträglich (Sir 22^{14f}; *Achikar* 111). [4] Gleiches gilt bei Eifersucht. Zorn verraucht, Wut vergeht. Aber gegenüber einer Liebe, die aus Enttäuschung in Haß umgeschlagen ist, ist man machtlos.

[5.6] Die formal verschiedenen Sprüche sind durch Verwendung von Topoi mit interner Opposition verbunden. [5] Echte, engagierte Liebe zeigt sich in offener Kritik. Wo man sie scheut, ist es mit der Liebe nicht weit her. [6] bringt eine Steigerung: Das Bewertungsurteil von [5] gilt selbst bei schärfster Zurechtweisung durch einen »Liebenden«, zeigt sich gerade darin seine Zuverlässigkeit und Treue. Überschwengliche Küsse dagegen, die ein »Hassender« gibt, sollen über seine wahren Motive hinwegtäuschen.

[7.8] verbindet eine stilistische Gemeinsamkeit, vgl. *Fuhs*, 362. Die beiden sprichwörtlichen Redensarten sind hier zusammengestellt, um die Kernaussage [9.10] vorbereitend zu veranschaulichen. [7] Der Wert wahrer Freundschaft wird oft erst im Verlust offenbar. [8] Der schwierige Vergleich besagt wohl: Was bei manchen Vögeln naturgegeben und daher »angemessen« ist, »Nestflüchter« zu sein, ist für den Menschen »unpassend« (26^{1ff}) und daher Torheit, wenn er seine vitalen Bindungen an Familie, Freunde und Bekannte aufgibt.

[9–10] exponieren den Wert wahrer Freundschaft. [9a] beschreibt metaphorisch die Freude, die das Beisammensein unter Freunden bereitet, vgl. Ps

10 Deinen Freund und deines Vaters Freund gib nicht auf,
geh nicht in das Haus deines Bruders,
wenn du in Not bist.
Besser ein Nachbar in der Nähe
als ein Bruder in der Ferne.
11 Sei weise, mein Sohn, und erfreue mein Herz,
damit ich dem antworten kann, der mich beschimpft.
12 Der Kluge sieht das Unheil und verbirgt sich,
die Unerfahrenen laufen weiter und müssen es büßen.
13 Nimm ihm das Kleid;
denn er hat für einen andern gebürgt,
fremder Leute wegen pfände bei ihm!
14 Wer seinen Nächsten zu laut begrüßt,
dem wird es frühmorgens als Verwünschung ausgelegt.
15 Ein ständig tropfendes Dach in der Regenzeit
und eine zänkische Frau gleichen einander.
16 Wer sie festhält, hält den Wind fest,
und seine Hand greift nach Öl.

133. [9b] Der Komparativ fügt dem Vergleich einen weiteren Aspekt hinzu. Zuwendung und Nähe eines guten Freundes sind mehr Wert als »eigene Beratung«, als jedes Single-Dasein. [10] besteht aus drei Gliedern, die zusammengehören. [10a] mahnt in direkter Anrede, eigene wie Freunde der Familie nicht zu vergraulen. [10b] verstärkt und begründet [10a]. Auf Verwandte ist, wenn es darauf ankommt, häufig wenig Verlaß, auf einen Freund immer (19[17]18[24]19[7]). [10c] Ein Besser-als-Spruch rundet die Aussage ab. Blutsverwandtschaft ist kein Wert an sich. Wie jede andere Beziehung hat sie sich im Alltag konkret zu bewähren.

[11.12] Im Zentrum der Einheit nimmt der Dichter das Wort und wendet sich in direkter Anrede an seine Leser/Hörer wie ein Vater, der um den rechten Weg seiner Kinder besorgt ist, wie der treue und zuverlässige Freund, der mit seinem Buch den Lesern/Hörern eine gute Wegbegleitung an die Hand gibt. [11a] faßt 23[15] zusammen und ist ein Widerhall von 10[1]15[20]. Der »weise Sohn« ist dann der lebendige Beweis für die Richtigkeit der Wegweisung, wenn sie in Frage gestellt wird.

[13.14] stehen ohne inneren Zusammenhang nebeneinander, erläutern aber auf je eigene Weise [12]. Freundschaft wird nicht naiv verklärt. Es gibt den falschen Freund. Anzeichen dafür, unkluges [13] oder unangemessenes [14] Verhalten, sind ernstzunehmen und sorgfältig zu prüfen.

[15.16] sind eine weitere Bebilderung des Unheils, in das Einfältige und Dumme laufen [12]. Mit hintersinnigem Humor zitiert der Dichter ein typisches Männerklischee, vgl. 19[13b]. Wer mit Macho-Methoden Probleme mit der eigenen Frau oder einer Frau aus der Familie lösen will, macht sich lächerlich, wie die Vergleichsbilder illustrieren. Selbsterkenntnis und Klugheit führen weiter.

17 Eisen wird an Eisen geschliffen;
so schleift einer den Charakter des andern.
18 Wer einen Feigenbaum pflegt,
wird seine Frucht essen,
wer auf seinen Herrn achtgibt, wird geehrt.
19 Wie Wasser ein Spiegel ist für das Gesicht,
so ist das Herz des Menschen ein Spiegel für den Menschen.
20 Unterwelt und Totenreich sind unersättlich,
und unersättlich sind die Augen des Menschen.
21 Der Schmelztiegel prüft das Silber, der Ofen das Gold,
der Mensch aber wird geprüft im Urteil dessen, der ihn lobt.
22 Zerstampfst du den Toren auch mit dem Stößel,
[im Mörser zwischen den Körnern,]
seine Torheit weicht nicht von ihm.

27[17b] Wörtlich: »Und ein Mann glättet das Gesicht seines Nächsten.«
27[21] Wörtlich: »Der Schmelztiegel für das Silber und der Schmelzofen für das Gold, und der Mensch gemäß seines Lobes/seiner Anerkennung.«

[17.18] behandeln auf diesem Hintergrund den rechten Umgang miteinander. [17] Der Vergleichsspruch faßt [5–6] prägnant zusammen. Freundschaft oder Partnerschaft [15f] setzt voraus, daß man sich als eigenständige, ebenbürtige Persönlichkeiten (Eisen an Eisen!) akzeptiert. Dann kann ein offenes Wort bis hin zur scharfen Zurechtweisung als Freundschaftsdienst verstanden und dankbar angenommen werden, vgl. Mt 18[15] par. [18] Voraussetzung ist nachhaltige Pflege der Beziehungen, wie der Vergleich [18a] herausstellt. [18b] wendet dies auf ein nicht näher bezeichnetes Dienstverhältnis an; das Verb in Verbindung mit JHWH Hos 4[10].

[19.20] Der nominale Vergleichsspruch beschreibt wohl die Selbsterkenntnis des Menschen. Das Wasser spiegelt umrißhaft die äußere Erscheinung, der Blick in das Herz ebenso umrißhaft die Innen- und Tiefenschichten (16[2]21[2] 1 Kor 13[12]). Selbst der Weise/Verständige ist in seiner Selbsterkenntnis beschränkt; denn die Herzen kennt allein JHWH (15[11]16[1.9] u.ö.). [20] Dem gegenüber steht der vitale Drang im Menschen, bis in die letzten Geheimnisse der Welt und des Lebens vorzudringen. Ein Drang, der ohne Erfüllung bleibt.

[21.22] Das abschließende Spruchpaar versucht eine Bewertung der Tatsachenfeststellung von [20]. Der Vergleich [21a] stammt aus 17[3a]. Vergleichspunkt ist »Scheidung, Klärung, Entscheidung«. Die Unersättlichkeit menschlichen Erkenntnisdrangs ist Motor des Kulturfortschritts, der stets das Überschreiten bekannter Grenzen einschließt. Ob daraus Segen oder Fluch für die Menschheit erwächst, ist Sache kluger Klärung und Entscheidung der jeweiligen Verantwortungsträger der Gesellschaft. [22] Dies Toren zu überlassen, ist lebensgefährlich, zumal ihre Selbstherrlichkeit durch nichts kleinzukriegen ist, vgl. das drastische Bild, das in [22b] glossiert wurde.

Verantwortung für das Wohl des Gemeinwesens: 27^{23-27}

23 Kümmere dich um das Aussehen deiner Schafe, Jer $2^{8}10^{21}23^{1-3.5}$
und sorge für deine Herden; $25^{34.36}$ Ez 34
24 denn Besitz bleibt nicht für ewig
und Reichtum nicht für alle Zeit.
25 Kommt das Gras hervor, erscheint das Grün,
sammelt man die Kräuter auf den Bergen,
26 dann gibt es Lämmer für deine Kleidung,
Böcke als Kaufpreis für Äcker
27 und genug Ziegenmilch für dich als Nahrung,
als Nahrung für dein Haus
[und Lebensunterhalt für deine Mägde].

2. »Gerechte(r) – Frevler« – Eine Aporie: 28^{1}–29^{27}

28^{1} Der Frevler flieht, auch wenn ihn keiner verfolgt,
der Gerechte fühlt sich sicher wie ein Löwe.

27^{24b} Reichtum, M: »Krone« ist beizubehalten.
27^{27c} gehört zum ursprünglichen Text.

27^{23-27} Das den Abschnitt 1 beschließende Gedicht ist eine metaphorische Ausgestaltung von 25^{2-5} und dessen, was Aufgabe und Frucht eines verantwortungsvollen Regiments ist, vgl. Jes 28^{23-29}. Insofern schließt es an ^{21f} an.
^{23} Adressat der eindringlichen Mahnung (*figura etymologica jd' td'*) ist ein Herrscher. Er hat sich um die Menschen seines Verantwortungsbereichs zu kümmern und für ihr Wohlergehen zu sorgen – wie ein guter Hirt, eine verbreitete Herrschaftsmetapher, vgl. die »schlechten Hirten« (Jer 2^{8} u.ö. Ez 34), die JHWH durch einen neuen David ersetzt (Jer 23^{5} Ez 34^{23}) oder dadurch, daß er selbst das Hirtenamt übernimmt (Ez 34^{11-22}).
^{24} begründet die Mahnung. Jeder Herrscher muß aus eigenem Interesse für sein Volk sorgen; denn ohne es ist er nichts, vgl. 14^{28} Sach 9^{16f}.
^{25} fungiert als Gelenk zwischen ^{24} und ^{26f}. Das Verwelken des Grases (Jes 40^{6-8} u.a.) schafft die Voraussetzung für neues Leben im Stall und auf der Weide, in Staat und Gesellschaft.
$^{26.27}$ veranschaulichen die Lebens- und Versorgungskette, in der der Mensch Teil eines umgreifenden, sinnvollen Ganzes ist. Die Hirtensorge gilt nicht nur der Erhaltung des Staates, sondern auch dem Land als Lebensgrundlage für alle. An die Seite der politischen tritt die ökologische Verantworutng. ^{27c} hat eine strategisch wichtige Position im Buch. Er weist voraus auf 31^{15} und erhält von 9^{3} her seine Bedeutung. Beide Gedichte, $^{23-27}$ und 31^{10-31}, weisen zudem deutliche formale und inhaltliche Parallelen auf.
28^{1}–29^{27} Der Text ist eine strukturelle und thematische Einheit. Sie basiert auf der Antithese »Gerechte(r) – Frevler«. Sie hat vier Unterabschnitte: $28^{1-14\ 15-18}$ $29^{2-28\ 19-27}$. Diese sind durch übergreifende Strukturmerkmale verzahnt. Die Makaris-

2 Durch seine Frevel
bekommt ein Land viele Herrscher,
durch einen verständigen, einsichtsvollen Mann
erhält die Ordnung Bestand.
3 Ein Vornehmer, der die Armen unterdrückt,
ist wie Regen, der alles wegschwemmt
und kein Brot bringt.
4 Wer die Lehre preisgibt, rühmt den Frevler,
wer die Lehre beachtet, bekämpft ihn.
5 Böse Menschen verstehen nicht, was recht ist,
die aber, die den Herrn suchen, verstehen alles.

28^{3a} Wörtlich: »Ein Mann, arm und bedrückend die Geringen«.

men $28^{14}29^{18}$ stehen in chiastischer Entsprechung. In Korrespondenz oder Entsprechung stehen 28^{12a} und 29^{2a}, 28^{12b} und 28^{28a}, 28^{18b} und 29^{16b}, 29^{2b} und ^{16a}. Es entsteht eine symmetrische Struktur um $28^{28}29^{2}$ als Zentrum. Zu Einzelheiten vgl. *Fuhs*, 367f.

Abschnitt 2 gibt eine zusammenfassende Beurteilung der gesellschaftlichen Realität im Horizont des JHWH-Glaubens. Sie geschieht in vier Schritten. Maßstab ist JHWH-gemäßes Leben. Die Kriterien sind jedem Menschen durch Tora und/oder Weisheit bekannt. Das ermöglicht die Reduktion menschlichen Verhaltens auf die Antithese »Gerechte(r) – Frevler«. Damit weist Abschnitt 2 zurück auf Abschnitt 1 und 2 von Teil I. Beide Textgruppen bilden einen großen Rahmen um den Hauptteil B des Buches.

28^{1-14} In einem ersten Schritt exponiert der Dichter die Verantwortung jedes einzelnen für das Gemeinwesen. Leitwörter sind: Einsicht haben/verstehen $^{2.5.7.9}$, Tora $^{4.7.9}$ und reich – arm/gering $^{3.6.8.11}$.

^{1} entlarvt die Macht der Mächtigen und die Skrupellosigkeit der Frevler als Schwäche, die in ihrer Art begründet ist, und konfrontiert sie mit der (moralischen) Überlegenheit des Gerechten. Der bewußte Numeruswechsel – »sie fliehen ... der Frevler/die Gerechten ... er hat Vertrauen« – ermöglicht, gleichzeitig die Gruppe wie jeden einzelnen in der Gruppe anzusprechen.

^{2} Das Land, als personhafte Größe verstanden (Ez 36^{14} u.a.), versinkt durch Frevel, die in ihm geschehen, in Anarchie. Gegen die Horde der Machtbesessenen steht ein Mensch von Einsicht und Erkenntnis. Er vermag das Land zu bewahren und dem »Recht« Bestand zu verleihen – vielleicht eine Anspielung auf Gen 18^{23-33}.

^{3} Nicht jeder Arme ist auch ein Gerechter und JHWH-Fürchtiger. ^{3a} ist das Gegenbild zu ^{2b}. Zu Macht und Einfluß gelangt, geriert sich mancher schlimmer als die etablierten Feudalherren.

^{4} In Opposition stehen »die die Tora verlassen« (EÜ: Singular) und »die die Tora bewahren«. Entsprechend ist das Verhalten gegenüber dem Frevler. Tora meint inklusiv Tora der Eltern, der Weisheit, JHWHs.

^{5} schließt mit der Gegensatzentsprechung »Männer der Bosheit« an. Die Tora-Treuen ^{4b} treten in Parallele zu den »JHWH-Suchenden«. JHWH suchen, erkennen und fürchten ist nach

6 Besser ein Armer, der schuldlos seinen Weg geht,
als ein Reicher, der krumme Wege geht.
7 Wer sich an die Lehre hält, ist ein verständiger Sohn,
wer mit Verschwendern umgeht,
macht seinem Vater Schande.
8 Wer sein Vermögen durch Zins und Aufschlag vermehrt,
sammelt für den, der Erbarmen hat mit den Armen.
9 Wendet einer sein Ohr ab,
um die Lehre nicht zu hören,
dann ist sogar sein Gebet ein Greuel.
10 Wer Rechtschaffene irreführt auf einen bösen Weg,
der fällt in seine eigene Grube;
die Schuldlosen aber erlangen Gutes.
11 Der Reiche hält sich selbst für klug,
doch ein verständiger Armer durchschaut ihn.
12 Haben Gerechte die Oberhand,
gibt es glanzvolle Zeiten,
erheben sich die Frevler,
verstecken sich die Menschen.

28[6b] Wörtlich: »Als einer, der die beiden Wege verkehrt, und ist reich«.
28[10c] dürfte Glosse sein.

3[1–12.13–20] wahre Weisheit, die von JHWH kommt. Das zu begreifen heißt »alles« verstehen (1 Kor 2[14f]).
[6] macht die Probe aufs Exempel. Ein Armer, der aus diesem Geiste lebt, ist reicher als jeder Reiche, »der die beiden Wege verkehrt«. [6a] = 19[1a].
[7] korrespondiert mit [4] und weist voraus auf [9]. Es entsteht eine negative Inklusion: Tora preisgeben [4a] – Tora beachten [4b] x Tora bewahren [7a] – auf Tora nicht hören [9a]. Der »verständige Sohn« entspricht dem »weisen Sohn« (10[1]15[20]). Zu den negativen Folgen der Antithese vgl. 13[20]18[13]23[20f].
[8] Für den Dichter gilt nicht die simple Gleichung: arm = gut und reich = schlecht, vgl. [3] mit [6] u.a. Wer seinen Reichtum rechtmäßig erworben hat und die Armen daran teilhaben läßt, ist ein Gerechter. Er macht die Erfahrung von 11[24], vgl. Ps 37[21] u.a.
[9] knüpft daran an. Auf die Tora hören heißt danach handeln. Wer dies durch Frommtun meint ersetzen zu können, ist JHWH ein Greuel, vgl. 15[8]21[3.27].
[10] Die auf die Tora nicht hören, hassen diejenigen, die es tun, und versuchen mit allen Mitteln, sie auf ihre verkehrten Wege zu ziehen (26[24b]). Als Metapher für ihre Bestrafung dient 26[27]; zur Problematik s.dort.
[11] greift [6] unter einem anderen Gesichtspunkt auf. Reichtum und Erfolg können zur falschen Selbstwahrnehmung führen (z.B. 26[5.12.16]). Ein Armer, sofern er »verständig«, d.h. nach [6] »rechtschaffen« ist, behält den Durchblick auf das, was im Leben Bestand hat.
[12] nimmt [2] chiastisch auf und weist voraus auf [28] und 29[2]. Solidarisches Verhalten auf allen Ebenen läßt ein Gemeinwesen aufblühen. Jeder ist stolz, am weiteren Ausbau mitzuwirken. Im anderen Fall sorgt jeder nur für sich selbst und seine Klientel; zerbricht Solidarität, entstehen »Gerechtigkeitslücken«, vgl. 11[10f].

13 Wer seine Sünden verheimlicht, hat kein Glück,
wer sie bekennt und meidet, findet Erbarmen.
14 Wohl dem Menschen, der stets Gott fürchtet;
wer aber sein Herz verhärtet, fällt ins Unglück.
15 Ein grollender Löwe, ein gieriger Bär –
ein frevelhafter Herrscher über ein schwaches Volk.
16 Mancher Fürst ist klein an Verstand
und groß als Unterdrücker;
wer Ausbeutung haßt, hat ein langes Leben.
17 Ein Mensch, auf dem Blutschuld lastet,
ist flüchtig bis zum Grab; man halte ihn nicht.
18 Wer schuldlos seinen Weg geht, dem wird geholfen,
wer krumme Wege geht, fällt in die Grube.

28[18b] In die Grube, M: »mit einem Mal, plötzlich«.

[13] exponiert die persönliche Verantwortung für das Wohl des Gemeinwesens. Dazu gehört der Mut, Fehler einzugestehen und zu korrigieren. Versagen am Mitmenschen ist immer auch Versagen gegenüber JHWH, also »Sünde«. Die Folgen des Bekennens oder des Verheimlichens sind entsprechend.
[14] Daher mündet der erste Bewertungsdurchgang in einer Antithese: Seligpreisung des Menschen, der nach [13b] verfährt und darin seine Ehrfurcht (vor Gott und den Menschen) erweist. Kein Heil gibt es dagegen für denjenigen, der »sein Herz verhärtet« und darin dem Frevler gleich ist (1[29–32] u.ö.).
[15–28] Die chiastische Aufnahme von »frevlerisch«[15b] in den »Frevlern«[28a] markiert die Textgrenzen der Einheit.
[15] Das »Frevlerische« eines Herrschenden veranschaulichen die beiden Tiermetaphern. Die Pointe: Das Verhalten der Raubtiere ist für die anderen gleichwohl berechenbar, das eines wildgewordenen und in seiner Gier unersättlichen Herrschers nicht. Ihm sind insbesondere die kleinen Leute schutzlos ausgeliefert. »Herrscher« steht für jede Leitungsfunktion unterhalb des Königs.
[16] nimmt [15] auf und fährt ohne Bild fort. Fehlende Leitungskompetenz wird häufig durch Brutalität und Tyrannei gegenüber Untergebenen kompensiert mit dem Ziel ihrer Ausbeutung, wie aus der Antithese zu ergänzen ist. Das positive Gegenbild ergibt sich von selbst. Wer in kluger Führung dem Recht Dauer verleiht [2b], dessen Tage dauern an. Das heißt im Umkehrschluß: Die Tage der wildwütigen Despoten sind gezählt. »Fürst« (EÜ) bezeichnet einen Beamten in leitender Funktion.
[17] stellt solche »Unterdrücker« in eine Reihe mit dem Brudermörder von Gen 4, vgl. Blutschuld, flüchtig u.a. Die Mahnung zum Verfahren mit ihnen besagt je nach Wiedergabe des Verbs: Man soll sie nicht auch noch »halten« = unterstützen (z.B. durch Waffenlieferungen oder Wirtschaftshilfen). Oder: Man soll sie nicht »halten« = ergreifen, da dies in der Regel ohnehin Illusion ist, sondern ihrer Bestrafung überlassen, die sie gemäß ihren Untaten treffen wird.
[18] verallgemeinert die Aussage von [15–17]. Daß JHWH dem Schuldlosen

19 Wer sein Feld bestellt, wird satt von Brot,
wer nichtigen Dingen nachjagt, wird satt von Armut.
20 Ein ehrlicher Mensch erntet vielfachen Segen,
wer aber hastet, um sich zu bereichern,
bleibt nicht ungestraft.
21 Auf die Person sehen ist nicht recht,
für einen Bissen Brot wird mancher zum Verbrecher.
22 Nach Reichtum giert ein neidischer Mensch
und bedenkt nicht, daß Mangel über ihn kommen wird.
23 Wer einen andern zurechtweist,
findet schließlich Dank,
mehr als der Schmeichler.
24 Wer Vater oder Mutter beraubt
und meint, er tue kein Unrecht,
macht sich zum Genossen des Mörders.
25 Der Habgierige erregt Streit, 6[19]10[12]15[18]17[4]
wer auf den Herrn vertraut, wird reichlich gelabt. 26[21]28[22]

helfen wird, deutet das Passiv beim Verb an. Wer seine Wege verkehrt, kommt »plötzlich« zu Fall.
[19] gibt dazu ein konkretes Beispiel, vgl. 12[11]. Die Pointe liegt im sinnverschiedenen Gebrauch von »sättigen« in den beiden Halbversen.
[20] nimmt mit unrechtmäßiger Bereicherung das Thema »reich – arm« auf [3.6.8.11.16] und erinnert an die »Schätze des Frevels«, die nichts nützen (10[2] u.ö. Sir 11[10ff] u.a.). Wer sie erwirbt, »wird nicht unschuldig gesprochen«; zur Wendung vgl. 6[29]. Der »Mensch von Zuverlässigkeiten« (die Wendung nur hier, vgl. aber 12[12.22]), d.h. der in jeder Hinsicht Zuverlässige, erhält reichen Segen.
[21] warnt vor jeder Art von Begünstigung oder Benachteiligung. [21a] nimmt 24[23b] ohne den ausdrücklichen Gerichtsbezug auf. Habsucht und Machtgier sind derart ausgeprägt, daß sich schon um eines kleinen Vorteils willen jemand in einflußreicher Stellung (»Herr«) versündigt.
[22] Daneben gibt es andere verfehlte Wege der unrechtmäßigen Bereicherung. Der »Mensch von bösem Auge« (EÜ: neidisch), vgl. 23[6] und die Gegensatzentsprechung 22[9], hat jedes Augenmaß verloren für sein Tun und dessen Folgen. Er teilt das Schicksal des Frevlers (1[9.22]2[22]4[18f] u.ö.).
[23] Als drittes Beispiel verfehlter Lebensart dient der »Glattzüngige« (2[16]5[2] u.a.), der seinen Nächsten hinterhältig übervorteilt. Vorzug verdient in jedem Fall derjenige, der den Genannten offen entgegentritt und ihre Taten anprangert. Das bringt ihm aktuell Schwierigkeiten und Nachteile, »zuletzt« wird er »Gunst finden« (nach 3[4] »bei Gott und den Menschen«).
[24] Zum Fall vgl. 19[26]. Übergriffe seitens der Kinder auf ihre alten Eltern sind nur selten justiziabel, gleichwohl aber ein schweres Verbrechen, das JHWH, vgl. [25], nicht durchgehen läßt.
[25] faßt die in [21–24] genannten Formen verfehlter Lebensart zusammen. »Streit erregen« heißt, die sozialen Bindungen gefährden und zerstören.

[26] Wer auf seinen eigenen Verstand vertraut, ist ein Tor,
wer in Weisheit seinen Weg geht, wird gerettet.
[27] Wer dem Armen gibt, hat keinen Mangel,
wer seine Augen verschließt, wird viel verflucht.
[28] Erheben sich die Frevler, dann verbergen sich die Menschen,
gehen sie zugrunde, dann kommen die Gerechten an die Macht.
29[1] Wer bei Tadel halsstarrig bleibt,
wird plötzlich zerschmettert,
und es gibt keine Heilung.
[2] Kommen die Gerechten an die Macht,
dann freut sich das Volk,
herrscht der Frevler, dann stöhnt das Volk.
[3] Wer Weisheit liebt, erfreut seinen Vater;
wer mit Dirnen verkehrt, verschleudert das Vermögen.
[4] Ein König richtet das Land auf durch Pflege des Rechts,
wer Abgaben erpreßt, zerstört es.

29[1] ist erläuternde Glosse.

Auf JHWH vertrauen heißt, den Nächsten und sein Wohlergehen zu fördern. Das gibt einem selbst volle Genugtuung; zu »laben« vgl. 11[25]13[4]15[30].

[26] schließt über »vertrauen« an. Die Gegensatzentsprechung zum Vertrauen auf das eigene Ich – »der Wandel in Weisheit«[26b] – tritt in Parallele zu »Vertrauen auf JHWH«[25b], was erneut ihre Einheit erweist. Wer aus ihr lebt, ist nicht frei von Not und Sorgen, aber – so die Zusage – er wird ihnen »entkommen«, während der in sein Ich verliebte Tor nicht mehr zu retten ist.

[27] appliziert [25f] auf den Kernbereich des Glaubens: Tätige Nächstenliebe, insbesondere an den Armen und Schwachen, ist Erfüllung der Weisung JHWHs und seiner Weisheit. Wer sie übt, ist ein Gerechter, dem es an nichts mangelt ([25b] u.ö. Ps 23 u.a.). Wer sie verweigert, ist ein Frevler. Ihn treffen die Flüche der Notleidenden (Sir 4[4–6]) und nicht zuletzt der Fluch JHWHs (3[33a]).

[28] weist auf [15] zurück und voraus auf 29[2]. Gegen die geballte Macht von Frevlern ist kein Ankommen. Die Klugen und Gerechten gehen in den Untergrund (22[3]27[12]). Wenn sich die Frevler im Kampf um Macht und Einfluß gegenseitig paralysiert haben, ist ihre Stunde gekommen, das Heft in die Hand zu nehmen. Dann wächst schnell die Zahl von Gleichgesinnten.

29[2–18] Der dritte Unterabschnitt ist über den Chiasmus der Rahmenverse [2] und 28[28] eng mit dem zweiten verzahnt. [2] Zwischen den Gerechten und Frevlern in Staat und Gesellschaft wogt ein permanenter Kampf (11[10f] u.a.). Den Gerechten ist zwar durch JHWH der Sieg zugesagt (21[31]), aber das Wann bleibt unverfügbar.

[3] Der aus dem Bereich der Familie stammende Spruch (10[1]15[20] u.a.) beschreibt im Kontext einen weisen und einen frevlerischen Herrscher. Die Freude der Eltern korrespondiert mit der Freude des Volkes [2a]. In Hurerei mag der Aspekt »Abfall von JHWH« anklingen.

[4] korrespondiert mit [14]. Beide Sprüche bilden einen Rahmen, innerhalb

5 Wer seinem Nächsten schmeichelt,
breitet ihm ein Netz vor die Füße.
6 In Sünde verstrickt sich der Böse,
doch der Gerechte jubelt und freut sich.
7 Der Gerechte hat Verständnis für den Rechtsstreit der Armen,
der Frevler aber kennt kein Verständnis.
8 Hetzer bringen eine Stadt in Aufruhr,
Weise beschwichtigen die Erregung.
9 Rechtet ein Weiser mit einem Toren,
tobt dieser und lacht und gibt keine Ruhe.
10 Mörder hassen den Schuldlosen,
Rechtschaffene bemühen sich um sein Leben.
11 Ein Tor läßt seiner ganzen Erregung freien Lauf,
aber ein Weiser hält sie zurück.
12 Achtet ein Herrscher auf Lügen,
werden alle seine Beamten zu Schurken.

dessen Formen gerechter und frevlerischer Herrschaft auf den verschiedenen gesellschaftlichen Ebenen herausgestellt werden. 4 In Antithese stehen ein nicht näher bezeichneter »König«, der durch Recht und Gerechtigkeit das Land erblühen läßt, und der »Mann von Abgaben«, der es aussaugt und ruiniert.

5 Schmeichelei ist eine subtile Form frevlerischer Machtausübung. Sie wiegt den »Nächsten« in Sicherheit, hat ihn aber bereits im »Fangnetz« falscher Komplimente gefangen.

6 schließt über die Analogie des Jagdgerätes an: »Fangstrick«. Frevlerische Machtausübung ist Sünde. Was der »böse Mensch« dem »Gerechten« zugedacht hat, wird ihm selbst zum Verhängnis. Der Gefahr entkommen zu sein, ist für den Gerechten Grund zum Jubel und des Dankes (an JHWH).

7 Ein besonders sensibler Bereich der Macht ist die Rechtsprechung. Der Gerechte weiß um die Sozialpflichtigkeit von Eigentum und Vermögen. Er wird daher den Armen zu ihrem Recht verhelfen. Davon kann beim Frevler keine Rede sein.

8 exponiert arrogante Politiker (Jes 28^{14}), die in ihrer Abgehobenheit Entscheidungen treffen, die zu Protest und Aufruhr unter der Bevölkerung führen. Nur »Rechtschaffene« vermögen den sozialen Frieden wiederherzustellen.

9 macht klar, daß dies selbst für Weise eine Sisyphus-Arbeit ist, da es sich bei den in 8 Genannten zugleich um Toren handelt, die jeden vernünftigen Kompromiß torpedieren.

10 »Blutmenschen« – eine besonders schlimme Art verfehlter Lebensweise – räumen ohne Skrupel jeden aus dem Weg, der sich ihnen entgegenstellt ($1^{11.16}6^{17}28^{17}$). Die Rechtschaffenen setzen gemäß 24^{11f} alles daran, das Leben solch mutiger und unbescholtener Menschen zu schützen.

11 Blutmenschen sind zugleich »Toren«, insofern sie ihrem unbändigen Haß freien Lauf lassen, der sie letztlich selbst zerstört. Einem Weisen kann so etwas nicht passieren.

12 »Wie der Herr so's Gescherr.« Jeder Leitungsträger hat daher in besonderem Maße glaubwürdig und wahrhaftig zu sein.

13 Der Arme und der Ausbeuter begegnen einander,
der Herr gibt beiden das Augenlicht.
14 Spricht ein König den Geringen zuverlässig Recht,
hat sein Thron für immer Bestand.
15 Rute und Rüge verleihen Weisheit,
ein zügelloser Knabe macht seiner Mutter Schande.
16 Herrschen die Frevler, dann herrscht die Sünde,
doch die Gerechten erleben ihren Sturz.
17 Züchtige deinen Sohn, so wird er dir Verdruß ersparen
und deinem Herzen Freude machen.
18 Ohne prophetische Offenbarung verwildert das Volk;
wohl ihm, wenn es die Lehre bewahrt.
19 Durch Worte wird kein Sklave gebessert,
er versteht sie wohl, aber kehrt sich nicht daran.

29[17] dürfte eine Glosse zu [15] sein.

[13] Glaubwürdige Herrschaft zeigt sich in der Überwindung gesellschaftlicher Zerklüftungen samt des damit verbundenen Unrechts. Die Feststellung, daß JHWH Reichen wie Armen das Leben gibt (z.B. Ps 38[11] Ijob 33[30] Koh 11[7]), heißt nicht, die gesellschaftlichen Gegensätze seien gottgewollt, vielmehr ist sie als deutliche Mahnung zu hören, Mißstände dieser Art zu beseitigen (14[31]17[5] u.a.).
[14] korrespondiert mit [4], blickt aber für einen Moment in die Zukunft. Der ungenannte König, der die Geringen in Zuverlässigkeit/Treue richtet, erinnert an den messianischen König (Jes 11[14]) oder an den Knecht JHWHs (Jes 42[3f]). Eine solche Herrschaft hat auf immer Bestand.
[15] Erziehung zu solidarischem Verhalten beginnt von klein auf. Gravierende Versäumnisse haben für Eltern und Gemeinschaft verheerende Folgen. [15] korrespondiert mit [3]. Liebe zur Weisheit erwächst aus der Erziehung zur Weisheit.
[16] Die unmittelbare Konsequenz aus [15b] beschreibt [16a]. Werden die grundlegenden Werte des Glaubens und der Sitte in einer Gesellschaft nicht mehr vermittelt und geachtet, herrscht »Sünde«. Gleichwohl scheitert das Regiment der Frevler an den inneren Widersprüchen. Die als Gerechte durchhalten, werden seinen Niedergang erleben.
[18] Der dritte Unterabschnitt schließt wie der erste mit einer Seligpreisung [18b] in chiastischer Aufnahme (28[14a]). Dort wurde der JHWH-Fürchtige seliggepriesen, hier das Volk, das die Tora bewahrt. Diese Korrespondenz sowie das Parallelwort »prophetische Schauung« (in Spr nur hier) legen nahe, daß die Tora JHWHs gemeint ist. Ohne die prophetischen Bücher und die fünf Rollen der Tora, die JHWHs Wegweisung vermitteln, verwildern im Volk Glaube und Sitte. Ein Volk, das daraus lebt – »glückselig ist es«.
[19–27] Der vierte Unterabschnitt ist gleichsam ein Kommentar zu [18].
[19–24] exponieren Formen von »Verwilderung« in unterschiedlichen Lebenszusammenhängen.
[19.21] behandeln das Verhältnis Herr – Knecht am Beispiel des hausgeborenen Sklaven (Gen 17[3] Ex 21[4]), der zusammen mit den Söhnen erzogen wurde. Ein Mißlingen der Erziehung

20 Siehst du einen, der eilfertig ist im Reden,
mehr Hoffnung gibt es für den Toren als für ihn.
21 Ein Sklave, verwöhnt von Jugend an,
wird am Ende widerspenstig.
22 Ein aufbrausender Mensch erregt Streit,
ein Jähzorniger begeht viele Sünden.
23 Hochmut erniedrigt den Menschen,
doch der Demütige kommt zu Ehren.
24 Wer mit dem Dieb teilt, haßt sich selbst,
er hört die Verfluchung, doch er macht keine Anzeige.
25 Die Angst des Menschen führt ihn in die Falle;
wer auf den Herrn vertraut, ist gesichert.
26 Viele suchen die Gunst des Herrschers,
aber das Recht kommt für alle vom Herrn.
27 Der Übeltäter ist den Gerechten ein Greuel.
Der Rechtschaffene ist für den Frevler ein Greuel.

stellt die Qualität elterlicher Unterweisung in Frage. Gründe sind [19a.21a] angedeutet.

[20] benennt im Kontext den eigentlichen Grund. Der Herr ist ein Schwätzer, hinter dessen Wortschwall nichts steckt. Er ist schlimmer noch als ein Tor, vgl. 22[29]26[12].

[22] Jähzornige und Streitsüchtige zerstören die zwischenmenschlichen Beziehungen. [22b] qualifiziert solches Verhalten als »Sünde«. [22a] hat eine Parallele in 15[18a], dort in Antithese zum »Langmütigen«.

[23] hat in 16[18f] eine Parallele. In ähnlicher Weise gemeinschaftszerstörend ist der Hochmütige/Überhebliche. Er ist am Schicksal anderer Menschen nicht interessiert. Sie benutzt er lediglich als Staffage seiner Selbstdarstellung. Der Demütige setzt sich für die Gemeinschaft ein, was sie dankend anerkennt (15[33]18[12]); zu Demut = JHWH-Furcht 15[33]22[4]; vgl. 3[34]; zur Selbsterhöhung, der die Erniedrigung folgt und umgekehrt, vgl. Mt 23[12] Lk 14[11]18[14].

[24] klärt sich von Lev 5[1] her als Präzisierung dieser Vorschrift. Spricht sie von Mitwisserschaft eines beliebigen Delikts, geht es hier um Mittäterschaft bei Diebstahl. Die Verbindung zum Hochmütigen ergibt sich von 16[19b] her. Zum Erhalt seines protzigen Lebensstils scheut er vor Diebstahl nicht zurück. Wer da mitmacht, teilt als Komplize dasselbe Geschick.

[25] benennt psychologisch einfühlsam als wesentliche Ursache der [19–24] und anderwärts genannten Fehlverhalten die Angst des Menschen, eine tiefe Verunsicherung und Orientierungslosigkeit, die aus dem Fehlen von *ḥāzôn* und Tora erwächst [18a]. Boden unter die Füße, Halt und Selbstvertrauen gibt allein das Vertrauen auf JHWH (3[5]18[10]28[25] u.ö.).

[26] Viele suchen die falschen Haltepunkte bei den Einflußreichen und Mächtigen und verstricken sich in weitere Abhängigkeiten und Ängste. JHWH erweist sich als der wahrhaft Mächtige, dessen Rechtsspruch gleichermaßen ergeht über Herren und Knechte, Hohe und Niedrige, Reiche und Arme, Gerechte und Frevler. Auf ihn sein Vertrauen nicht zu setzen ist unbeschreibliche Dummheit.

[27] Die Beurteilung der gesellschaftlichen Realität im Horizont des

C: Schluss: 30[1]–31[31]

Postskript des Dichters: 30[1–14]*

30[1] Worte Agurs, des Sohnes des Jake aus Massa.
Spruch des Mannes Laïtiël:
Ich mühte mich ab mit Gott und bin am Ende.
2 Denn ich bin zu dumm für einen Menschen,
ich habe keinen Menschenverstand,

30[1] Andere Möglichkeit: »Worte Agurs, des Sohnes des Jake aus Massa, Spruch des Mannes, der sich abmühte um Gott: Ich habe mich abgemüht um Gott, um zu verstehen.«

JHWH-Glaubens ist ernüchternd und endet in einer Aporie. Durch die Gesellschaft geht ein tiefer Riß. Bei aller Differenziertheit im einzelnen und allen Unschärfen an den Bruchstellen ist sie in zwei Lager gespalten, in Gerechte und Frevler. Beide stehen einander unversöhnbar gegenüber und bleiben einander ebenso fremd wie zuwider. Zwischen beiden wogt ein permanenter Kampf, der an Schärfe gewinnt dadurch, daß die Frevler keine Randfiguren der Gesellschaft sind, sondern deren etablierte Mitglieder in z.T. führenden Positionen. Gleichwohl möchte der Dichter jeden ermutigen, den Kampf des Gerechten aufzunehmen und gut gerüstet durch eine intensive Bildung von Wissen, Gewissen und Glauben (1[2–6]2[1ff] u.ö.) unbeirrt den Weg des Rechtschaffenen zu gehen, im Vertrauen auf JHWHs Beistand und Hilfe (21[30f]22[22f] u.ö.).
30[1–14*] Trotz mancher Unsicherheit, besonders im Eingangsbereich präsentiert sich der Text als wohl strukturierte und durchdachte Einheit, vgl. *Fuhs*, 381–385: Sprucheinleitungsformel [1]; negatives Bekenntnis [2.3]; 4 + 2 rhetorische Fragen mit Anapher »Wer?« [4a–d] und Anapher »Wie?« [4e.f]. Die Anapher [4a–d] wiederholt sich in [11–14] mit »Geschlecht«; Kern ist das Gebet [7–9], das von zwei korrespondierenden Mahnworten [6.10] gerahmt wird; vorgeschaltet ist in [5] eine hymnische Prädikation auf das Wort Gottes.
Vor dem abschließenden Preisgesang auf die Weisheit gibt der Dichter seine persönliche Gottes- und Lebenserfahrung den Lesern/Hörern als Vermächtnis mit auf ihren weiteren Weg der Weisheitssuche. Ein drittes Mal – nach den 10 Instruktionen (1–9) und den 10 Sätzen (22[7–16]) – ruft er den Dekalog in Erinnerung, wie die deutliche Zweiteilung – Verhältnis zu Gott [1c–9] und zum Mitmenschen [10–14] – sowie zahlreiche Anspielungen zeigen, z.B. [8.9a.b.d] // Dtn 5[11]; [9c] // Dtn 5[19]; [11] // Dtn 5[16].
[1] kleidet das Vermächtnis in prophetisches Sprachgewand; zu »Worte PN« vgl. Am 1[1]; Jer 1[1]; zu »Spruch des Mannes« vgl. Num 24[3f.15f]. Nach der beliebten Rede-in-Rede-Form (1[8–19]4[1–9] u.ö.) läßt der Dichter auch hier jemand anderen sprechen. Agur und Jake (im AT nur hier) sind als Personennamen im arabischen Raum, in Ugarit und auf der Elephantine belegt und bedeuten »Lohnarbeiter« und »Gehorsamer/Hoffender«. Agur, so das Selbstzeugnis, hat mit Gott gerungen, um zu verstehen, vgl. Jakobs Kampf am Jabbok (Gen 32[27–32]). Beide haben aus der Begegnung mit Gott grundlegende Erkenntnisse gewonnen.

3 ich habe keine Weisheit gelernt
und keine Kenntnis des Heiligen erlangt.
4 Wer stieg zum Himmel hinauf und kam wieder herab?
Wer sammelte den Wind in seine Fäuste?
Wer band das Wasser in ein Gewand?
Wer setzte fest alle Enden der Erde?
Wie ist sein Name und wie der Name seines Sohnes,
wenn du es weißt?
5 Jede Rede Gottes ist im Feuer geläutert;
ein Schild ist er für alle, die bei ihm sich bergen.
6 Füg seinen Worten nichts hinzu,
sonst überführt er dich, und du stehst als Lügner da.
7 Um zweierlei bitte ich dich,
versag es mir nicht, bevor ich sterbe:
8 Falschheit und Lügenwort halt fern von mir;
gib mir weder Armut noch Reichtum,
nähr mich mit dem Brot, das mir nötig ist,
9 damit ich nicht, satt geworden, dich verleugne
und sage: Wer ist denn der Herr?,
damit ich nicht als Armer zum Dieb werde
und mich am Namen meines Gottes vergreife.

[2.3] Diese faßt er in ein negatives Bekenntnis, das formal an die »negative Beichte« (*Totenbuch* 125) erinnert. Zweierlei hat er begriffen: Gottes unbeschreibliche Größe [4] und Güte [5] und die Nichtigkeit des Menschen und seiner Weisheit (Ps 8 u.a.). Darauf kann der Mensch nur mit »Demut« ($15^{33}18^{12}22^{4}$) antworten, die in der Selbstminderung anschaulich wird. Zu »Erkenntnis des Heiligen« vgl. 9^{10}.
[4] Vier rhetorische Wer-Fragen exponieren die Unvergleichlichkeit Gottes, vgl. Ijob 38^{1ff}; zur Schöpfungsterminologie vgl. 8^{27-29} Ijob 28. In den Wie-Fragen ändert sich die Fragerichtung in die Du-Anrede. Der Schlußsatz enthält die unausgesprochene Mahnung, diesem Gott in Demut zu begegnen.
[5] Der Schöpfer des Alls ist der Gott der Geschichte. Er begegnet dem Menschen in seinem Wort und gewährt ihm Zuflucht und Hilfe. Die Preisung adaptiert Ps 18^{31f} (vgl. Ps 3^{4} u.ö.) und erinnert an 2^{7} (vgl. 18^{10}). Die Gottesbezeichnung in Spr nur hier, in Ijob häufig.
[6] Die Mahnung [6a] rekontextualisiert Dtn $4^{2}13^{1}$. Horizont aller Suche nach Weisheit ist die Wegweisung JHWHs und seiner Weisheit. Abseits dieses Weges ist Lüge. Wer dort verweilt, ist dem »Lügenzeugen« gleich und teilt dessen Geschick als Frevler ($1^{28-32}8^{36}$ u.ö.).
[7–9] nimmt die Ich-Rede von [1–3] auf. Das kleine Gebet, das einzige in Spr, hat die Form eines einfachen Zahlenspruches. »Bevor ich sterbe« heißt: »solange ich lebe«. Mein Leben soll von dem Erbetenen ganz und gar bestimmt sein. In Aufrichtigkeit und Bescheidenheit will der Dichter zeitlebens den Weg der Weisung JHWHs gehen. Die Bitte um das tägliche Brot wie die Bitte um

10 Verleumde nicht den Knecht bei seinem Herrn,
sonst verflucht er dich, und du mußt es büßen.
11 Ein Geschlecht, das seinem Vater flucht
und seine Mutter nicht segnet;
12 ein Geschlecht, das rein ist in den eigenen Augen,
doch nicht gewaschen von seinem Schmutz;
13 ein Geschlecht - wie überheblich sind seine Augen
und wie hochmütig seine Wimpern;
14 ein Geschlecht, dessen Zähne Schwerter
und dessen Gebiß Messer sind,
um die Notleidenden aus dem Land wegzufressen
und die Armen weg aus der Menschheit.

Einschub: Sammlung von Zahlensprüchen: 30^{15-33}

15 Der Blutegel hat zwei Töchter: Gib! - Gib!
Drei sind es, die nie satt werden,
vier sagen nie: Genug:
16 Die Unterwelt und der unfruchtbare Mutterschoß,
die Erde, die nicht satt wird an Wasser,
und das Feuer, das nie sagt: Genug!

Bewahrung vor Versuchung weisen voraus auf das Herrengebet (Mt $6^{11.13}$ Lk $11^{3.4c}$).

^{10} steht in Rahmenfunktion und korrespondiert mit dem formgleichen Vers ^{6}; »damit nicht« verbindet mit $^{6b.9a.c}$, »fluchen« mit ^{11a}. Der Dichter versteht sich als »Knecht seines Herrn«, d.h. als Knecht JHWHs. Die Warnung geht dahin, seiner Darstellung etwas zu unterstellen oder in sie hineinzulesen, was nicht JHWH-gemäß ist. Die Folgen wären für den, der das tut, fatal.

$^{11-14}$ Die Einheit von Gottes- und Menschendienst ist Fundament des JHWH-Glaubens und nach dem Eigenzeugnis der Alten Kulturen Voraussetzung für jede solidarische Gesellschaft. Das ist die Quintessenz des umfassenden Diskurses (1–29), die sich jedem einsichtigen und verständigen Menschen als gegeben erschließt. Sie braucht also nur in Alltagspraxis umgesetzt zu werden, damit solidarisches Leben in Staat und Gesellschaft gelingt. An diesem Punkt ist der Dichter skeptisch. Die Realität des Alltags zeigt ihm ein düsteres Bild, das er in vier anaphorischen Sprüchen prägnant nachzeichnet: Zerfall der Solidarität zwischen den Generationen, Selbstgerechtigkeit bei der Verfolgung eigensüchtiger Ziele, Ausgrenzung der Armen und Schwachen.

Damit erinnert der Dichter an die entsprechenden Scheltreden der Propheten und lenkt den Blick zurück auf die Gerichtsrede der Weisheit (1^{20-33}) und das Selbstzitat der Frevler (1^{11-14}).

30^{15-33} ist eine in sich geschlossene, formale Einheit. Strukturbildend ist der gestaffelte Zahlenspruch ($^{15b-16.18-19.21-23.29-31}$). Der erste Halbvers nennt eine Zahl, der zweite die nächst höhere, hier 3 + 4, worauf die Aufzählung der entsprechenden Personen, Dinge oder Zustände

17 Ein Auge, das den Vater verspottet
und die alte Mutter verachtet,
das hacken die Raben am Bach aus,
die jungen Adler fressen es auf.
18 Drei Dinge sind mir unbegreiflich,
vier vermag ich nicht zu fassen:
19 den Weg des Adlers am Himmel,
den Weg der Schlange über den Felsen,
den Weg des Schiffes auf hoher See,
den Weg des Mannes bei der jungen Frau.
20 So benimmt sich die ehebrecherische Frau:
Sie ißt, wischt sich den Mund
und sagt: Ich habe nichts Böses getan.
21 Unter dreien erzittert das Land,
unter vieren wird es ihm unerträglich:
22 unter einem Sklaven, wenn er König wird,
und einem Toren, wenn er Brot im Überfluß hat,
23 unter einer Verschmähten, wenn sie geheiratet wird,
und einer Sklavin, wenn sie ihre Herrin verdrängt.
24 Vier sind die Kleinsten auf Erden
und sind doch die Allerklügsten:
25 Die Ameisen sind kein starkes Volk
und besorgen sich doch im Sommer ihr Futter;
26 Klippdachse sind ein Volk ohne Macht,
und doch bauen sie ihre Wohnung im Fels;
27 die Heuschrecken haben keinen König,
und doch schwärmen sie alle geordnet aus;
28 Eidechsen fängst du mit der Hand,
und doch wohnen sie in Königspalästen.
29 Drei sind es, die stolz einherschreiten,
vier haben einen stolzen Gang:
30 der Löwe, der Held unter den Tieren,
der vor keinem umkehrt;

folgt. Aus dem Strukturbild treten heraus: [15a.20.24–28.32–33]. In [15a] liegt entweder eine Textstörung vor, oder der einfache Zahlenspruch fungiert als eine Art Überschrift. [20] dürfte eine sekundäre Applikation von [18f] sein, die einen dem Spruch fremden Aspekt einführt. [24–28] ist ein einfacher Zahlenspruch mit der Zahl 4 und gehört insoweit in die Serie der Zahlensprüche. Aus dem beispielhaft klugen Verhalten kleiner Tiere vermag der einsichtige Mensch eine Menge zu lernen. Über den Anschluß von [32–33] kann man nur Vermutungen anstellen. Der Mahnspruch [32] erhält in [33] eine dreifache Begründung. Zu Herkunft und Verwendung des Zahlenspruches vgl. zu 6[16–19].

In [15–33] stoßen wir zum ersten Mal in Spr auf die Gattung »Spruchsammlung«. Die kleine Sammlung ist nach rein formalen mnemo-technischen

31 der Hahn, der einherstolziert, und der Leitbock
und der König, wenn er vor seinem Volk auftritt wie ein Gott.
32 Wenn du dich stolz erhoben und dabei blamiert hast
oder wenn du nachdenkst – so leg die Hand auf den Mund!
33 Denn stößt man Milch, so gibt es Butter,
stößt man die Nase, so gibt es Blut,
stößt man den Zorn, so gibt es Streit.

Einschub: Die Worte an Lemuël: 31^{1-9}

31 1 Worte an Lemuël, den König von Massa,
mit denen ihn seine Mutter ermahnt hat:
2 Was soll ich dir sagen, Lemuël, mein Erstgeborener,
du Sohn meines Schoßes,
was, du Sohn meiner Gelübde?
3 Gib deine Kraft nicht den Frauen hin,
dein Tun und Treiben nicht denen, die Könige verderben.
4 Könige sollen sich nicht, Lemuël,
Könige sollen sich nicht mit Wein betrinken,
Fürsten nicht berauschenden Trank begehren.

31^{2} Andere Möglichkeit: »Höre, mein Sohn, höre, Sohn meines Leibes, höre, Sohn meiner Gelübde.«

Kriterien – was man an den Fingern einer Hand abzählen kann – zusammengestellt. Sie vermittelt eine Ahnung von der Art des Materials, das dem Dichter von Spr u.a. zur Bearbeitung vorlag. Über Herkunft und Alter der kleinen Sammlung läßt sich nichts Näheres ausmachen.

31^{1-9} Nach Ausweis der Überschrift ^{1} handelt es sich um eine Instruktion für einen jungen König, wie sie aus Ägypten (z.B. Lehre des *Amenemhet*, Lehre für *Merikare*) und Mesopotamien (z.B. *Rat an einen Prinzen*) bekannt sind. Ihre Besonderheit besteht darin, daß sie durch die Mutter erfolgt. Das mag auch ein Grund für ihre Einschaltung an dieser Stelle gewesen sein. *Lemuël* bzw. *Lemoël* (^{4}), ein sonst nicht bekannter theophorer Eigenname, bedeutet vielleicht »zu Gott gehörig/Gott gewidmet« oder nach einem in den Mari-Texten belegten Gottesnamen »Lim ist Gott«. Der Gebietsname *Massa* weist allerdings in den nordarabischen Raum, vgl. 30^{1} Gen 25^{14} 1 Chr 1^{30}. Zur sprichwörtlichen Weisheit der »Söhne des Ostens« vgl. 1 Kön 5^{10} Jer 49^{7}. Nach Ijob $2^{11}4^{1}15^{1}$ stammt Elifas, einer der Freunde Ijobs, aus Teman, und Klgl 4^{21} rechnet das Herkunftsland Ijobs, Uz, zu Edom. In ^{2} folgt eine dreifache Höraufforderung (s.Anm.), die den Sohn qualifiziert als Erstgeborenen (so G), Eigengeborenen (nicht Sohn einer Magd, vgl. Gen 16^{1-6}) und als Geschenk Gottes (aufgrund einer Unfruchtbarkeit?, vgl. Gen 18^{11-15} 21^{1-18} 1 Sam 1).

$^{3-5}$ Der erste Teil der Instruktion warnt, wie in ägyptischen Instruktionen häufig, vor zwei Grundübeln, die eine pflicht- und ordnungs-

5 Er könnte beim Trinken seine Pflicht vergessen
und das Recht aller Notleidenden verdrehen.
6 Gebt berauschenden Trank dem, der zusammenbricht,
und Wein denen, die im Herzen verbittert sind.
7 Ein solcher möge trinken und seine Armut vergessen
und nicht mehr an seine Mühsal denken.
8 Öffne deinen Mund für den Stummen,
für das Recht aller Schwachen!
9 Öffne deinen Mund, richte gerecht,
verschaff dem Bedürftigen und Armen Recht!

Der unschätzbare Wert der Weisheit: 31[10–31]

10 Eine tüchtige Frau, wer findet sie?
Sie übertrifft alle Perlen an Wert.

31[10] Sie übertrifft, wörtlich: »Fern von ...«

gemäße Regentschaft gefährden: Weiber und Suff. Der Blick könnte verstellt werden für die vornehmste Aufgabe eines Regenten: Recht zu schaffen für die Armen und Elenden.
[6–9] Im zweiten Teil der Instruktion ergehen drei Mahnungen, die allesamt die Armen, Schwachen und Elenden betreffen. In chiastischer Aufnahme von »Rauschtrank« aus [4] soll dieser, gleichsam als Sofortmaßnahme, den besonders hart Betroffenen ausgeteilt werden. Die Mahnung dürfte *pars pro toto* stehen. Anstatt den königlichen Besitz auf fragwürdige Weise durchzubringen, soll ihn der König für die Linderung der Not der Armen einsetzen. Allerdings sollte es bei Werken der Barmherzigkeit nicht bleiben. Daher die zweifache Aufforderung, den Elenden, Armen und Schwachen zu ihrem Recht zu verhelfen.
31[10–31] Mit einem Preislied auf die Weisheit endet das Buch. Es ist die Antwort auf den Selbstpreis der Weisheit (8) und auf ihre Einladung zum Bankett (9[1–6]). Im Nahkontext entwirft es ein Kontrastbild zu 30[10–14], indem es durchbuchstabiert, wie ein Leben mit und aus der Weisheit Familie und Gesellschaft verändern und erneuern kann.
Der Form nach ist es ein alphabetisches Akrostichon, was auf eine Ganzheitsaussage hinweist. Trotz Formzwang ist eine übergreifende Textgliederung wahrzunehmen: [10] fungiert als eine Art Überschrift. Die Stichwörter »Frau« – »Stärke« – »ihr Mann« [10.11a] werden [28–30] chiastisch aufgenommen. [31] ist eine prägnante Zusammenfassung. Im übrigen sind die Themen und Stoffe konzentrisch auf [20] als Mitte hin ausgerichtet. Die Sorge um Ehe und Familie, Haus und Gemeinde, wirtschaftlicher Erfolg und Gewinn aus Handelsgeschäften stehen im Dienst sozialer Verantwortung, insbesondere für die Armen und Notleidenden.
[10] Die »Frau von Kraft/Stärke« ist in der personhaften Weisheit zu suchen und zu finden (1[28]2[2–4]8[35]). Gleichwohl kann sie in jedem Menschen konkret werden. Das narrative Paradigma des AT ist Rut, die als einzige

11 Das Herz ihres Mannes vertraut auf sie,
und es fehlt ihm nicht an Gewinn.
12 Sie tut ihm Gutes und nichts Böses
alle Tage ihres Lebens.
13 Sie sorgt für Wolle und Flachs
und schafft mit emsigen Händen.
14 Sie gleicht den Schiffen des Kaufmanns:
Aus der Ferne holt sie ihre Nahrung.
15 Noch bei Nacht steht sie auf,
um ihrem Haus Speise zu geben
[und den Mägden, was ihnen zusteht].
16 Sie überlegt es und kauft einen Acker,
vom Ertrag ihrer Hände pflanzt sie einen Weinberg.
17 Sie gürtet ihre Hüften mit Kraft
und macht ihre Arme stark.
18 Sie spürt den Erfolg ihrer Arbeit,
auch des Nachts erlischt ihre Lampe nicht.
19 Nach dem Spinnrocken greift ihre Hand,
ihre Finger fassen die Spindel.
20 Sie öffnet ihre Hand für den Bedürftigen
und reicht ihre Hände dem Armen.
21 Ihr bangt nicht für ihr Haus vor dem Schnee;
denn ihr ganzes Haus hat wollene Kleider.
22 Sie hat sich Decken gefertigt,
Leinen und Purpur sind ihr Gewand.

diese Ehrenbezeichnung trägt (Rut $2^{12.20}$).

$^{11.12}$ Wer seine Entscheidungen (»Herz«) auf die Weisheit gründet, mit ihr einen Lebensbund schließt, wird von ihr reich beschenkt mit einem Leben in Wohlstand und Sicherheit ($3^{16f}4^{10f}8^{17-21}$ u.ö.).

$^{13-16}$ stehen in großer Nähe zu 27^{26f}. »Ihre Handflächen« sowie die Bewegungsrichtung: ins Auge fassen → in die Tat umsetzen, verbinden $^{13.16}$; sie bilden einen Rahmen um $^{14.15}$. Die Schiffsmetapher ^{14a} assoziiert Internationalität, ferne Länder und deren Kostbarkeiten. All das erhält reichlich, wer im Haus der Weisheit wohnt (8^{18f} u.a.). ^{15c} ist keineswegs Zusatz (EÜ), sondern Verweis auf 27^{27} und 9^{3}.

$^{17-19}$ Der erzielte Erfolg beruht auf persönlichem Einsatz, auf der Hände Arbeit. Ein solcher Reichtum ist wohlerworben und Zeichen von Rechtschaffenheit.

^{20} Das verdeutlicht der Spruch im Zentrum. Er nimmt die beiden Ausdrücke für »Hände«^{19} chiastisch auf. Was die Hände herbeigeschafft und verfertigt haben, teilen dieselben Hände reichlich aus, vor allem an die Armen und Notleidenden.

$^{21.22}$ Gleichwohl fehlt es dem Haus und seiner Herrin an nichts, wie der Hinweis auf »Decken« (7^{10}), (ägyptisches) Leinen und Purpur unterstreicht. Es bewährt sich die Erfahrung: Wer reichlich gibt, wird nicht ärmer (11^{25} u.ö.).

23 Ihr Mann ist in den Torhallen geachtet,
wenn er zu Rat sitzt mit den Ältesten des Landes.
24 Sie webt Tücher und verkauft sie,
Gürtel liefert sie dem Händler.
25 Kraft und Würde sind ihr Gewand,
sie spottet der drohenden Zukunft.
26 Öffnet sie ihren Mund, dann redet sie klug,
und gütige Lehre ist auf ihrer Zunge.
27 Sie achtet auf das, was vorgeht im Haus,
und ißt nicht träge ihr Brot.
28 Ihre Söhne stehen auf und preisen sie glücklich,
auch ihr Mann erhebt sich und rühmt sie:
29 Viele Frauen erwiesen sich tüchtig,
doch du übertriffst sie alle.
30 Trügerisch ist Anmut, vergänglich die Schönheit;
nur eine gottesfürchtige Frau verdient Lob.
31 Preist sie für den Ertrag ihrer Hände,
ihre Werke soll man am Stadttor loben.

31^{24} Tücher, M: *sādîn*, vielleicht ägyptisches Fremdwort für Satin bzw. Seide, bezeichnet Jes 3^{23} die kostbare Unterbekleidung, vgl. Mk 14^{51f}; Mt 27^{59} das Leichentuch Jesu.

31^{25b} Wörtlich: »Sie lacht dem folgenden Tag entgegen.«

^{23} Ein solches Haus genießt Ansehen im sozialen Mitfeld der örtlichen und städtischen Gemeinde.
^{24} korrespondiert mit ^{14} und weitet die Perspektive wieder aus. »Kanaanäer« hier in der Bedeutung »Händler«, eine Reminiszenz der ehemals benachbarten Phoenizier und ihrer Handelsdomäne (Jes 23^{8} Sach 14^{21} Ijob 40^{30}).
$^{25-27}$ Vom »Tun der Hände« wendet sich die Beschreibung der »Frucht des Mundes« zu, vgl. 12^{14}. Die »Frau von Kraft und Stärke« ist eine Frau von »Stärke und Glanz«, die in heiterer Gelassenheit dem Morgen begegnen kann, vgl. $8^{31.33f}$; zu ^{25b} s.Anm. Was sie sagt, geschieht »mit Weisheit«, vgl. $3^{19}24^{3}28^{26}$, und ihre Weisung ist »Tora der Güte/Liebe« (die Wendung nur hier). Aus der Reihe finiter Verbformen (»sie macht«$^{22.24}$, »sie bekleidet sich«, »sie lacht«^{25}, »sie öffnet«^{26}) tritt in ^{27a} auffällig heraus ein Partizip in ungewöhnlicher Bildung *sopijja* (mit weicher Aussprache des p = f) »überblickend«, vermutlich eine gezielte Anspielung auf das griechische Wort *sophia* »Weisheit«. Damit ergibt sich die Inklusion: »Mit Weisheit«^{26} – »Tora der Güte/Liebe«^{26b} – *sophia* »Weisheit«^{27a}. Das bedeutet: Die hier gepriesene Frau ist die personhafte *ḥkmh* »Weisheit«, die die griechische *sophia* »Weisheit« inkorporiert und deren Wegweisung »Tora der Güte/Liebe« ist. Als solche steht sie in besonders enger Beziehung zu JHWH.
$^{28-31}$ Diese Beziehung wird im Abgesang in ähnlich ungewöhnlicher Partizipialbildung mit »JHWH-fürchtend«^{30b} umschrieben mit Anspielung auf die formgleiche Bildung »JHWH-Furcht.« So wird am Ende

des Buches die Einheit von Weisheit und JHWH-Furcht exponiert. Daß Ausgang und Ziel jeder Erkenntis JHWH-Furcht sei ($1^{7}9^{10}15^{33}$ u.ö.), gilt für jeden Einsichtigen und Verständigen als erwiesen.

31 Daher mündet das Lied wie das Buch insgesamt in eine Aufforderung zum Lobpreis der Weisheit und ihrer Werke vor dem Forum der Öffentlichkeit, an den Toren der Stadt, auf den Straßen und Plätzen, dort unter den Menschen, wo die Weisheit mahnend (1^{20ff}) und werbend (8^{1ff}) ihre Stimme erhebt und durch ihre Mägde ihre Einladung an alle ergeht (9^{3}).

Alttestamentliche Bücher

Gen	Genesis
Ex	Exodus
Lev	Levitikus
Num	Numeri
Dtn	Deuteronomium
Jos	Josua
Ri	Richter
Rut	Rut
1 Sam	1 Samuel
2 Sam	2 Samuel
1 Kön	1 Könige
2 Kön	2 Könige
1 Chr	1 Chronik
2 Chr	2 Chronik
Esra	Esra
Neh	Nehemia
Tob	Tobit
Jdt	Judit
Est	Ester
1 Makk	1 Makkabäer
2 Makk	2 Makkabäer
Ijob	Ijob
Ps	Psalmen
Spr	Sprichwörter
Koh	Kohelet
Hld	Hoheslied
Weish	Weisheit
Sir	Jesus Sirach
Jes	Jesaja
Jer	Jeremia
Klgl	Klagelieder
Bar	Baruch
Ez	Ezechiel
Dan	Daniel
Hos	Hosea
Joël	Joël
Am	Amos
Obd	Obadja
Jona	Jona
Mi	Micha
Nah	Nahum
Hab	Habakuk
Zef	Zefanja
Hag	Haggai
Sach	Sacharja
Mal	Maleachi

Neutestamentliche Bücher

Mt	Matthäus
Mk	Markus
Lk	Lukas
Joh	Johannes
Apg	Apostelgeschichte
Röm	Römerbrief
1 Kor	1. Korintherbrief
2 Kor	2. Korintherbrief
Gal	Galaterbrief
Eph	Epheserbrief
Phil	Philipperbrief
Kol	Kolosserbrief
1 Thess	1. Thessalonicherbrief
2 Thess	2. Thessalonicherbrief
1 Tim	1. Timotheusbrief
2 Tim	2. Timotheusbrief
Tit	Titusbrief
Phlm	Philemonbrief
Hebr	Hebräerbrief
Jak	Jakobusbrief
1 Petr	1. Petrusbrief
2 Petr	2. Petrusbrief
1 Joh	1. Johannesbrief
2 Joh	2. Johannesbrief
3 Joh	3. Johannesbrief
Jud	Judasbrief
Offb	Offenbarung des Johannes

Umschrift der hebräischen Lautzeichen

Aleph	ʾ	Sade	ṣ
Bet	b	Qoph	q
Gimel	g	Resch	r
Dalet	d	Sin	ś
He	h	Schin	š
Waw	w	Taw	t
Zajin	z	Qames	ā
Chet	ḥ	Patach	a
Tet	ṭ	Sere	e, ē
Jod	j	Segol	æ
Kaph	k	Chireq	i, ī
Lamed	l	Cholem	o, ō
Mem	m	Qames chatuph	ò
Nun	n	Schureq	ū
Samek	s	Qibbus	u
Ajin	ʿ	Sch[e]wa mobile	e (hochgestellt)
Pe	p bzw. f	Chateph	a, æ, o (hochgestellt